内蒙古旅游资源分析

暴向平 著

中国大地出版社
·北京·

图书在版编目（CIP）数据

内蒙古旅游资源分析 / 暴向平著. -- 北京：中国大地出版社, 2019.1（2025.1 重印）
ISBN 978-7-5200-0280-6

Ⅰ.①内… Ⅱ.①暴… Ⅲ.①旅游资源－研究－内蒙古 Ⅳ.①F592.726

中国版本图书馆 CIP 数据核字(2018)第 226963 号

NEIMENGGU LÜYOU ZIYUAN FENXI

责任编辑：	王雪静　刘英雪
责任校对：	关风云
出版发行：	中国大地出版社
社址邮编：	北京市海淀区学院路31号，100083
电　　话：	(010)66554542（编辑室）
网　　址：	http://www.chinalandpress.com
传　　真：	(010)66554577
印　　刷：	北京地大彩印有限公司
开　　本：	787mm×1092mm 1/16
印　　张：	14.25
字　　数：	268千字
版　　次：	2019年1月北京第1版
印　　次：	2025年1月北京第2次印刷
定　　价：	48.00元
书　　号：	ISBN 978-7-5200-0280-6

（如对本书有建议或意见，敬请致电本社；如本书有印装问题，本社负责调换）

前　　言

  本书主要介绍了内蒙古旅游资源的分类、分布、特征与区划，并对各旅游资源区的旅游资源特征、重点旅游景区等进行了较为详细的描述。对内蒙古旅游资源的学习和研究，不仅对内蒙古自治区旅游从业人员专业知识水平与文化素养的提高有帮助，而且有利于内蒙古旅游资源知识的普及。本书可供高等院校相关专业师生作为教材使用，也适合相关管理人员使用。撰写这本书的目的只是抛砖引玉，仅为家乡旅游经济建设贡献自己的一份绵薄之力。

  本书共分为三章。第一章为内蒙古旅游资源形成的地理基础，主要介绍了自然地理基础、社会经济地理基础、历史文化地理基础；第二章为内蒙古旅游资源调查与评价，主要介绍了内蒙古旅游资源的调查分类与评价，并对旅游资源特征进行了分析；第三章为内蒙古旅游资源区划，主要介绍了四大旅游资源区，即中部历史与民俗文化都市圈旅游资源区，包括呼和浩特市、包头市、鄂尔多斯市、乌兰察布市、巴彦淖尔市旅游资源分类、分布、特征及主要旅游景区；东北部草原、森林与冰雪旅游资源区，包括呼伦贝尔市、兴安盟旅游资源分类、分布、特征及主要旅游景区；东部草原与辽文化旅游资源区，包括通辽市、赤峰市、锡林郭勒盟旅游资源分类、分布、特征及主要旅游景区，为撰写方便将通辽市全部纳入本区进行分析；西部沙漠与历史文化遗迹旅游资源区，包括乌海市、阿拉善盟旅游资源分类、分布、特征及主要旅游景区。

  本书在撰写过程中，参阅了与内蒙古旅游资源相关的各级各类规划、论文和著作，在此向为内蒙古旅游资源研究做出贡献的各位作者表示感谢。这些论著的名称和作者的姓名在书中以书后参考文献的形式进行注明，如有遗漏，请作者与我们联系。

  尽管笔者认真思考、努力著书，但由于学识、时间、精力有限，不足之处在所难免，恳请方家批评指正。

暴向平
2018 年 3 月

目　　录

第一章　内蒙古旅游资源形成的地理基础 1
　　第一节　自然地理基础 1
　　第二节　社会经济地理基础 18
　　第三节　历史文化地理基础 29

第二章　内蒙古旅游资源调查与评价 44
　　第一节　旅游资源调查 44
　　第二节　旅游资源评价 47
　　第三节　内蒙古自治区旅游资源基本特征 56

第三章　内蒙古旅游资源区划分 85
　　第一节　中部历史与民俗文化都市圈旅游资源区 85
　　第二节　东北部草原、森林与冰雪旅游资源区 161
　　第三节　东部草原与辽文化旅游资源区 182

参考文献 217

第一章　内蒙古旅游资源形成的地理基础

第一节　自然地理基础

一、地处祖国北部边疆

内蒙古自治区位于祖国的北部边疆，蒙古高原南部，地域辽阔，跨越经纬度宽广，南起北纬 37°24′，北至北纬 53°23′，纵占纬度 15°59′，南北纵跨 1700 多千米；西起东经 97°12′，东至东经 126°04′，横跨经度 28°52′，东西蜿蜒 2400 多千米。内蒙古自治区中部紧靠京津地区，是环渤海经济圈的腹地；东部连接东三省；北部同蒙古国和俄罗斯接壤，国境线长 4221 千米。

二、承东启西，地跨三北，内连八省区

内蒙古自治区版图由东北向西南斜伸，呈狭长形，跨越三北经济区，东部为东北经济区，中部为华北经济区，西部为西北经济区，靠近京津地区。东与黑龙江省、吉林省、辽宁省 3 省毗邻，南部、西南部与河北省、山西省、陕西省、宁夏回族自治区 4 省(区)接壤，西部与甘肃省相连。同时还临近新疆维吾尔自治区和青海省等资源大省(区)，临近京津市场。内蒙古自治区横跨"三北"，连接八省，紧靠京津，既是京津和环渤海地区的腹地，又是华北沟通大西北的经济通道，也是东北老工业基地的能源连续地，具有承东启西、辐射中部的区位优势，具有其他地区难以比拟的市场竞争力。

三、跨越地理过渡地带

内蒙古自治区在地理上具有明显的过渡性。

内蒙古自治区位于西伯利亚—古中国板块的过渡地区，是东亚季风和中亚内陆气候的过渡地带，从温度上看，属于中温带。从北往南，依次是寒温带、中温带和暖温带。内蒙古自治区是我国外流区到内流区的过渡区。外流区分布在东部和南部，大多是东北地区和华北地区各大河流的上游。内流区的面积广阔，分布于气候干燥的西部和北部地区。

内蒙古自治区地处亚洲中纬度的内陆地区，东西跨度大，受海陆位置影响，降水量由东至西呈递减趋势，内蒙古自治区的经度地带性景观从东向西依次形成了森林景观、草原景观和荒漠景观等类型。东部以森林景观为主，中部以温带草原景观为主，西部以荒漠景观为主。

内蒙古自治区不仅有东西横向的景观差异，而且南北纵向的景观差异也很明显。表现在如下诸多方面：

农业生产方面，北部以畜牧业生产为主，主要分布在蒙古族聚居的呼伦贝尔高平原、科尔沁沙地、锡林郭勒高平原、乌兰察布高平原、巴彦淖尔高平原、阿拉善高平原和鄂尔多斯高平原，生产方式以放牧为主，生产对象以草原"五畜"为主，生产者以蒙古族为主，生态以自然生态为主；中部农牧业交错分布，农业主要分布在河套平原、土默川平原、西辽河平原、嫩江西岸平原和缓丘地带，畜牧业以半舍饲半放牧并用，生产者以蒙、汉各族人民杂居为特色，生态以自然生态和农业生态并存，地形以山地丘陵为主；南部以农业生产为主，水土条件充裕，地形低平，降水较为丰富，生产者以汉族为主，生态以农业生态为主，是内蒙古自治区主要的粮食生产基地。

人居环境与聚落方面，土地初级生产力低下，水资源缺乏，居民点稀疏，居民点规模都很小，只有东部有较大河流经过的地方有大城镇存在，并且在广大草原上有游牧民族专用的蒙古包星罗棋布；中部居民点增多，间距变小，规模也有所扩大，并且以定居为主，盆地、山间谷地和河流沿岸是聚落集中分布地区。农牧交错区居民住户之间要保持一定的距离，住宅区包括一部分牲畜圈舍。南部土地初级生产力较高，地形开阔，居民点连片分布，城镇数量明显增多，大部分城市分布在这里，尤其是大城市都集中分布在南部地带。

自然地理方面，北部是平坦高原连绵不断，中部是山地丘陵起伏不断，南部以平原为主。北部属于内流区，河网密度稀疏，尾闾湖较多；南部属于外流区，河网密度较稠密，水资源较丰富；中间为内外流的交错地带，侵蚀作用较明显。

四、地史古老，地势高平，高原地貌为主

地质环境是自然环境的基础，对自然环境的结构、功能、物能流通、动态演

变影响很大。内蒙古自治区地质构造可分为两个完全不相同的构造单元，南部为地台区，北部为地槽区。南部地台区属华北地台。华北地台从初始陆核到初具规模的原始大陆，经历了太古代的集宁运动和乌拉山运动及其伴随的岩浆活动和变质，元古代色尔腾山旋回、白云鄂博旋回的坳陷和褶皱使其得以形成陆地。地台形成之后，又经历了多次旋回沉积作用、岩浆活动和构造变动的改造，形成了阿拉善台隆、内蒙古台隆、鄂尔多斯西缘坳陷、鄂尔多斯台坳、狼山—白云鄂博台缘坳陷等构造单元。

内蒙古自治区地貌以高平原为主体，其海拔高度 1000 米以上，占全区总面积的 1/2 左右。横穿区内的大兴安岭、阴山山地和贺兰山，屹立于高原的外缘，构成了内蒙古自治区地貌的脊梁和自然地理界线，把全区截然分成北部的内蒙古高原、西南部的鄂尔多斯高原、中部山地以及南部的嫩江右岸平原、西辽河平原和河套平原，形成了由北向南高平原、山地、平原排列具有东西向带状结构的地貌格局。

(一) 高原山脉

1. 内蒙古高原

广义的内蒙古高原，东起大兴安岭山脉，西至甘肃省河西走廊的马鬃山，南沿长城，北至蒙古国，包括内蒙古自治区的大部分、甘肃省、宁夏回族自治区和河北省的一部分，其中包括了鄂尔多斯高原、张北—围场高原等。是蒙古高原的东南部分，为中国次于青藏高原的第二大高原。狭义的内蒙古高原，从大兴安岭西麓呈弧形向西南铺展到马鬃山，南为阴山山脉和贺兰山北麓，北至蒙古国。全长 3000 多千米，面积为 40.3 万平方千米。地处北纬 38°~50°、东经 98°~120°之间。海拔 700~1400 米。地势由南向北，由西向东缓缓倾斜。地面结构单调、平坦、微微起伏，切割微弱，地面完整，没有明显的山地和谷地，只有和缓的岗阜残丘和宽展的塔拉(平原)。从东向西，从南向北，由轻微的流水侵蚀逐渐被干燥的剥蚀所代替，塑造了坦荡辽阔的高平原景观特征。高原的南部边缘环绕着大兴安岭、阴山、贺兰山等山区，地形陡峻，对南北气流起阻挡作用，成为重要的地理界线。高原北部沿中蒙国界以连续的低丘与蒙古高原相连。内蒙古高原由呼伦贝尔高原、锡林郭勒高原、乌兰察布高原、巴彦淖尔高原和阿拉善高原组成。

2. 鄂尔多斯高原

鄂尔多斯为蒙古语，意为"很多的宫帐"。因明代成吉思汗陵迁移至此处，护陵的蒙古族游牧部落名鄂尔多斯，故高原也以此命名。地处北纬 37°20′~40°50′、东经 106°24′~111°28′之间。位于内蒙古自治区的西南部，河套平原之南，宁夏平原之东，东与黄土丘陵相连，东南至长城，面积8万平方千米，行政区划包括内蒙古自治区鄂尔多斯市的市区、达拉特旗、准格尔旗、鄂托克前旗、鄂托克旗、杭锦旗、乌审旗、伊金霍洛旗及乌海市海勃湾区、海南区。北部为库布齐沙漠，东南部为毛乌素沙地，西南边缘为河东沙漠。

3．阴山山脉

横亘在中国内蒙古自治区中部及河北省最北部，东西走向。地处东经106°~116°之间。西端以低山没入阿拉善高原；东端止于多伦以西的滦河上游谷地，长约1000千米；南界在河套平原北侧的大断层崖和大同、阳高、张家口一带盆地、谷地北侧的坝缘山地；北界大致在北纬42°，与内蒙古高原相连，南北宽50~100千米，面积12万多平方千米。

4．大兴安岭

又称内兴安岭、西兴安岭。"兴安"是满语，意为"丘陵"。大兴安岭位于内蒙古自治区东北部和黑龙江省北部，北起黑龙江南岸，呈北东及北北东走向，南止于赤峰市境内西拉木伦河上游谷地，为中国著名山地。地处北纬42°56′~53°30′、东经116°50′~126°之间。山地全长1400千米，宽约200~450千米，面积约32.72万平方千米。海拔1000~1600米，最高山峰黄岗梁为2029米。西北高东南低，西坡缓东坡陡。西坡缓缓过渡到内蒙古高原，东坡逐级陡降到东北平原。一般以嫩江河谷与小兴安岭为分界，但在北部以北安—瑷珲一线为界。

5．贺兰山

位于银川平原之西，阿拉善高原的东缘，是中国一条明显的南北走向的山脉，长约270千米，宽20~40千米，面积为748平方千米。以山脊为界，西坡在阿拉善盟境内，东坡属宁夏回族自治区。山岭海拔2000~3000米，中段高，山势陡峻，最高峰3556米。北接乌兰布和沙漠，南连卫宁北山，西傍腾格里沙漠，东临银川平原。

(二) 高原山脉外侧的平原地貌

1．河套平原

河套平原又称后套平原，广义的河套平原包括宁夏的银川平原和内蒙古的土默川平原。狭义的河套平原只包括内蒙古自治区境内的黄河沿岸平原。目前在内蒙古自治区把后套平原称为河套平原。后套平原东至乌梁素海，南临黄河，西接乌兰布和沙漠，北抵狼山。主体部分东西长约180千米，南北宽约60千米，总面积约1万平方千米，呈扇弧形展开。地处北纬40°13′~42°28′、东经105°12′~109°53′之间。

第一章　内蒙古旅游资源形成的地理基础

2. 西辽河平原

位于内蒙古自治区东部大兴安岭南段山地与冀北辽西山地之间，东与松辽平原相接，是西辽河及其支流联合形成的冲积平原。东西长270千米，南北宽100~200千米，西部狭窄，东部宽阔，总土地面积为5.29万平方千米。地势西高东低，海拔由320米降到90米。南北向中央倾斜，现代冲积平原主要位于教来河—西辽河—新开河的河间地带和西拉木伦河下游两岸及乌力吉木仁河三角洲地区，平原的南、北、西三面呈马蹄形分布着波状沙地，地表均由松散的第四纪沉积物所组成，主要有冲积、洪积、湖积以及风积物。一般下部为冲积—洪积相砂砾层，上部覆有不厚的风积细砂。

3. 嫩江西岸平原

嫩江西岸平原位于内蒙古自治区东部的呼伦贝尔市、兴安盟境内。北起嫩江支流古里河，南至高力板—鲁北一线的松辽分水岭，西端与西辽河平原相连，东接嫩江平原。它是松辽平原的一部分，是沿大兴安岭东麓由北向南延伸的带状山前倾斜波状平原。在嫩江西岸平原的旗县有呼伦贝尔市鄂伦春自治旗、莫力达瓦达斡尔族自治旗、扎兰屯市、阿荣旗、兴安盟扎赉特旗等。该区地处北纬48°50′~47°21′、东经120°28′~126°10′，土地总面积达106766.78平方千米。

4. 土默特平原

土默特平原又称土默川、前套平原。位于大青山以南，昆都仑河以东，东南至蛮汉山山前丘陵，西南至贯河，呈三角形，面积为7900平方千米。平原为主，包括黄河及其支流大黑河的冲积平原和山前洪积平原，海拔990~1200米，地势自西、北、东三面向南倾斜。其中，西南部为黄河冲积平原，东北部为大黑河的冲积平原。大黑河下游因地势低平，排水不畅，地下水位拥高，盐渍化较严重。平原北半部沿京包铁路至大青山南麓，为山前洪积、冲积平原，地表砂砾石较多。洪积、冲积平原边缘细土层较厚，且地下淡水资源也较丰富，适于农耕。

(三) 特有的沙漠和沙地

1. 巴丹吉林沙漠

位于内蒙古高原的西南边缘，阿拉善盟阿拉善右旗西部和额济纳旗东部的巨型盆地之中，是世界第四大沙漠，是中国第三大沙漠，是内蒙古自治区第一大沙漠，还是世界最高大沙丘所在地。西接额济纳河平原的东部戈壁，北连阿拉善中部戈壁区的拐子湖，东部是阿尔腾山、宗乃山、雅布赖山，南部是合黎山和龙首山。沙漠东西长约270千米，南北宽约220千米，面积约4.7万平方千米。行政区域包括额济纳旗和阿拉善右旗的部分地区。

2. 腾格里沙漠

腾格里沙漠位于阿拉善盟的东南部，西北隔雅布赖山与巴丹吉林沙漠相望，东北与乌兰布和沙漠相邻，南和西南与宁夏回族自治区、甘肃省相连。行政区域包括阿拉善左旗和阿拉善右旗的东南边缘。在内蒙古自治区境内近3万平方千米，总面积3.67万平方千米。

3. 乌兰布和沙漠

乌兰布和沙漠是内蒙古自治区第三大沙漠，是中国第七大沙漠。北至狼山，东北与河套平原相邻，东近黄河，南至贺兰山北麓，西至吉兰泰盐池。东西宽约80千米，南北长约200千米，总面积1.6万平方千米。沙漠呈北东—西南方向分布于河套平原的西南部，地处黄河、狼山、巴音乌拉山之间。行政区域包括阿拉善盟、乌海市和巴彦淖尔市，包括阿拉善左旗、乌海市、磴口县、杭锦后旗与乌拉特后旗等旗县的部分地区。

4. 库布齐沙漠

库布齐沙漠位于鄂尔多斯市境内，鄂尔多斯高原至杭锦旗高原脊线以北，黄河南岸平原以南，西起巴彦高勒对岸，东至托克托县对岸，呈东西带状，横越杭锦旗、达拉特旗、准格尔旗3旗。东西长约400千米，东部宽15~20千米，西部宽50千米，面积约1.86万平方千米，约占鄂尔多斯市总面积的1/5。

5. 浑善达克沙地

浑善达克沙地位于锡林郭勒盟南部和赤峰市克什克腾旗西部。东起大兴安岭南段西麓达里诺尔，西至集二铁路；东西长约360千米，南北宽30~100千米。总面积为2.38万平方千米。

6. 科尔沁沙地

科尔沁沙地分布于西辽河中、下游干流及支流沿岸的冲积平原上。北和西北部与大兴安岭南段东侧山地丘陵相连，东北部与松嫩平原接壤，东和东南部与辽河平原连接，南和西南部有燕山余脉努鲁尔虎山和七老图山，西部与锡林郭勒高原毗邻。行政区域包括吉林省西北部的洮安、通榆、双辽等县，辽宁省的康平、彰武等县，内蒙古自治区赤峰市11个旗(县、区)和通辽市8个旗(县、市)及兴安盟科尔沁右翼中旗。面积约为5.06万平方千米。

7. 毛乌素沙地

位于鄂尔多斯高原东南部的乌审洼地，包括鄂尔多斯市南部、宁夏黄河以东和陕西北部广大地区，属温带干旱和半干旱区。毛乌素沙地南北长220千米，东西宽100千米，最宽处150千米，总面积为3.21万平方千米。

8. 呼伦贝尔沙地

位于内蒙古自治区东北部呼伦贝尔高原。东部为大兴安岭西麓丘陵漫岗，西部为达赉湖和克鲁伦河，南与蒙古国相连，北达海拉尔河北岸，地势由东向西逐渐降低，且南部高于北部。东西长 270 千米，南北宽约 170 千米。

总体来看，内蒙古自治区地形地貌具有以下特征：坦荡辽阔的高原面积广大；大兴安岭—阴山—贺兰山山地构成地貌脊梁；平原—山地—高原镶嵌，呈带状展布；西部沙漠、中东部沙地和熔岩台地广布。

五、温带大陆性季风气候为主

(一) 气候特征

内蒙古自治区地域广袤，所处纬度较高，高原面积广大，距离海洋较远，边缘有山脉阻隔，气候以温带大陆性季风气候为主。有降水量少而不均、风大、寒暑变化剧烈的特点。大兴安岭北段地区属于寒温带大陆性季风气候，巴彦浩特—海勃湾—巴彦高勒以西地区属于温带大陆性气候。总体特点是春季气温骤升，多大风天气；夏季短促而炎热，降水集中；秋季气温剧降，霜冻往往早来；冬季漫长严寒，多寒潮天气。

(二) 内蒙古自治区气候的形成因素

1. 纬度分布

内蒙古自治区的太阳辐射能丰富，仅次于西藏，在中国居第二位，受纬度位置的影响，内蒙古地区实际到达地面的总辐射量随着纬度的增高而明显减少。

2. 海陆分布

就海陆位置而言，除东部很小一部分外，大部分地区距海洋远，受海洋影响微弱，使海洋湿润气流难以到达，降水量远远小于蒸发量，降水又极不稳定。

3. 下垫面状况

内蒙古自治区是以海拔 1000~1500 米的高原为主体，南部边缘又为山地所环绕形成夏季东南季风之屏障，所以夏季内蒙古高原的温度略低于同纬度的松辽平原。

4. 大气环流

控制内蒙古地区的环流有两大系统，即西风环流与季风环流。前者全年活动在本区的上空，而后者随雨季的到来控制本区的近地面层，因其距源地较远，至本区已成中国东南季风的北缘。

(三) 气温分布

1. 年均气温

年均气温指历年年均气温总和的平均值。内蒙古自治区年均气温的分布规律总趋势是从呼伦贝尔市大兴安岭北端向东南和西南递增。

2. 1月份气温

内蒙古自治区最低气温出现在1月份，月平均气温分布也是从东北-30℃以下向西南递增到-10℃以上。

3. 7月份气温

内蒙古自治区最高气温出现在7月份，各地区的月平均气温为16℃~26℃。由于太阳辐射总量地区分布较均匀，所以7月份的气温分布受纬度的影响不明显，全区的等温线稀疏，东部及中部的等温线与山脉走向一致。

(四) 降水

1. 年降水量的时空分布

内蒙古自治区各地区年降水量差异较大，大部分地区一般在50毫米~450毫米之间，自东向西递减。

内蒙古自治区降水年际变化很大，降水最多年和最少年的比值在东部地区为1~2倍，中西部为3~4倍，中部最多可达5~6倍。与此同时，降水量的季节分配也不均，主要集中于夏季(6—8月)，占全年降水量的65%~70%；秋季降水次之，占全年降水量的15%~18%；春季降水再次之，占全年降水量的12%~15%；冬季降水最少，仅占全年降水量的1%~3%。内蒙古地区年降水量不稳定、季节分配不均、保证率低是直接影响农牧业生产的重要限制因素。

2. 降水强度

内蒙古自治区的降水方式以暴雨为主，雨季的降水往往集中在少数几个雨日。地区分布特点为降水强度较大区域主要在土默特平原、西辽河平原、燕北山地、察哈尔丘陵以及鄂尔多斯高原等地区，而巴彦淖尔—阿拉善高原、乌兰察布高原、锡林郭勒高原西北部以及大兴安岭北段山区不易产生强降水，降水强度相对较小。

3. 降水变率与保证率

内蒙古自治区降水年际变化幅度大，其变率为15%~40%，年降水量变差系数在0.25~0.60。内蒙古自治区年降水变率有自东向西递增的变化规律。由于年降水变率大，因而降水保证率不高。

4. 降雪与积雪

内蒙古自治区由于所处纬度偏北，冬季气候漫长，因而各地降雪期普遍较长，一般从 10 月至翌年 4 月，降雪期 100~250 天，从西向东、由南到北逐渐增多。与此同时，内蒙古自治区的冬半年被强大的蒙古高气压控制，多晴朗干冷天气。

在内蒙古自治区的冬季里出现积雪是很普遍的自然现象。呼伦贝尔市北部和大兴安岭林区年平均积雪日数可达 150 天以上，是内蒙古自治区积雪日数最多的地区。而阿拉善盟西部是内蒙古自治区年平均积雪日数最少的地区，年平均积雪日数只有 10 天左右。在不同地区的不同积雪期内，其积雪日数占积雪期的比率是不同的。

5. 相对湿度

内蒙古自治区各地年平均相对湿度自东向西逐渐减少的趋势十分明显。大兴安岭北段山区年平均相对湿度达 70%以上，是内蒙古自治区年平均相对湿度最大的地区。大兴安岭东西两侧低山丘陵地区的年平均相对湿度在 60%~65%，由此向南和向北年平均相对湿度逐渐减小。

(五) 风

内蒙古自治区风能储量丰富，约为 3.1 亿千瓦，约占中国风能储量的 1/5。年平均风速从东向西、由南到北逐渐增大。内蒙古高原的风能储量约为 2.2 亿千瓦，占全内蒙古自治区风能储量的 71%。同时强风也导致风蚀沙化，破坏植被，影响野外作业和农牧业生产，造成生命财产的损失。

六、内外流域兼有，高原湖泊星罗棋布

内蒙古自治区境内分布着数千条河流和近千个湖泊。流域面积在 300 平方米以上的河流有 450 余条，湖泊在 200 平方米以上的有 4 处。水文地质结构复杂多样，各种类型的地下水均有分布。水资源的量与质均由东向西或由东南向西北呈现有规律的变化，这种有规律的变化与气候、地质地貌等自然条件的变化基本一致。

(一) 水系特征及流域划分

内蒙古自治区河流广泛分布，其中流域面积在 1000 平方千米以上的有 107 条，东北—西南向的大兴安岭和中部东西向的阴山山地以及西部的贺兰山是内、外流水系的分水岭。

(二) 湖泊与沼泽

1. 湖泊

在内蒙古自治区，较大的湖泊一般称湖、海、池，较小的湖泊称泡子。淖尔或诺尔是蒙古语对湖、海、池、泡子的通称。湖泊是水资源的重要组成部分。淡水湖泊可用于农田、草场、林地、果树的灌溉，人畜饮水，工矿供水，城镇供水，发展养殖业、旅游业以及调节气候等。盐湖除了可生产大量天然碱、芒硝和食盐外，部分盐湖还含有钾、锂、硼、溴、碘等稀有元素，用途比较广泛。据统计，内蒙古自治区大小湖泊有 1000 余个，其中湖泊水面面积大于 50 平方米的有 10 余个。多年平均径流量 0.42 亿立方米。在降水较多、河网发育较好的嫩江右岸、西辽河上游等少数地区，由于水蚀作用相对强烈，河网较多，因而湖泊分布极少。内蒙古自治区湖泊主要分布在年降水量 200 毫米~400 毫米的呼伦贝尔高原、西辽河平原、锡林郭勒高原、乌兰察布高原和丘陵区、河套平原和鄂尔多斯高原等广大地区。

2. 沼泽类型与分布

据 2003 年中国湿地资源总报告，内蒙古自治区沼泽湿地有 5 种类型，分别是藓类沼泽、草本沼泽、森林沼泽、灌丛沼泽和内陆盐沼，总面积为 3098149 公顷，占全区湿地面积的 73%。由于内蒙古自治区特殊的地理、气候条件和局部生境条件的变化，沼泽类型多样，且分布极不均衡，既有大面积的草本沼泽广为分布，也有全国少见的藓类沼泽，在人烟稀少的大兴安岭还有森林沼泽、灌丛沼泽，在茫茫的荒漠戈壁更有成片的内陆盐沼。

(三) 地下水与温泉

1. 地下水

内蒙古自治区地下水分布广泛，埋藏较浅，开发利用较为方便，是内蒙古自治区水资源重要的组成部分，现已被广泛开采利用。内蒙古自治区地域辽阔，影响水文地质条件的各种因素在时空上有较大差异，且互相交错，形成复杂多样的水文地质单元，并制约着各地区地下水的赋存条件和空间分布。内蒙古地区地下水根据其埋藏状况和水力特征，可以分为裂隙水、上层滞水、潜水和自流水等主要类型。

内蒙古自治区地下水平均年资源量为 253.52 亿立方米，地下水资源的地区分布主要有两个明显的特征：(1)东部地区地下水资源比西部地区多；(2)平原区地下水资源比周边山丘区多。

2. 温泉

内蒙古自治区境内有许多温泉，其中有 5 个比较著名：维纳河矿泉场、阿尔山温泉、克什克腾热水温泉、宁城热水温泉、凉城岱海温泉。

维纳河矿泉场：坐落在大兴安岭中段西麓维纳罕山脉群山中的维纳河矿泉场，有 7 处泉眼排列在十几平方米的范围内，有的泉水十分清澈洁净，有的呈乳白色，有的呈暗黄色，水温均在 26℃~6℃，其水质可与举世闻名的法国维希矿泉相媲美。它们生成于远古代火山活动旺盛的第三纪，被蒙古族、鄂伦春族、鄂温克族人称为"神水"。现已开发利用的有万能泉、胃泉、胃酸泉、心脏泉(以上 4 泉为饮用泉)、头泉、耳鼻泉、洗浴泉 7 个药用泉，每昼夜流量约 40 吨，可供四五千人饮浴疗用。矿泉水中含有 230 多种矿物质，对几十种慢性疾病具有明显的疗效。

阿尔山温泉：环绕在大兴安岭万山丛中的兴安盟阿尔山温泉，由大大小小 42 处温泉组成，日夜喷涌，激珠溅玉，雾气蒸腾。各泉之水冷热殊异，分为冷泉、温泉、热泉、高温泉 4 种类型，水温从 1℃~50℃各不相同，甚至有的相隔只一二米，两个泉眼的水温，一个烫手，一个冰凉。水温不同，功能也各异，治疗疾病的部位也各不相同，有的治皮肤、治腰腿、治关节，有的治肠胃、治五脏、治神经等。这在国内外的温泉中是十分罕见的。阿尔山温泉中含有氯、镁、锶、锰等几十种矿物质和放射性元素，特别是放射性气体氡的含量较高，对人体的运动系统、消化系统、神经系统疾病及慢性妇科疾病、皮肤病均有明显疗效。

宁城热水温泉：地处燕山余脉、八里罕新华夏系构造带上的宁城热水温泉，形成于 1290 年的一次大地震，分布面积约 0.5 平方千米，热水日动储量 1 400~2 100 立方米，中心孔口泉水温度高达 96℃，是全国水温最高的温泉。热水温泉温度高、水质好、无色透明，富含的稀有元素，对布氏杆菌、恢复性小儿麻痹后遗症、十二指肠溃疡、慢性肠炎、胃下垂、关节炎、类风湿、糖尿病等 30 多种疾病有明显疗效。

克什克腾热水温泉：开发利用已有 1000 年历史的克什克腾热水温泉，分布面积约 0.3 平方千米，水温在 83℃左右，含有化学元素氟、镭，特殊气体氡、硫化氢，稀有元素镓、钼、钨、锂、锶等 47 种之多，对治疗皮肤病、风湿、高血压和心脑血管疾病有独特疗效，历来有"自然之经方、天地之良医"的美誉，清朝康熙皇帝曾说"此为圣水，宝似金汤"，并将依山傍泉而建的阿尔善寺更名为"荟祥寺"。

凉城岱海温泉：地处内蒙古自治区中部蛮汉山区的凉城岱海温泉，因传说清康熙皇帝巡边时坐骑在此刨泉解渴，又名"马刨泉"，曾建有永祥寺，历来是王公贵族、名人雅士及僧侣喇嘛沐浴疗养的胜地。地下热水属重碳酸钠型弱矿化热水，水温 37℃~38℃，富含锂、锌、锶、镭、偏硅酸、硒、铁、镁、硫黄等多种化学元素和矿物质，对风湿、类风湿、皮肤病、腰腿痛、皮肤干燥等多种疾患均有显著疗效。

七、土壤类型多样，植被带状分布

(一) 土壤特点

1. 土壤形成过程钙积化强烈，有机质积累较多

内蒙古自治区的成土条件多种多样，其化学过程主要有淋溶过程、残积黏化过程、钙积化过程、盐渍化过程、潜育化过程等。在内蒙古地区干旱、半干旱气候条件下，土壤形成的水分条件是季节性淋溶。这样，雨季来临时，成土母质风化释放出来的钙与植物残体分解过程中所释放出来的钙以重碳酸钙形式向土壤下层移动，但因降雨量的不充足和雨季的结束而不能完全淋失，在土壤剖面中下部发生大量淀积，日积月累，形成灰白色紧密的碳酸钙积聚层。

土壤中有机质主要来自于植物残体的分解，内蒙古自治区有森林、草原、荒漠、沼泽等各种植被类型，它们对土壤有机质的积累起着一定的作用。

2. 土壤类型丰富多样

内蒙古自治区地域辽阔，土壤种类较多，其性质和生产性能也各不相同，但其共同特点是土壤形成过程中钙积化强烈，有机质积累较多。根据土壤形成过程和土壤属性，分为9个土纲，22个土类。在9个土纲中，以钙层土分布最少。

内蒙古自治区土壤在分布上由东向西变化明显，土壤带基本呈东北—西南向排列，最东为黑土地带，向西依次为暗棕壤地带、黑钙土地带、栗钙土地带、棕壤土地带、黑垆土地带、灰钙土地带、风沙土地带和灰棕漠土地带。其中，黑土的自然肥力最高，结构和水分条件良好，易于耕作，适宜发展农业；黑钙土自然肥力次之，适宜发展农林牧业。

(二) 植被特点

内蒙古自治区境内植被由种子植物、蕨类植物、苔藓植物、菌类植物、地衣植物等不同植物种类组成。植物种类较丰富，已搜集到的种子植物和蕨类植物共计2351种，分属于133科、720属。其中引进栽培的有184种，野生植物有2 167种(种子植物2 106种，蕨类植物61种)。在全国的植物种类中，全区种子植物科数目占全国种子植物科数目的38%，而种数却占全国的9.6%。这说明内蒙古自治区植物种类反映着亚洲中部草原区和荒漠区植物区系的单种科、属和寡种科属很多的特点。

内蒙古自治区植物种类分布不均衡，山区植物最丰富。

内蒙古自治区境内的多年生草本植物占全部种子植物和蕨类植物的 67%。其次为一、二年生草本，占 17%。灌木占 11%，乔木仅占 3%。还有 3%的半灌木。内蒙古自治区植物具有从水生到超旱生各种水分生态类型。包括湿中生和旱中生植物的中生植物占全部种子植物和蕨类植物的 66%。其次为旱生植物，占 25%，湿生植物占 8%，还有 2%的水生植物。占内蒙古自治区总面积 2/3 的干旱、半干旱区的植被是在干燥的大陆性气候影响下，经过长期的选择和适应而形成的，因此植被的生态-生物学组成以旱生植被为主。

(三) 土壤与植被的分布规律

内蒙古自治区东西跨度大，基本上位于温带地区，南北热量虽有差异，但远不如东西方向上的水分差异。再加上大兴安岭、阴山山地和贺兰山的影响，内蒙古自治区植被-土壤带呈东北西南向排列，由东到西最东为森林草甸黑土地带，向西依次为阔叶林暗棕壤地带、针叶林漂灰土地带、森林草原黑钙土地带、典型草原栗钙土地带、暖温型草原黑垆土地带、荒漠草原棕钙土地带、草原化荒漠灰漠土地带和典型荒漠灰棕漠土地带。

八、资源丰富，种类多样

内蒙古自治区资源储量丰富，素有"东林西铁，南粮北牧，遍地是煤"的美誉。草牧场、森林、稀土、铁、煤资源均在国内占重要地位。草牧场面积为 87 万平方千米(可利用草牧场面积为 68.7 万平方千米)，占全国草牧场总面积的 1/4，居全国之冠。著名的草原有呼伦贝尔草原和锡林郭勒草原。森林面积为 16.6 万平方千米，占土地总面积的 14.1%，林木蓄积量达 9.7 亿立方米，居全国第五位。稀土金属储量居世界首位。

(一) 风能资源

根据中国气象科学院的估算，内蒙古自治区理论可开发风能储量为 78690 万千瓦，技术可开发风能储量为 6180 万千瓦，占全国总风能储量的 24.4%，处于全国各省市自治区第一位。内蒙古自治区北部是全国年均风速最大的地区之一，也是风能资源最丰富的地区之一。

(二) 光能资源

内蒙古自治区光能资源丰富，且光质好，干扰少，极具开发价值。太阳能资源以太阳直达辐射为主,因中西部远离海洋,常年干旱少雨,中低云量很少,地势也相对较高,空气透明度好,太阳辐射总量大,年辐射总量普遍达到1700千瓦小时/平方米以上,是仅次于青藏高原的太阳能丰富区;东部偏南地区,年辐射总量为1500千瓦小时/平方米~1700千瓦小时/平方米,也属我国太阳能较丰富的地区。全区因气候干燥,多晴朗天气,年总辐射量为$46×10^8$焦耳/平方米~$64×10^8$焦耳/平方米。其中,巴彦淖尔市和阿拉善盟是全国高值区,太阳能总辐射量高达每平方米6490兆焦耳~6992兆焦耳,仅次于青藏高原,居中国的第二位。

(三) 土地资源

内蒙古自治区土地总面积118.3万平方千米,排在新疆维吾尔自治区、西藏自治区之后,居全国第3位。从人均各类土地资源数量来看,全区人均土地面积为4.9公顷,相当于全国人均土地面积的6.8倍,远远高于全国平均水平。全区人均耕地面积为0.38公顷,人均林地面积为0.88公顷,人均牧草地面积为2.98公顷,分别相当于全国人均面积的4.8倍、4.2倍和12.6倍。

内蒙古自治区东西跨度大,气候区域差异显著。以综合分析与主导因素相结合为主要原则,将内蒙古自治区土地资源划分为寒温带温带湿润半湿润土地区、温带半干旱土地区、温带干旱土地区3个土地区和寒温带针叶林-棕色针叶林土带,温带针阔混交林-棕色针叶林土、暗棕壤带,温带森林草原-灰色森林土、黑钙土带,典型草原-栗钙土带,典型草原-绵土带,荒漠化草原-棕钙土带,草原化荒漠-灰漠土带和荒漠-灰棕漠土带8个土地带。这些按自然地带来划分的土地资源类型,其开发程度、土地利用方式、土地产出水平均有自己的特点。全区土地资源按地貌条件划分,可分为山地、丘陵地、高原地、平原地与滩川地、河流湖泊水面等类型,面积分别占全区总土地面积的20.8%、18.3%、51.2%、8.5%和1.2%。

(四) 生物资源

1. 植物资源

内蒙古自治区共有维管植物128科、692属、2273余种,分别占全国科、属、种数的36.3%、21.7%和8.4%。其中有大量的植物种类可以为人类所利用。

(1) 药用植物。

内蒙古自治区拥有不少药用植物的种类,而且是某些重要药材的主产区。凡是具有特殊化学成分及生理作用的植物往往均可供作药用。其中,双子叶植物种类最多,如豆科、毛茛科、菊科、蔷薇科、伞形科、远志科、唇形科、茄科、大戟科、五加科、龙胆科、萝藦科、桔梗科等。单子叶植物次之,如百合科、薯蓣

第一章 内蒙古旅游资源形成的地理基础

科、天南星科等。裸子植物的麻黄科、松科、柏科和蕨类植物的石松科、卷柏科、木贼科等也有部分药用植物。

(2) 纤维植物。

内蒙古自治区最常见的草类纤维植物主要集中在多年生禾本科草类之中，例如芦苇、芨芨草、小叶章、大叶章等。芦苇是当前我国主要造纸原料之一，广泛分布于湖滨、河滩沼泽地带。芨芨草的造纸纤维性能也良好，主要分布在半干旱区与干旱区的盐化草甸中。小叶章、大叶章也是新发掘利用的造纸工业原料，生于大兴安岭森林区与森林草原区的低湿地上。除此以外，贝加尔针茅、大针茅、荻、羊草、赖草、野古草、大油芒、拂子茅、白草、多种鸢尾、野亚麻、香蒲以及罗布麻等也都是可以作为造纸原料或其他纤维用途的植物。

(3) 淀粉及酿造原料植物。

壳斗科的几种栎树(蒙古栎、辽东栎、槲栎)，种子富含淀粉。蓼科的许多植物，如拳蓼、何首乌、红蓼、珠芽蓼、皱叶酸膜均含丰富的淀粉，可供制粉及酿酒。含淀粉的资源植物还有毛百合、山丹、渥丹、玉竹、黄精、知母、野稗、沙枣、沙蓬等。

可以提供酿造原料的植物还有蔷薇科的山丁子、稠李、山楂、山刺玫、黄刺玫、美蔷薇、茅莓、东方草莓及杜鹃花科的笃斯越桔，蒺藜科的白刺，葡萄科的山葡萄，胡颓子科的沙枣、沙棘等果实。这些植物大多在山地、沙地或河滩地有比较集中的分布，可提供造酒、制酱等原料。

(4) 油料植物。

文冠果是分布在内蒙古自治区著名的木本油料植物，目前已经具有较大的栽培面积。除此以外还有西伯利亚杏、平榛、毛榛等，它们可以提取医药、制肥等工业用油。

(5) 栲胶植物。

草本鞣料植物主要有地榆、小白花地榆、鹅绒委陵菜以及蚊子草、龙芽草等，它们全草均含鞣质。木本栲胶原料植物具有众多种类，其中兴安落叶松、红皮云杉、云杉、樟子松、油松、黑桦、白桦、山杨、蒙古栎、辽东栎等树种，黄花柳、谷柳、沼柳、五蕊柳、小红柳、蒿柳、榛、毛榛、虎榛子、三裂绣线菊等多种灌木也含鞣质，成为制取栲胶的主要植物资源。

(6) 芳香植物。

内蒙古自治区的芳香植物比较丰富，分布也十分广泛。内蒙古自治区的芳香植物以菊科、杜鹃花科、唇形科、柏科较为丰富。

菊科的蒿属植物是用于香料工业的一种原料，种类丰富，蕴藏量大。分布最多的有冷蒿、白莲蒿、沙蒿、蒙古蒿、狭叶青蒿、变蒿、牡蒿、大籽蒿、黄蒿等，这些种类分布较集中，便于采集利用。

唇形科的藿香、香青兰、裂叶荆芥及黄芩属的许多种植物均可提取芳香油。它们多生于森林草原带及山地，混生在草甸草原及草甸群落中。在内蒙古自治区黄土丘陵地区，草原变型群落的建群种百里香是一种很有利用前途的香料植物，它含有芳香油，可以分离提取芳樟醇和龙脑香精，是蓄积量较大、分布比较集中的一种植物原料。

杜鹃花科的芳香植物有在林间泥炭藓沼泽或沼泽化灌丛中大量生长的杜香及狭叶杜香，还有小叶杜鹃、兴安杜鹃和照白杜鹃，其枝叶均含有芳香油，可用来配制调和香精。

裸子植物中，柏科的一些种类多含有芳香油，例如侧柏、杜松、圆柏、西伯利亚刺柏等均为良好的芳香植物。侧柏的枝叶与木材中含柏木油，圆柏的树皮及根皮富含芳香油，兴安圆柏的枝叶及种子含芳香油较多。这些芳香油在制肥皂与化妆品工业上应用较多，还经常用作调和香料的定香剂。

(7) 观赏植物。

观赏植物具有很高的社会经济价值。内蒙古自治区观赏价值较高的野生植物主要是观花植物，主要种类有大花杓兰、兴安杜鹃、照山白、多种百合、多种鸢尾、多种蔷薇、多种绣线菊、达乌里龙胆、大花飞燕草、蓝刺头、阿尔泰狗娃花、高山紫菀、多种锦鸡儿、野罂粟、二色补血草、柳穿鱼、接骨木、桔梗、东陵八仙花等。

2．动物资源

内蒙古自治区境内有森林、草原、沙漠、山地、湖泊及沼泽，生态系统复杂多样，为野生动物的繁衍生息提供了多样的自然环境。野生动物不仅种类繁多，资源也很丰富。据动物学家调查，全区产有野生鱼类约90种，两栖类爬行类27种，鸟类370余种，兽类112种。其中有的动物在国内主要分布于内蒙古自治区，例如驯鹿、貂熊、黑嘴松鸡等主要分布大兴安岭北部。内蒙古高原的中东部地区是广阔的草原，它是欧亚草原区的重要组成部分，一些草原地带的代表动物集中分布于此，如蒙古百灵、大鸨、草原旱獭、黄羊、草原黄鼠等。内蒙古自治区拥有众多的具有重要经济价值和科学价值的野生动物资源，如能科学地加以保护和利用，将会变成一项宝贵的经济资源。

(五) 矿产资源

内蒙古自治区地域广阔，地层层序较为齐全，火成岩复杂多样，又横跨"地台"与"地槽"两个一级大地地质构造单元，形成了比较有利的成矿地质条件。其一，地层出露齐全，从太古界至新生界地层都有出露。其二，岩浆活动频繁，

第一章　内蒙古旅游资源形成的地理基础

从加里东期、华力西期至燕山期各种侵入岩都有分布；喷出岩种类颇多，从侏罗纪的中、酸性喷出岩到第三纪、第四纪基性喷出岩都有广泛分布。其三，地质构造复杂，纬向构造带横贯内蒙古高原南缘；新华夏构造体系斜贯东部；经向构造体系和祁吕贺"山"字型构造体系展布于西部。其四，全区范围内古地理环境演变历史悠久，干湿变化剧烈，并有多轮回的趋势，与地质构造多旋回配合形成对应的一系列环境资源。内蒙古自治区的矿产资源不仅矿种齐全，矿床类型多，而且储量较丰富。

1．能源矿产

内蒙古自治区已发现的能源矿产有煤、石油、天然气、油页岩和铀。煤是最主要的能源矿产，是自治区的优势矿种之一。内蒙古自治区的煤主要形成于石炭二叠纪、早侏罗纪、晚侏罗—早白垩世、第三纪4个成煤期。煤炭资源分布普遍而又相对集中，内蒙古自治区煤炭产地有330余处，全区3个盟9个市都有煤炭资源。

2．有色金属矿产

有色金属是内蒙古自治区重要的优势矿产。我国5条重要的有色金属成矿带，有2条在内蒙古自治区通过。有色金属资源十分丰富，已探明储量的有十余种，以铜、铅、锌、锡为主，具有一定的优势；钨、铋、钼具有相当潜力，在国内占有一定的地位。镍、钴矿物均为少量。铜矿探明储量居全国第6位，有大型矿床2处。铅矿探明储量居全国第3位，有独立大型的铅矿床2处。锌矿探明储量居全国第2位，有多金属锌大型矿床6处。钨矿探明储量居全国第10位，有大型伴生矿床1处。锡矿资源已探明储量居全国第5位，有大型伴生矿床1处。钼矿探明储量居全国第8位，有大型伴生矿床1处。铋矿探明储量居全国第5位。钴与镍探明储量分别居全国第19位和第13位，皆为小伴生矿床。

3．稀有、稀土矿产

内蒙古自治区稀有、稀土和分散元素的矿种有十余种。其中铌、稀土和锆等3个矿种的探明储量均居全国第1位，是中国得天独厚、誉满中外的矿产资源。钽和铍的储量均居全国第2位。内蒙古自治区稀土矿产以轻稀土为主，资源全面，综合利用价值较高。分散元素锗、镓、镉、硒、碲等6种矿产资源亦较丰富，均为其他金属矿床中的伴生矿产。

4．贵重金属矿产

内蒙古自治区金、银资源也十分丰富。金矿探明储量居全国第9位，有大型矿床2处。银矿探明储量居全国第4位，有大型矿床2处。

5. 黑色金属矿产

内蒙古自治区已探明储量的黑色金属矿产有铁、铬、锰三种，其中铁、铬在全国占有重要地位。铁矿探明储量居全国第 7 位，大型矿床有 4 处。铬矿探明储量居全国第 2 位，内蒙古自治区是我国最早开展铬铁矿普查、勘探的地区，在国内占有重要地位，但因矿石品位和铬铁比值较低，至今开发甚少。

6. 化工原料非金属矿产

内蒙古自治区化工原料非金属矿产在区内外具有重要的优势。矿产十分丰富，具有矿床规模大、矿石品位高、产地集中、矿种齐全、伴生矿多等特点。

7. 建筑材料非金属矿产

内蒙古自治区建筑材料非金属矿产种类多、分布广、质量好，现已探明的拥有一定储量的矿种主要有居全国第 1 位的建筑用橄榄岩和水泥配料板岩；居全国第 2 位的沸石和砖瓦用黏土，居全国第 3 位的云母、水泥配料黏土、膨润土与制灰用灰岩；居全国第 4 位的蛭石；居全国第 5 位的晶质石墨、建筑用砂、玻璃用石英砂等。其他陶瓷黏土、建筑石材等在国内都占有重要地位。

(六) 旅游资源

内蒙古自治区拥有草原、森林、沙漠及湖泊等丰富多样的自然旅游资源。这些原生态的自然景观加上纯朴的民族风情，为发展以回归自然为主题的生态旅游、探险旅游和休闲度假旅游提供了良好的资源基础。如锡林郭勒国家级自然保护区、通辽市大青沟自然保护区、赛罕乌拉自然保护区等既是各类生态系统保护区，也是重要的生态旅游资源。

内蒙古自治区地处温带气候带，特殊的地理位置和地势变化造就了区内温带、温带半湿润、寒温带湿润、温带半干旱和干旱等多样的大陆性季风气候，空气清新自然，加之奇特的自然景观，可以开发成为夏季良好的避暑胜地，可以开发避暑休闲、娱乐及草原康养等旅游产品。

第二节 社会经济地理基础

一、历史沿革

内蒙古以漠南蒙古得名。唐为突厥地；宋时出现蒙古部落；后建元朝，其地

第一章　内蒙古旅游资源形成的地理基础

直属中书省及岭北行省；明分鞑靼及瓦剌；清统一蒙古，以漠南蒙古居内地称内蒙古，漠北蒙古居边外称外蒙古，并属理藩院；民国初分属热河、察哈尔、绥远等特别区，后均改省；中华人民共和国成立前中共以今内蒙古东部设内蒙古自治区，区名至今未变。

内蒙古自治区成立于1947年，比中华人民共和国成立早两年多。因此，内蒙古自治区是中国最早成立的第一个少数民族自治区。统一的民族区域自治的实现，结束了几百年来内蒙古地区被分割统治的局面，结束了这个地区长期以来民族纷争的历史。

(一) 历史渊源

内蒙古地区是中华民族古老的历史摇篮之一，也是古代中国北方少数民族繁衍生息的地方。据文献记载，古代曾在这里活动过的游牧部族有10多个，其中维系时间较长、影响较大的有匈奴、鲜卑、突厥、契丹、女真等。

额尔古纳河畔是蒙古族的历史摇篮。"蒙古"最初只是蒙古诸部落中的一个部落的名称，逐渐统一各部落后才演变成了这些部落的共同名称。大约在7世纪，蒙古部从额尔古纳河流域开始向西部蒙古草原迁移。回纥建立起了一个新汗国，创立了自己的文字并成为如今蒙文的先锋。12世纪时，这部分人繁衍子孙氏族分出了乞颜、扎答兰、泰赤乌等许多部落，散布在今鄂嫩河、克鲁伦河、土拉河的上游和肯特山以东一带。当时在蒙古草原和贝加尔湖周围的森林地带，还有塔塔尔、翁吉剌、蔑尔乞、斡亦剌、克烈、汪古诸部。

(二) 少数民族政权的更替

内蒙古自古以来就是游牧民族的生息摇篮，战国以前没有政区建制。战国中期，与今内蒙古地区接壤的燕、赵、秦三国逐渐壮大，将其统治区扩大到内蒙古的南部地区，今内蒙古东部燕长城以南地区分属燕国上谷郡、右北平郡和辽西郡管辖，内蒙古西部赵长城以南地区一度分别归赵国云中郡、雁门郡和代郡以及秦国上郡管辖，内蒙古地区始有政区建制。战国后期，匈奴族发展起来，建立了内蒙古草原上第一个国家。其时，内蒙古的中、西部地区均为匈奴国辖境，单于庭设在今阴山地区。

秦时期，内蒙古境内秦长城以南地区分属于云中、九原、北地、上郡、雁门、代郡、上谷、右北平、辽西等郡管辖，其中云中、九原二郡治所在内蒙古境内；秦长城以北地区分属于匈奴、东胡。

魏晋之际，3-4世纪，内蒙古地区多被鲜卑各部占据。4-5世纪的"十六国"时期分属于代、前凉、后赵、前燕、前秦、铁佛匈奴等割据政权。南北朝时期，即 5-6 世纪，大都处在北魏统治和控制之下；其时有名的北魏六镇，有 5 个在内蒙古，北魏前期都城盛乐也设在今内蒙古自治区和林格尔县境内。隋时期，内蒙古中西部的部分地区分属于张掖、武威、五原、盐川、朔方、榆林、定襄、马邑、雁门等郡。

唐时期，内蒙古中、西部地区自西向东曾分属于陇右道肃州、甘州、凉州和关内道丰州、灵州、宥州、盐州、夏州、胜州以及河东道云州，东部地区和北部地区沿边要地先后归安东、东夷、燕然、瀚海、单于和安北等都护府管辖。道、州、县主要管辖汉人，都护府管辖在边疆地区以及北方各族驻牧地设置的羁縻府州(都督府和州)。

辽时期，内蒙古今乌梁素海、东胜以东地区自东向西分属于上京、东京、中京、西京四道，边疆的部族则归乌古敌烈统军司和西南面招讨司等军政机构统辖，辽都先后设于上京临潢府(今内蒙古自治区巴林左旗境内)和中京(今内蒙古自治区宁城县境内)；乌梁素海、东胜以西地区则分别归属西夏国安北路、丰州、黑山威福军司、黑水镇燕军司、白马强镇军司等管辖。金时期，内蒙古自治区今包头市区以东地区自东而西分属于上京、临潢府、北京、西京等路，北部边疆则归东北路、西北路、西南路三处招讨司统辖；今巴彦淖尔市、鄂尔多斯市及其以西地区为西夏国辖境。

元时期，内蒙古全境全部首次归入中国大一统版图，统归元朝管辖。

明初期，阴山、西拉木伦河一线以南、今林西县以东地区，自东而西分属于兀良哈三卫诸卫、大宁诸卫、开平诸卫、东胜诸卫、宁夏诸卫、甘肃诸卫；其余地区包括阿拉善盟，为北元辖境。

清时期，清朝把蒙古分为内属蒙古和外藩蒙古，内属蒙古是清朝总管旗和都统旗的总称，外藩蒙古是清朝札萨克旗的总称，有内札萨克蒙古和外札萨克蒙古之别。

(三) 近代时期

1840 年鸦片战争以后，帝国主义的炮舰轰开中国闭关自守的大门，中国开始沦为半殖民地半封建社会。偏居中国北疆的内蒙古，也成了帝国主义列强争夺的重点地区。近 100 多年来，饱受帝国主义、封建主义、官僚资本主义残酷压迫剥削的内蒙古各族人民，联合起来进行了无数次的反抗斗争。如内蒙古西部地区的"独贵龙"运动，东部地区的"勿博格得会"、白凌阿起义以及席卷整个内蒙古的"义和团"运动等。辛亥革命时期，内蒙古地区的许多爱国进步青年，积极参加孙中山领导的推翻清王朝的斗争。1921 年中国共产党成立，内蒙古地区的革命也成为中国共产党领导的中国新民主主义革命的一个组成部分。内蒙古的各族人民为民族解放事业做出了不朽的贡献。这正是能在中华人民共和国成立之前建立

第一章　内蒙古旅游资源形成的地理基础

第一个民族区域自治地方的深刻历史原因。

民国初期，内蒙古地区自东而西依次分属于黑龙江省、奉天省、热河特别行政区、察哈尔特别行政区、绥远特别行政区和甘肃省。1928年以后分属于黑龙江、吉林、辽宁、热河、察哈尔、绥远、宁夏7省。1934年，蒙古地方自治政务委员会成立，隶属于国民政府行政院，下辖锡林郭勒盟、乌兰察布市、伊克昭盟及察哈尔部旗群、土默特特别旗、阿拉善旗、额济纳旗。

（四）内蒙古自治区成立后

1947年4月23日至5月3日，内蒙古人民代表会议在王爷庙(今乌兰浩特市)召开，会议决定5月1日为内蒙古自治区成立纪念日，民族区域自治在全国第一个得以实现，时辖呼伦贝尔、纳文慕仁、兴安、锡林郭勒、察哈尔5个盟，32个旗、1个县、3个县级市，面积54万平方千米。自治政府驻王爷庙。

1949年11月，经中央人民政府政务院总理周恩来批准，自治政府迁址张家口。

1949年9月19日，以国民党高级将领、绥远省代省长董其武为首的19人率部举行起义，其后，成立绥远省人民政府。

1954年3月5日，内蒙古人民政府、绥远省人民政府委员会、绥远军政委员会、绥远省各界人民代表会议协商委员会在归绥市(呼和浩特市)联合召开扩大会议。根据中央人民政府政务院命令，从3月6日起，绥远省建制和省人民政府同时撤销，原绥远省辖区并入内蒙古自治区，由内蒙古自治区人民政府领导，自治区人民政府驻呼和浩特市。

1955年7月30日，将热河省敖汉、翁牛特、喀喇沁旗和赤峰、宁城、乌丹县划归内蒙古自治区昭乌达盟。

1956年4月3日，将甘肃省巴彦浩特蒙古族自治州和额济纳蒙古族自治旗划归内蒙古自治区，增设巴彦淖尔市，以原自治州和自治旗的行政区域为盟的行政区域。

1969年7月5日，将呼伦贝尔盟、哲里木盟、昭乌达盟分别划归黑龙江、吉林和辽宁三省；将阿拉善左旗、阿拉善右旗、额济纳旗分别划归宁夏和甘肃。

1979年5月30日，阿拉善左旗、阿拉善右旗、额济纳旗又重新划回内蒙古自治区，形成现内蒙古自治区格局。

在这一条曲折艰难的路上，内蒙古自治区不畏艰难地向前迈进。从1947年开始，自治区就不断地开拓创新，寻找适合自身发展的道路，最终在党中央的领导和帮助下走向繁荣。

内蒙古自治区现设呼和浩特市、包头市、乌海市、赤峰市、通辽市、鄂尔多斯市、呼伦贝尔市、乌兰察布市、巴彦淖尔市9个市；兴安盟、阿拉善盟、锡林郭勒盟 3 个盟；另外有满洲里市、二连浩特市 2 个计划单列市；23 个市辖区、11 个县级市、17 个县、52 个旗，其中包括鄂伦春自治旗、鄂温克族自治旗、莫力达瓦达斡尔族自治旗 3 个少数民族自治旗(表 1-1)。

表 1-1　内蒙古自治区行政区划表(2016 年)

地区	旗县级个数	旗县(市、区)及名称
全区合计	辖 9 个地级市、3 个盟(合计 12 个地级行政区划单位)，23 个市辖区、11 个县级市、17 个县、49 个旗、3 个自治旗(合计 103 个县级行政区划单位)	23 个市辖区、11 个县级市、17 个县、49 个旗、3 个自治旗
呼和浩特市	辖 4 个市辖区、4 个县、1 个旗，市政府驻新城区(9)	新城区(成吉思汗大街街道)、回民区(钢铁路街道)、玉泉区(昭君路街道)、赛罕区(昭乌达路街道)、土默特左旗(察素齐镇)、托克托县(双河镇)、和林格尔县(城关镇)、清水河县(城关镇)、武川县(可可以力更镇)
包头市	辖 6 个市辖区、1 个县、2 个旗，市政府驻昆都仑区(9)	东河区(河东街道)、昆都仑区(少先路街道)、青山区(青福镇)、石拐区(石拐街道)、白云鄂博矿区(通阳街道)、九原区(沙河街道)、土默特右旗(萨拉齐镇)、固阳县(金山镇)、达尔罕茂明安联合旗(百灵庙镇)
呼伦贝尔市	辖 2 个市辖区、4 个旗、3 个自治旗，代管 5 个县级市，市政府驻海拉尔区(14)	海拉尔区(正阳街道)、扎赉诺尔区(第三街道)、阿荣旗(那吉镇)、莫力达瓦达斡尔族自治旗(尼尔基镇)、鄂伦春自治旗(阿里河镇)、鄂温克族自治旗(巴彦托海镇)、陈巴尔虎旗(巴彦库仁镇)、新巴尔虎左旗(阿木古郎镇)、新巴尔虎右旗(阿拉坦额莫勒镇)、满洲里市(东山街道)、牙克石市(新工街道)、扎兰屯市(兴华街道)、额尔古纳市(拉布大林街道)、根河市(河西街道)
兴安盟	辖 2 个县级市、1 个县、3 个旗，盟公署驻乌兰浩特市(6)	乌兰浩特市(和平街道)、阿尔山市(温泉街道)、科尔沁右翼前旗(科尔沁镇)、科尔沁右翼中旗(巴彦呼硕镇)、扎赉特旗(音德尔镇)、突泉县(突泉镇)
通辽市	辖 1 个市辖区、1 个县、5 个旗，代管 1 个县级市，市政府驻科尔沁区(8)	科尔沁区(西门街道)、科尔沁左翼中旗(保康镇)、科尔沁左翼后旗(甘旗卡镇)、开鲁县(开鲁镇)、库伦旗(库伦镇)、奈曼旗(大沁他拉镇)、扎鲁特旗(鲁北镇)、霍林郭勒市(莫斯台街道)

第一章 内蒙古旅游资源形成的地理基础

续表

地区	旗县级个数	旗县(市、区)及名称
赤峰市	辖3个市辖区、2个县、7个旗,市政府驻松山区(12)	红山区(站前街道)、元宝山区(平庄城区街道)、松山区(振兴街道)、阿鲁科尔沁旗(天山镇)、巴林左旗(林东镇)、巴林右旗(大板镇)、林西县(林西镇)、克什克腾旗(经棚镇)、翁牛特旗(乌丹镇)、喀喇沁旗(锦山镇)、宁城县(天义镇)、敖汉旗(新惠镇)
锡林郭勒盟	辖2个县级市、1个县、9个旗,盟公署驻锡林浩特市(12)	二连浩特市(乌兰社区)、锡林浩特市(希日塔拉街道)、阿巴嘎旗(别力古台镇)、苏尼特左旗(满都拉图镇)、苏尼特右旗(赛汉塔拉镇)、东乌珠穆沁旗(乌里雅斯太镇)、西乌珠穆沁旗(巴拉嘎尔高勒镇)、太仆寺旗(宝昌镇)、镶黄旗(新宝拉格镇)、正镶白旗(明安图镇)、正蓝旗(上都镇)、多伦县(多伦淖尔镇)
乌兰察布市	辖1个市辖区、5个县、4个旗,代管1个县级市,市政府驻集宁区(11)	集宁区(新体路街道)、卓资县(卓资山镇)、化德县(长顺镇)、兴和县(城关镇)、凉城县(岱海镇)、察哈尔右翼前旗(土贵乌拉镇)、察哈尔右翼中旗(科布尔镇)、察哈尔右翼后旗(白音察干镇)、四子王旗(乌兰花镇)、丰镇市(北城区街道)
鄂尔多斯市	辖2个市辖区、7个旗,市政府驻东胜区(9)	东胜区(天骄街道)、康巴什区(康巴什区管理委员会)、达拉特旗(树林召镇)、准格尔旗(薛家湾镇)、鄂托克前旗(敖勒召其镇)、鄂托克旗(乌兰镇)、杭锦旗(锡尼镇)、乌审旗(嘎鲁图镇)、伊金霍洛旗(阿勒腾席热镇)
巴彦淖尔市	辖1个市辖区、2个县、4个旗,市政府驻临河区(7)	临河区(解放街道)、五原县(隆兴昌镇)、磴口县(巴彦高勒镇)、乌拉特前旗(乌拉山镇)、乌拉特中旗(海流图镇)、乌拉特后旗(巴音宝力格镇)、杭锦后旗(陕坝镇)

(资料来源:内蒙古自治区人民政府网)

二、人口与民族

截至2016年末,内蒙古自治区常住人口为2520.1万人,比上年增加9.1万人。其中,城镇人口为1542.1万人,乡村人口为978.1万人;城镇化率达61.2%,比上年提高 0.9 个百分点。

内蒙古自治区目前居住着 49 个民族。其中，人口在 100 万以上的有汉族、蒙古族；人口在 10 万以上的有回族和满族；人口在 1 万以上的有朝鲜族、达斡尔族、鄂温克族；人口在 1000 人以上的有壮族、锡伯族、俄罗斯族、鄂伦春族。总体呈现以下特点：蒙古族为主体，汉族为多数，三少民族聚居，多民族交错杂居。

三、经济区位独具特色

（一）东北经济区重要成员

内蒙古自治区与东北三省具有极强的互补性。东南与黑龙江省、吉林省、辽宁省和河北省毗邻，北与俄罗斯、蒙古国接壤，是东北三省与广阔的内蒙古地区联系纽带，是东北经济区通往俄罗斯、蒙古国及欧洲的重要通道，对于拓宽东北经济区对外开放渠道起到十分重要的作用。

（二）环渤海经济圈的腹地

内蒙古自治区地处环渤海经济圈的腹地，是连接环渤海经济区和西北经济区的重要桥梁。第一，内蒙古自治区横跨"三北"优越的地理区位与环渤海区域经济的发展、开展国内外多领域经济合作结合；第二，内蒙古自治区丰富的自然资源与环渤海经济区发达交通运输相结合；第三，环渤海经济区实力雄厚的工业基础和科学与内蒙古自治区的经济快速发展相结合。

（三）西部大开发的重要组成部分

一是优越的地理位置。内蒙古自治区是西北与东北的连接纽带，在西北地区处于独特重要的位置。

二是相似的自然特点。内蒙古自治区与西北各省区具有共同的自然特征，包括地形、地貌、气候、资源、植被等，也决定了具有共同的经济条件。

三是城市辐射带动效应。西部地区的西安市、成都市、兰州市 3 大城市的科技人才密度仅次于北京市，具有较强的科技实力，对内蒙古自治区的经济发展起着很强的辐射作用。

（四）我国向北开放的前沿阵地

内蒙古自治区的地理区位优势决定了其成为我国向北开放的前沿阵地，是我国与欧洲各国进行贸易来往的重要通道。

第一章　内蒙古旅游资源形成的地理基础

内蒙古自治区人民与俄罗斯、蒙古国人民之间有着传统友谊，多年来在中俄、中蒙双方的共同努力下，内蒙古自治区与俄罗斯、蒙古国在各个领域的交流与合作都取得了长足的发展，给双方带来了共同利益，对俄罗斯、蒙古国贸易实现了持续增长，在实施"向北开放"战略中已取得明显成效。

改革开放 30 多年来，特别是进入 21 世纪以来，随着内蒙古自治区对外开放的不断扩大，与俄罗斯、蒙古国经济贸易实现了较快增长。主要表现在以下四个方面：

1. 内蒙古自治区对俄蒙贸易迅速扩大

内蒙古自治区对俄蒙的进出口贸易总额由 2000 年的 9.75 亿美元增加到 2015 年的 59.58 亿美元，增长 5.1 倍，年均增长 12.8%。其中，出口总额由 1.76 亿美元增加到 13.35 亿美元，增长 6.6 倍，年均增长 14.5%；进口总额由 7.99 亿美元增加到 46.23 亿美元，增长 4.8 倍，年均增长 12.4%。内蒙古自治区对俄蒙贸易额占全区对外贸易总额的比重已达到 46.7%，占到我国对俄蒙贸易进口额比重的 7%。

2. 进出口商品结构进一步优化

2000 年以来，随着内蒙古自治区对外开放战略的实施和外商投资企业的大量进入，进出口商品结构进一步优化，加工贸易得到较快发展。2015 年，内蒙古自治区工业制成品出口比重已达到 70%以上，比 2000 年上升了 20 多个百分点。从内蒙古自治区大宗商品进出口情况看，主要出口商品为：服装、鞋帽、针织、农畜产品加工、冶金、机电及高新技术产品等工业制成品。其中，2014 年，出口纺织原料及纺织制品超过 5 亿美元，占全区出口总额的 30%；机电及高新技术产品由 2000 年的 2074 万美元增加到 4367 万美元，年均增长 20.5%。而进口商品主要是原木、铁矿砂、铜矿砂、石化产品等原材料商品。其中，2014 年，原木、铁矿砂和铜矿砂、石化产品进口分别达到 6.89 亿美元、26.63 亿美元和 2.45 亿美元，分别比 2000 年增长 6.3 倍、64.8 倍和 80.7 倍。2015 年，内蒙古自治区加工贸易出口已达 1.09 亿美元。经过近几年的发展，加工贸易出口在内蒙古自治区出口贸易中的比重已上升到 2015 年的 2%，加工贸易所占比重明显提高。

3. 内蒙古自治区与俄罗斯、蒙古国经贸合作水平不断提升

内蒙古自治区与俄罗斯、蒙古国的合作起始于苏联，双方合作的轨迹可以概括为以下 6 个发展阶段：20 世纪 50 年代上升，60 年代下降，70 年代停滞，80 年代恢复，90 年代调整、提高，21 世纪全面提升阶段。特别是自 1991 年俄罗斯独立以来，双方的贸易额从无到有，从起伏不定到平稳、快速增长。据统计，内蒙古自治区与俄罗斯、蒙古国进出口贸易总额由 1993 年的 6 亿美元增加到 2015 年的 59.6 亿美元以上。双方合作的水平不断提升。主要表现为：第一，合作地域

不断扩大,由最初的边境地区迅速扩展到各自辐射地区,已扩展到我国内地各省区,甚至港澳台地区;第二,合作的方式呈现多样性,由最初的易货贸易转变为现汇贸易、加工贸易、旅游及探亲购物贸易、边民互市贸易、技术贸易等并举;第三,合作的领域日益拓宽,由最初的服务业、饮食业、商业转向能源、交通、高科技行业,目前已涉及十多个领域,其中双方在矿产业、能源、木材加工、石化领域的合作尤为突出;第四,合作的主体趋于多元化,由最初的个体"倒爷"、私营公司、私人购物团为主宰,逐步转向由官方及民营大经贸公司、大企业集团为支撑,目前已形成了国营、集体、外资、私营等一起上,国家、自治区、各盟市旗县及各部门共同参与的,多成分、多层次开展对俄蒙贸易的大发展格局。目前,俄蒙在内蒙古自治区对外贸易中稳居前两名。截至2015年底,全区对俄罗斯和蒙古签订对外承包工程、劳务合作、对外投资协议及合同金额达55958万美元,完成营业额达6082万美元,分别比2000年增长9.8倍和1.4倍。

4. 内蒙古自治区的口岸在对外贸易中的作用逐步增强

2000年,内蒙古自治区对外开放口岸年过货能力仅为838万吨,到2015年口岸年过货能力达到4230万吨,其中铁路口岸过货能力达到2600万吨,公路口岸过货能力达到1370万吨,分别比2000年提高4倍、2.5倍和21.5倍。目前,内蒙古自治区有对外开放的一类口岸12个,二类口岸6个。拥有国内对俄罗斯最大的陆路口岸满洲里,年过货能力达到1900万吨,比2000年提高3.5倍;拥有国内对蒙古国最大口岸二连浩特市口岸,年过货能力达到1400万吨,比2000年提高2.9倍。截至2015年底,内蒙古自治区对俄口岸进出境货运量为3043.98万吨,对蒙口岸进出境货运量为3 537.62万吨;口岸进出境客运量为428.29万人次,其中对俄口岸出境客运量为131.57万人次,对蒙口岸进出境客运量为296.72万人次。

四、经济发展水平和人民生活水平增长较快

内蒙古自治区经济发展迅速,特别是改革开放30多年以来,经济发展步伐不断加快,尤其是进入21世纪以后,2002—2009年经济增速曾经保持全国"八连冠",经济规模连上台阶,综合实力由弱到强。内蒙古自治区经济总量由1947年的5.37亿元增加到2016年的18632.6亿元,增长642.2倍。人均GDP由96元增加到74069元,增长145倍。一般公共预算收入由9万元增加到2016.43亿元,增长224万倍。按可比价计算,1978年到2016年的38年间经济总量翻了6番以上,地区生产总值居全国各省区市第16位,比2000年翻了3番多,年均增长14.4%;比2010年增长72.9%,年均增长9.6%。2016年,人均GDP居全国各省区市第6位,按当年平均汇率折算达1.1万美元。令人振奋的数字,印证了内蒙古自治区

经济逐步发展壮大迈上新台阶的历史进程。

产业结构调整步伐不断加快。内蒙古自治区在成立以前，是以农牧业为主的省区，农牧业在经济中占较大份额。1947 年，全区第一产业增加值占全区生产总值的比重为 76.7%，1978 年下降到 32.7%。经过改革开放以来 38 年的发展，经济结构不断优化，三次产业构成由 1978 年的 32.7∶45.4∶21.9 调整为 2016 年的 8.8∶48.7∶42.5，第一产业比重明显下降，二、三产业比重不断上升。

居民生活水平明显提高。内蒙古自治区城镇居民人均可支配收入由 1952 年的 117 元增加到 2016 年的 32975 元，增长 281 倍；农牧民人均纯收入由 106 元增加到 11609 元，增长 109 倍，内蒙古自治区的城乡居民收入在全国各省区市中分别居第 9 位和第 19 位。居民消费水平不断提高，消费结构明显升级。2016 年，全区城镇常住居民人均消费支出 22744 元，比 1978 年增长了 83 倍，年均增长 12.4%；农牧民人均生活消费支出 11463 元，增长了 82 倍，年均增长 12.4%。

城乡居民消费结构也发生了重大变化。恩格尔系数持续下降，用于精神文化生活和卫生保健支出相应提高，特别是医疗保健、交通通信、娱乐教育文化和住房的消费增长迅速，食品结构、衣着服饰向多样化、中高档方向转变。从 20 世纪六七十年代的"老四件"(自行车、手表、缝纫机、收音机)，80 年代的"新六件"(电视机、洗衣机、录音机、电冰箱、电风扇、照相机)，到 90 年代后期至现在的电脑、手机、汽车、商品房。到 2016 年末，城镇人均居住面积达 32.2 平方米，比 1978 年增加 27.2 平方米，增长了 5.5 倍；农村牧区人均居住面积达 27.4 平方米，比 1985 年增加 13.9 平方米，增长 103%。到 2016 年末，内蒙古自治区城镇居民家庭每百户拥有家用汽车 38 辆、家用电脑 62 台、移动电话 222 部；农牧民家庭每百户拥有家用汽车 27 辆、家用电脑 23 台、移动电话 232 部。

五、中国畜牧业基地

内蒙古自治区草场资源丰富，牲畜品种优良，畜牧生产基地遍布，畜产品产量大，市场区位优势明显，是中国的畜牧业基地。东北部的草甸草原土质肥沃，降水充裕，牧草种类繁多，具有优质高产的特点，适宜于饲养大畜，特别是养牛。中部和南部的典型草原降水较为充足，牧草种类、密度和产量虽不如草甸草原，但牧草富有营养，适于饲养马、牛、羊等各种牲畜，特别宜于养羊。阴山北部和鄂尔多斯高原西部的荒漠草原，气候干燥，牧草种类贫乏，产草量低，但牧草的脂肪和蛋白质含量高，是小牲畜的优良放牧场地。西部的荒漠草场很适合骆驼的生长。

内蒙古自治区天然草场辽阔而宽广，位居全国五大草原之首，是我国重要的畜牧业生产基地。草原总面积达 8666.7 万公顷，占全国草原面积的 27.2%、全区土地总面积的 73.3%，是我国最大的天然牧场。其中可利用草场面积达 6800 万公顷，占草原总面积的 78.7%。内蒙古自治区现有呼伦贝尔、锡林郭勒、科尔沁、乌兰察布、鄂尔多斯和乌拉特 6 个著名大草原，生长有 1000 多种饲用植物，其中饲用价值高、适口性强的有 100 多种，尤其是羊草、羊茅、冰草、披碱草、野燕麦等禾本和豆科牧草非常适于饲养牲畜。

内蒙古地区拥有数量多、质量优良的各种牲畜，因而也蕴藏了丰富的畜产资源，是祖国庞大的"肉库"和"乳仓"。肉、奶、蛋、绒毛、皮张五大类畜产品，在国内占有重要地位。内蒙古自治区著名的牲畜品种有：呼伦贝尔草原的三河马、三河牛及锡尼河马，乌兰察布草原的乌珠穆沁肥尾羊，科尔沁草原的草原红牛、科尔沁细毛羊，锡林郭勒草原的苏尼特肉羊，乌兰察布草原的双峰驼、绒肉兼用白山羊，鄂尔多斯的细毛羊、滩羊和卡拉库尔羊，西部荒漠草场素有"骆驼王国"之称，双峰驼最为著名。

六、中国能源储备基地

内蒙古自治区煤田广布，石油及天然气储量大，能源产业体系完备，是我国重要的能源储备基地。内蒙古自治区能源输送到全国各地，为我国的经济建设起到了支撑和推动作用。内蒙古自治区矿产资源具有矿产种类多、分布较集中、资源潜力大的特点。以煤为主的能源矿产资源优势明显，全区煤炭勘查累计估算资源总量为 8518.80 亿吨，其中保有资源储量为 4110.65 亿吨，居全国第一位。已探获的铀资源量位居全国首位，已初步形成我国北方重要的铀矿资源勘查开发基地。全区页岩气资源潜力巨大，鄂尔多斯地区页岩气预测资源量 11.2 万亿立方米。全区煤层气资源丰富，分布广、数量大、类型多，据国家最新煤层气资源评价数据，全区 2000 米浅煤层气潜在资源总量约为 5.8 万亿立方米；地热和浅层地温能资源丰富，但全区非常规能源矿产总体勘查和开发利用程度较低，尚未大规模开发利用。截至 2015 年底，全区煤炭总产能 11.5 亿吨，千万吨级以上矿区产能达到 6.3 亿吨。电力装机总容量 10391 万千瓦，占全国的 6.9%，居全国首位。其中，火电装机 7260 万千瓦，居全国第四；风电并网规模 2425 万千瓦，居全国第一，约占全国的 20%；太阳能发电装机 469 万千瓦，居全国第四，约占全国的 10.9%。建成煤制油产能 124 万吨、煤制气产能 17.3 亿立方米，分别占全国的 52% 和 56%。2015 年全区原油产量 179 万吨；天然气产量由 2010 年的 203 亿立方米提高到 2015 年的 290 亿立方米，年均增长 7.4%。

七、交通运输业发展迅速

1947年内蒙古自治区成立之初，仅有近千公里的古老驿道供骆驼队跋涉。2016年，内蒙古自治区公路建设完成投资915亿元，公路总里程突破19万公里，其中高速公路5153千米，一级公路6685千米，二级公路16912千米，高级、次高级路面达到14.17万千米，实现了全部乡镇(苏木)通油路，96%的行政村(嘎查)通沥青水泥路。2016年，全区公路运输完成营业性客运量10347万人，旅客周转量153亿人千米；货运量130613万吨，货物周转量2424亿吨千米。

2016年，全区有铁路干线7条：京包线、包兰线、集二线、集通线、包西线、集张线、集包线。支线8条：包白线、包石线、包环线、乌吉线、海公线、郭查线、包神线、临策线。高铁：张呼客运专线(在建)、呼(和浩特)准(格尔)鄂(尔多斯)铁路(规划)。2016年，全区铁路运输业完成货运量7亿吨，比上年同期增长4.8%；货物周转量2029.5亿吨千米，增长0.3%；完成客运量5394万人，增长5.4%；旅客周转量222.5亿人千米，增长5.5%。(包括国家铁路和地方铁路数据)。呼包集动车组开行，结束了全区没有动车组的历史。铁路运营总里程由9500千米增加到1.35万千米，居全国首位。

截至2016年底，内蒙古自治区辖区正式运营的机场有21个，通勤通用机场6个，基地运输航空公司1家。2016年，扎兰屯运输机场、乌拉特中旗通用机场相继开航投入使用。新巴尔虎右旗、阿荣旗、莫旗通用机场正在建设中，林西运输机场、东乌旗运输机场、阿鲁科尔沁通用机场、满归通用机场等正在筹建中。

第三节　历史文化地理基础

一、蒙古族兴起前的内蒙古各民族

内蒙古自古以来就是以北方民族为主的多民族聚居区(表1-2)。

表1-2　蒙古族兴起前的内蒙古各民族

中原王朝	北方民族	活动区域
炎黄时代	荤粥	北方
夏代	荤粥	与夏为邻
商朝	土方、鬼方	山西、陕西、内蒙古
周朝	鬼方、严狁、犬戎	陕西西北、山西、河北、内蒙古

续表

中原王朝	北方民族	活动区域
春秋	戎狄	山西、河北，以及与内蒙古交界处
战国	东胡、匈奴	北方
秦汉	匈奴、乌桓、鲜卑	北方
魏晋南北朝	多民族。拓跋鲜卑统一北方	北方民族进内地，民族大迁徙大融合
隋唐	突厥、回纥、契丹、室韦等	北方
辽夏金	契丹、党项、女真	北方

(资料来源：金炳镐主编.中国民族自治区的民族关系[M].北京：中央民族大学出版社,2006.)

(一) 匈奴族

1. 部族与政权兴衰

公元前3世纪左右，匈奴在以头曼城(今巴彦淖尔市五原县一带)为中心的阴山、河套地区逐步发展壮大，并威胁中原。秦统一中国后，秦始皇派大将蒙恬北击匈奴，头曼单于退出河套地区。公元前209年，其子冒顿杀死头曼自立为单于。冒顿即位后，在公元前200年进攻汉朝时，把汉高祖围困于白登山七天七夜，成为汉朝的劲敌。匈奴建立了我国历史上第一个由草原游牧民族创建的统一政权。两汉时期，匈奴政权曾多次分裂，势力逐渐削弱。

2. 政治制度

单于为最高统治者，历史上的匈奴最高统治者称为"撑犁孤涂单于"，并以其名为国号。匈奴语中的"撑犁"意为"天"，"孤涂"意为"子"，"单于"意为"广大"。这样的一个伟大意义所代表的人物，当然，后代子孙就有以单于为姓，称为单于氏了。按照父死子继或兄终弟及的方式延续统治。单于下有左右贤王管理地方，左右骨都侯辅政及断狱。还有贵族会议。匈奴全境分左中右三部。

3. 社会经济

北方干旱半干旱的生态环境决定匈奴的经济以畜牧业为主，畜群是主要的生产、生活资料。狩猎在匈奴的经济生活中占有重要地位。匈奴还在适宜的地区从事农业生产。手工业主要是冶铁业，生产铁制工具和武器。金银饰品的设计十分精巧。但是，其农业和手工业都没有达到自给自足的程度，需与中原贸易交换。

4. 文化习俗

匈奴地处北寒，生态环境造就了逐水草迁徙放牧的生产、生活方式和文化习俗。匈奴人食肉饮酪衣皮，住穹庐毡帐。贵壮贱老，崇尚勇武，是匈奴习俗的突出特征。匈奴盛行"收继婚"。匈奴人非常崇拜天地、日月、鬼神和祖宗。

(二) 乌桓族

1. 部族与政权兴衰

西汉中后期，生活于西拉木伦河流域(今赤峰市阿鲁科尔沁旗附近)，随着匈奴势力的衰弱，东胡中一支乌桓活跃起来，并趁汉匈战争之机逐渐发展。东汉末年，政局混乱，天下纷争。190年，辽西乌桓大人丘力居次子蹋顿，把辽东、右北平和上谷三郡的乌桓统一起来，成为当时北方举足轻重的政治力量。207年，曹操亲征乌桓，斩蹋顿及各部贵族，迁乌桓人与汉族融合。

2. 社会组织制度

乌桓社会基本组织单位为落，即家或户。由落组成邑落，邑落之上为部。部的首领为大人。

3. 社会经济

乌桓的经济以畜牧和狩猎为主，还从事一定的农业种植，种植耐寒的农作物。手工业较发达，可锻造兵器，制作弓矢、铜质饰品，毛织和刺绣业很出名。乌桓与汉之间有广泛的贸易往来。

4. 文化习俗

同匈奴一样，社会习俗中体现许多游牧民族的特征。婚姻中保留不少群婚制和母系氏族的残余。"收继婚"为主，有"抢婚"习俗。

(三) 鲜卑族

1. 部族与政权兴衰

鲜卑是与乌桓同时兴起的东胡别支。91年，鲜卑趁东汉和南匈奴重创北匈奴之际，占据了漠北地区。鲜卑自此强盛起来。386年，鲜卑首领拓跋珪在牛川(今呼和浩特市东南)大会诸侯，正式建都盛乐，创北魏王朝。北魏后期，官员腐化，政治腐败，民族压迫严重，阶级矛盾激化，引发524年的北方六镇起义，自此北魏衰落。534年，北魏分裂为东魏、西魏。

2. 政治制度

社会组织由落、邑落、部组成。后逐渐由封建制的社会组织代替。孝文帝时以三长制代替宗主督护制。492年，颁布太和新律，其上承汉晋，下启隋唐，在中国法制史上具有重要地位。

3. 社会经济

鲜卑部民逐水草、捕六畜，以畜牧为主要生产手段，还从事狩猎。南迁后逐渐以农业为主要经济形式。北魏建国后，经过计口授田及孝文帝的均田制，农业经济成为北魏社会经济的基础，但畜牧业仍占有重要地位。手工业因工匠缺乏，发展缓慢，商业得到恢复和发展。

4. 文化习俗

语言及习俗与乌桓相同，婚姻制度保留许多原始群婚制残余。进入中原后，原有风俗习惯不断消失。

（四）突厥族

1. 部族与政权兴衰

6世纪中叶，突厥兴起于我国阿尔泰山一带。当时受柔然控制。552年，突厥首领阿史那土门打败柔然于怀荒北，占据内蒙古高原绝大部分地方，土门自称伊利可汗，建突厥汗国。581年，突厥沙钵略可汗即位。第二年进攻隋朝，但583年时被打败，并且分裂为东西两个突厥政权，东突厥沙钵略降于隋。

隋末农民起义，突厥势力不断增强。620年，突厥颉(音：jié)利可汗即位，不断对唐用兵。630年，唐派大将李靖、李勣(音：jì)在白道川俘获颉利可汗，东突厥灭亡。657年，西突厥亦灭亡。后突厥部众分别融合于回纥和汉族。

2. 政治制度

突厥汗国的最高首领为可汗，由阿史那氏充当，具有最高权力。可汗夫人称可敦，亦有崇高地位。可汗分封其子弟或近亲为小可汗，负责地方事务。

突厥汗国的官职后发展为28等，官位世袭，无固定员额，分工不明。大小官员皆有兵权，亲临战阵。

3. 社会经济

畜牧业是突厥经济的主要支柱产业。以羊、马为主，且是衡量财富的标准。在邻近汉地的区域，还有少量的农业生产。

手工业是突厥经济的重要组成部分。早在5世纪中叶，突厥的冶铁业就已成为独立的手工业部门，铁制兵器十分精良。制造毡车的技术也很高超。

6世纪初，突厥与中原有了贸易往来。同时，还与中亚地区进行广泛的贸易联系，成为沟通中原和中亚的中介。

4. 文化习俗

亦有收继婚风俗。实行火葬且流行剺(音：lí；义：割、划开)面哭丧的风俗。

男子好赌博，女子喜欢踢毽子。突厥人能歌善舞。战功是评价人价值的标准。宗教信仰复杂。突厥是第一个创造自己文字的北方民族。

(五) 回纥族

1. 部族与政权

605 年，回纥脱离突厥汗国，诸部并称回纥。646 年，回纥首领吐迷度率众大败薛延陀，称雄漠北。647 年，吐迷度接受唐朝册封，自称可汗，仿突厥官制，正式建立回纥汗国。

安史之乱后，回纥势力更加强大，809 年，回纥改称回鹘。9 世纪中期，回鹘开始衰弱。840 年，回鹘汗国灭亡。

2. 政治制度

回纥汗国的统治者实行左、中、右区划制，政治制度主要沿袭突厥，职官也采用突厥旧制。回纥附唐后，深受中原影响，也采用唐朝官制。

回纥发展壮大中逐步阶级化，主要由哈剌布敦(平民)、匐(贵族)两大部分组成。平民外，主要生产者是库尔(奴隶)。

3. 社会经济

回纥经济以畜牧业为主，盛产马、大足羊、骆驼。狩猎占一定地位，也有少量的农业和手工业。随着社会经济的发展，逐渐修建城郭，过定居生活。定居的回纥人主要从事农业。回纥的商品贸易占重要地位，商品贸易有贡赐、互市两种形式。

4. 文化习俗

回纥继承了草原游牧民族的文化传统。婚丧仪式与突厥大体相同，有剺面哭丧之俗，甚至还保留了殉葬习俗。婚姻上有"从妻居"的传统。信奉萨满教和摩尼教。回纥人先使用突厥文，后在粟特文字基础上发明回鹘文字，只有少数贵族使用。

(六) 契丹族

1. 部族与政权兴衰

唐朝初年，契丹族兴起于辽河上游潢水(今西拉木伦河)流域。契丹是东胡系鲜卑族宇文氏别支，共分八部。部落联盟实行军政二元制度。916 年，耶律阿保机在西楼城(即后来的上京临潢府，现在的巴林左旗南波罗城)称帝，建契丹国，并积极向外开拓疆土。947 年，阿保机次子耶律德光攻破大梁(开封)，灭后晋。并改大梁为大辽,是为辽太宗。1125年,辽被金所灭。契丹皇族耶律大石于1137年建立西辽王朝,一度称霸中亚。1218年,西辽被蒙古帝国所灭。

2. 政治制度

辽代的政治制度是中央的南北面官制与地方的州县制和部族制并存。辽代的地方行政区划有三种:一是以五京为中心的州县制;二是契丹族和其他少数民族的部族辖地;三是由招讨司、统军司等直辖的军事管制区。辽代的地方官制根据不同的行政区有不同的官僚体系。

辽代特有的政治体制:四时捺钵制;斡鲁朵制。

辽建立前,契丹部落就有决狱官,但审案只是按部落传统和习惯。辽建国后,921年,阿保机命突吕不撰写《决狱法》。1036年,辽兴宗又颁布《重熙条例》,该法比较完备且一直通行。

3. 社会经济

契丹民族传统的经济形式是捕鱼和狩猎,畜牧业是支柱。辽建立以后,仍设有专门管理机构和职官负责牧场的管理,形成群牧制度。

辽朝所辖的汉族地区从事农业生产。

辽建国前,手工业以皮革、弓箭、马具等为主,随着统治区汉族手工业者的增多,手工业不断发展。辽代的冶铁业发达。金银器物制作水平高超。瓷器业也迅速发展。纺织技术也有很大发展。

辽代农牧业和手工业的发展,促进了商业的发展。五京成为当时的商业中心。辽朝对外的贸易往来也十分频繁。

4. 文化习俗

契丹除保留本民族的传统习俗外,逐渐接受了汉文化。婚姻制度中有收继婚形式,早期婚姻不拘辈分的现象比较普遍。丧葬上,以树葬和火葬为主。

契丹人早期信奉萨满教,后多信奉佛教,且以华严宗为盛,并大建寺院和佛塔。除信奉佛教外,许多契丹人也信奉道教。

契丹还创造了自己的文字,即契丹大字和契丹小字,这两种文字在契丹历史上并行使用。大小字采用的都是汉字行书和楷书两体的偏旁拼合而成。契丹的文学、史学和儒学都反映了中原文化和契丹文化的融合。

(七) 其他北方民族及政权

柔然族的始祖木骨闾曾经被拓跋鲜卑奴为甲骑。402年,柔然首领社仑迫于北魏的压力,远遁漠北,并建立柔然政权。在今天的巴彦淖尔市、鄂尔多斯市、阿拉善盟一带活动了一百二三十年。

此外，1038 年，党项族在西北西夏地区建立西夏王朝。1115 年，东北地区的女真族在黑龙江流域建立金朝。都曾活跃于内蒙古地区。

二、蒙元以前历代王朝对内蒙古的统辖与民族关系

(一) 战国时北方各族兼并与华夏诸国拓边置郡

大约春秋末期，内蒙古中南部的林胡、楼烦和居于东南部的东胡、山戎，就与中原的晋、秦、魏、燕等国广泛接触。战国时，北方民族诸部兼并，华夏诸国也向北拓边置郡。

魏文侯设上郡；以戎狄著称的秦，在秦惠文王时，并魏河西地；赵武灵王置云中、雁门、代郡，占阴山以南、黄河以北；燕破东胡，筑长城，置上谷、渔阳、右北平、辽西、辽东郡。这些郡置是历史上中原王朝在内蒙古地区最早的行政建置，为秦汉所沿袭。

同时，内蒙古地区的游牧和农牧兼营的部族也逐渐集结。战国后期，东胡成为西拉木伦河流域及以北地区的强大政权。匈奴政权也十分强大。

中原民族与北方游牧民族的经济文化交流，促进了内蒙古地区的发展。

(二) 秦朝对内蒙古地区的统治及民族关系

1. 民族关系

秦统一六国后，为消除匈奴的威胁，公元前 215 年命大将蒙恬率军 30 万攻取河南地，设 30 多县，并增设九原郡。公元前 214 年，秦军攻取北假等地，筑亭障、要塞。公元前 213 年，将战国时秦、赵、燕长城连接成著名的万里长城。公元前 212 年，修直道，加强对北边的控制。公元前 211 年，又迁徙内地居民 3 万户至北河和榆中一带戍边，促进了秦代内蒙古地区农业经济的发展。

2. 行政设置

与内蒙古有关的郡县有：云中郡、九原郡、右北平郡、北地郡、上郡、雁门郡、代郡、上谷郡、辽西郡。这些郡县的设置为以后我国疆域的奠定打下了基础。

(三) 西汉对内蒙古地区的统治及民族关系

1. 民族关系

西汉初年，匈奴趁楚汉相争之机又发展壮大起来，并重新控制了今内蒙古的

大部分地区，成为西汉的威胁。公元前 200 年，冒顿单于率兵围攻晋阳，汉高祖刘邦被围于白登山，七天七夜方脱险。无奈，汉被迫与匈奴实行和亲政策，以争取时间，养精蓄锐。和亲政策暂时缓和了汉匈关系，促进了两政权间的政治、经济和文化交流。

汉武帝时，社会生产恢复发展，已有实力反击匈奴。公元前 133 年，马邑之谋揭开了反击匈奴的序幕。汉武帝多次派遣大将卫青、霍去病等率大军北击匈奴，沉重打击了匈奴政权。在汉军的沉重打击下，匈奴政权内部不断分裂，有些部族归汉，另有些则退回漠北。公元前 51 年，呼韩邪单于率众南归附汉，开创了北方游牧民族主动归附中原王朝的先例。公元前 33 年，昭君出塞。西汉政府在打击匈奴政权的同时，不断扶植当时比较弱小的鲜卑和乌桓。

2．行政设置

西汉的郡县制在秦朝的基础上有所发展和创新。西汉设置的朔方、五原等郡辖地包括今内蒙古的大部分地区。主要郡县有朔方郡、五原郡、定襄郡、西河郡、张掖郡。

西汉还沿袭了战国所设的云中郡、上郡、雁门郡、代郡、上谷郡、右北平郡、西辽郡。

西汉在北边除设置郡县管辖外，还设置属国安置附汉的匈奴人。行政上设置属国都尉和护乌桓校尉管理内附的少数民族。

（四）东汉对内蒙古地区的统治及民族关系

1．民族关系

东汉时期，匈奴因内部矛盾分裂为南、北二部。东汉对南、北匈奴采取不同对策。对归汉的南匈奴采取保护政策，对北匈奴采取军事进攻的政策。73 年、89 年和 91 年，东汉政府三次打击北匈奴，使北匈奴政权瓦解。

东汉时，乌桓和鲜卑继续南迁。49 年，为管理乌桓和鲜卑事务，东汉政府在上谷宁城，恢复西汉时设立的护乌桓校尉，管理辽东、辽西二郡的乌桓和鲜卑族。东汉安帝时设辽东属国都尉，协助护乌桓校尉共管两民族事务。

2．行政设置

东汉继承了西汉的郡县制，但是北边的行政建置南缩了不少，且不再包括今英金河以南的内蒙古东部地区南缘。

东汉的并州、凉州、幽州等郡县管辖着内蒙古的中、西部地区。东汉中后期，属国已发展为和郡并立的行政建置。东汉末，属国大都更名为郡，如张掖居延属国立为西海郡，辖境未变。

(五) 北魏对内蒙古地区的统治及民族

1. 民族关系

拓跋鲜卑建立了中国历史上第一个由少数民族统一北方的封建王朝。为解决拓跋鲜卑落后的生产关系与封建化进程之间的矛盾，统治者采取积极的统治政策，在太和年间(477—500年)进行大规模的改革，以汉化为主要特征的改革促进了各民族之间的融合，发展了北魏王朝的社会经济和文化。

2. 行政设置

为防御北方柔然等族的南下，北魏在北方地区设立了6个军镇(军政合一的机构)，包括沃野镇、怀朔镇、武川镇、抚冥镇、柔玄镇、怀荒镇。此外，在内蒙古地区，北魏还设立了4州，包括恒州、朔州、夏州、凉州。

(六) 隋朝对内蒙古地区的统治及民族关系

1. 民族关系

隋初，内蒙古东部的契丹、奚、霫(音：xí，中国古族名)、室韦等受突厥控制。583年，隋朝大败犯边的突厥沙钵略可汗。被控制的以上各族纷纷脱离突厥，归附隋朝。589年，沙钵略可汗的侄子突利可汗率部众投奔隋朝，被隋封为启民可汗。

2. 行政设置

隋在今内蒙古境内设9个郡进行管辖。包括朔方郡、盐川郡、榆林郡、五原郡、定襄郡、马邑郡、雁门郡、张掖郡、武威郡。

(七) 唐朝对内蒙古地区的统治和民族关系

1. 民族关系

唐初，东突厥劼利可汗和西突厥乙毗咄可汗自恃强大，屡犯唐境。唐对突厥进行打击，尽控其地。设置行政管理机构监管北方少数民族。还设置羁縻府州，既缓和民族关系，又稳定了北部边疆的统治。唐政府还用亲和册封的方式笼络少数民族上层。唐王朝采用兼收并蓄的方法统治北方少数民族。

2. 行政设置

唐在内蒙古中、西部设置管辖汉人聚居区的道、州。在少数民族生活区设都护府，管辖都督府和羁縻府州，如安西都护府、安北都护府、燕然都护府等。

(八) 辽朝对内蒙古地区的统治及民族关系

1. 民族关系

契丹民族建立的辽王朝，在内蒙古地区的民族政策是采取"胡汉分治"的制度，保持了北方游牧民族的习惯，不断汉化的政策也加速了其封建化的进程。

2. 行政设置

辽在内蒙古地区分别设有上京、中京、西京三道和乌古敌烈统军司、西南面招讨司统辖。

(九) 西夏和金朝对内蒙古地区的统治及民族关系

1. 民族关系

这个时期，党项族建立的西夏、女真族建立的金、契丹族建立的辽、汉族建立的宋朝，长期多元对峙，民族矛盾尖锐，竞争激烈。各民族通过混战、竞争与经济、文化交流，出现了新的大同化、大融合。

2. 行政设置

西夏在内蒙古西部设有夏州、宥州、盐州、麟州、胜州及监军司。

金朝时内蒙古地区归北京路、临潢府路和西京路管辖。此外，金为加强对北方民族的控制，还设立了东北路、西北路、西南路。

蒙元以前内蒙古各民族在发展过程中，形成了经济、文化交流互补的紧密联系和源远流长的民族融合的亲缘关系。各民族政权与中原的战争，使内蒙古地区的行政建置渐趋稳定。

三、蒙古民族与元至民国时期的内蒙古

(一) 蒙古族的兴起和蒙古各部的统一

1. 蒙古族的兴起

大约7世纪，蒙古组的先民蒙兀室韦便生活在大兴安岭北段、望建河(今额尔古纳河)南岸幽密的森林里，是唐朝所属室韦诸部之一。室韦属东胡系统，与鲜卑、契丹相近。早在6世纪，室韦就经常定期派使者向东魏和北齐政权朝贡。7世纪以后，黄金家族的始祖孛儿帖赤那和妻子豁埃马阑勒带领蒙古部落离开森林，向西迁徙，到达不儿罕山(今大肯特山)东部地区。

辽时，蒙古部已经成长起来，分衍出乞颜部、扎答兰部、泰赤乌部等小部，较大的还有塔塔尔部、翁吉剌部、汪古部、篾尔乞部、克烈部、乃蛮部。草原上这些部落的出现，是 7 世纪以来北方各民族进一步交往和融合的结果。12 世纪时，蒙古草原上一个新的民族共同体蒙古族开始兴起。

2. 蒙古各部的统一

12 世纪初，女真族建立金王朝。蒙古部在合不勒汗(成吉思汗的曾祖父)统治下，逐渐壮大并不断打败金的进攻。金为了控制蒙古地区，挑起蒙古与塔塔尔长期的战争，蒙古草原陷入分裂状态。为对抗金的奴役，草原各部迫切要求统一。

出身蒙古孛儿只斤氏的贵族铁木真，在克烈部首领王罕的支持下，力量逐渐强大。其后，铁木真通过艰苦的不断征战，最终完成了统一漠北蒙古各部的大业。1206 年，铁木真在斡难河源召开忽里勒台大会，并被推举为全蒙汗，尊称成吉思汗，建大蒙古国。从此，"蒙古"一词成为后来蒙古各部的共同名称，蒙古民族作为统一的民族共同体登上世界历史舞台。

(二) 元朝的灭亡

1. 政权兴衰

成吉思汗建国后，开始向西、向南扩张，同时也开始了统一中国的进程。

从 1205 年开始，1207 年、1209 年，蒙古先后三次攻入西夏，迫使西夏称臣。1225 年，成吉思汗西征回军途中再次对西夏进攻。1227 年，灭西夏。

1221 年，开始伐金，1234 年，金亡。

1239 年，窝阔台次子阔端派兵进入吐蕃地区，吐蕃各僧侣首领接受蒙古官职，承认吐蕃是蒙古的藩属。1253 年，忽必烈部下兀良哈台入吐蕃，吐蕃最终归附。

蒙宋战争在 1234 年揭开序幕，1253 年，忽必烈南征大理，进而围攻南宋，1279 年，南宋亡。

1276 年，忽必烈在击败其弟阿里不哥登上汗位后，改国号为大元。1279 年统一全中国。

元朝的统一，主要是蒙古贵族通过军事征服实现的。统一的过程充满了战争和杀戮，也引起了被征服民族的反抗和斗争，但是它最终使全国统一，具有重大历史意义。

元朝中期以后，政治日渐败坏，统治阶级内部的斗争此起彼伏，严重削弱了元朝的统治力量。同时，统治阶级的腐化以及蒙古征服者的民族歧视、对各族人民的压迫，加速了阶级矛盾的尖锐化。1351 年，爆发红巾军起义。1368 年，朱元璋在应天称帝，建立明朝，同年攻占大都。元朝灭亡，元顺帝妥欢帖睦尔逃奔上都，史称北元王朝。1388 年后，蒙古分裂，部分部族附后金，最后都归属了清朝。

2. 政治制度

元朝统一后，制定了统治政策和政治制度。

在政治上，元太祖忽必烈推行汉法。以汉法立法度、定官制，并采取招抚流亡、禁止妄杀、屯田积粮、整顿赋税等一系列适应汉地的统治政策。

为加强中央集权，改变了蒙古贵族的裂土分封制，改为赐田，限制了封地上蒙古贵族的权力。

为有效控制全国广大地区，建立行省制。除"腹里"(河北、山东、山西)直隶于中书省、吐蕃由宣政院管理外，全国分为岭北等11个行省，下设路、府、州、县。

蒙古贵族为维护其统治，削弱汉族及其他民族的反抗意识，采用民族分化政策，把全国各族人民划分为蒙古人、色目人、汉人、南人。

在经济上，元朝以农桑为急务，发展农业经济，保护封建土地所有制。忽必烈多次下诏把牧场改为耕地，用封建租佃方式招募农民耕种。元朝尤其重视边疆的开发，把中原军民移民戍边或签发到边疆地区屯田积谷。

此外，元代还以大都为中心，广设驿站(蒙语为"站赤")。全国分水、陆两种驿站1500多处。东北达奴尔干，西南到乌思藏(西藏)、大理，西到钦察汗国、伊利汗国，北达吉尔吉斯。

3. 社会经济

蒙古族的社会经济以畜牧和农业为主。

早期的手工也以家庭副业生产为主，手工制品有皮革、皮衣、鞋帽、箭、鞍具、车帐等。后金属制造业和皮革加工业发展迅速。

随着经济的发展，城市建筑业和商业相应地也得到了发展。上都城建筑规模宏伟，全城分内、外城。驿站的建立，也为商业的发展提供了便利。

4. 文化习俗

蒙古族是游牧民族，以帐幕为居，以肉、乳为食，衣左衽交领的长袍，以马、牛、骆驼为主要交通工具。

蒙古人家庭中凡已婚子女要分出单过，但幼子例外，并有继承父母主要财产的权利。

蒙古族婚姻制度规定，同一氏族的人不能通婚。

蒙古地区普遍奉行萨满教，丧葬习俗上大都实行土葬，后来也实行火葬和金葬。

蒙古统一之前，没有自己的文字，靠口口相传或刻木为记。1204年，成吉思汗开始以畏兀儿字拼写蒙古语。元朝时，忽必烈命帝师八思巴创八思巴蒙古文，并为广泛使用。

第一章　内蒙古旅游资源形成的地理基础

蒙古民族很重视文化教育，史学、语言学、文学艺术和其他科学都相当繁荣。成吉思汗还制定了《大扎撒》，使其成为蒙古族遵循的重要法典。

(三) 元朝对内蒙古地区的统治

元朝为统辖全国，建立行省制度，内蒙古地区由中书省、岭北行省、辽阳行省、陕西行省和甘肃行省管辖，并在上述地区设立宣慰司或路。包括：上都路、应昌路、大宁路、宁昌路、兴和路、大同路、德宁路、净周路、集宁路、亦集乃路、察罕脑儿宣慰司。

此外，元在内蒙古境内设立了驿道。以大宁路、丰州、东胜州、察罕脑儿宣慰司、亦集乃路为中心，设若干站，加强毗邻地区与大都的联系。

(四) 明朝时期的内蒙古

元朝在1368年灭亡后，蒙元贵族北迁，元顺帝妥欢帖睦尔退到上都，从此开始北元政权的历史。尽管这时的蒙古贵族势力已经大大削弱，但是企图重返中原，不断组织力量进行反攻，而明朝也要消灭蒙元的残余势力，于是双方形成南北对峙的局面，不断进行军事对抗。1370年，元顺帝亡，太子爱猷(音：yóu)识理达腊即位，并退往呼伦贝尔地区。1378年，爱猷识理达腊死，其子买的里八剌即位，但这时在明蒙战争中，蒙古已经处于劣势。1388年，捕鱼儿海战役，买的里八剌兵败逃亡被杀。从此，北元部众离散，内蒙古大部分地区陷入蒙古贵族割据、战乱状态。

当时雄踞大漠南北的主要为兀良哈、瓦剌、鞑靼三部。其中，兀良哈三卫(泰宁卫、富余卫、朵颜卫)居住在邻近明边的东北地区。明朝为防御蒙古的进攻，在北方建立了严密的军事防御体系：设置卫所、修筑长城、设九边重镇。明朝在采取军事进攻的同时，也对蒙古首领实行招降和封爵的政策，并积极推动明蒙之间的通商互市。

1418年，脱欢统一了瓦剌，并不断加强瓦剌的实力。1439年，脱欢儿子也先继太师位，靠强大武力逐渐统一了蒙古各部。其后，不断向东南扩张，侵犯明边。1449年，"土木"(今河北省宣化北)之变，生俘明英宗。当时，内蒙古地区都是瓦剌的势力范围。1454年，由于内讧，也先被杀，瓦剌势力退到天山以北，并分为四部：杜尔伯特、准噶(音：gá)尔、土尔扈特、和硕特，并称四卫拉特，总称为厄鲁特蒙古。

另外，鞑靼是蒙古本支，多次与瓦剌征战，其内部也是争权夺势，不断仇杀。1480年，成吉思汗的后裔巴图蒙克即汗位，号达延汗，通过不断征战统一了蒙古地区。达延汗的孙子俺答汗也是一位杰出的蒙古族首领。16世纪后半叶，俺达汗占青海，进西藏，把藏传佛教传入蒙古地区，与明朝修好。1571年，明朝封俺答汗为顺义王。此后，俺答汗同明政府经常往来，史称俺答封贡。其后，俺答汗与三娘子积极开发漠南丰州地区，建库库和屯，明朝赐名归化城。

俺答汗死后，内蒙古地区又重新分裂。察哈尔的蒙古大汗图门汗试图制止分裂，但未能如愿。1603年，其孙林丹汗即位，也力图武力统一蒙古，可得不到大多数贵族的支持，且许多蒙古部落归属了后金皇太极。1634年，林丹汗亡。1635年，其子被后金所俘。至此，漠南蒙古各部逐渐归属了后金。

(五) 清朝时期的内蒙古

1644年，清军进入山海关，推翻了明朝。此时，蒙古草原已经是大清王朝的重要组成部分。早在后金努尔哈赤时期就对蒙古采取了政治联合与武力征服的策略。通过对蒙古各部的积极政策，1636年，漠南蒙古16部49个封建主(不包括西土默特及鄂尔多斯)聚会于盛京，承认皇太极为蒙古可汗大统的继承者，奉为共主。此时漠北蒙古喀尔喀三汗(土谢图汗、车臣汗和札萨克图汗)也与清朝通好。1691年，喀尔喀蒙古正式归附清朝。

清朝统一蒙古地区以后，十分重视对该地区的统治和管理。

在中央，理藩院管理蒙古等少数民族事务，并将陆续颁布的有关蒙古的法令汇编成《理藩院则例》，作为处理蒙古族和其他少数民族事务的法律依据。

在地方，实行盟旗制度。漠南24部，编为6盟、49旗。漠北4部，编为4盟、84旗。

清朝还在蒙古地区派驻将军、都统、大臣进行直接管理。1675年，由在京蒙古都统管辖察哈尔八旗。1693年，清朝派将军住归化城。1737年，又设置绥远将军、归化城都统。此时，绥远和归化城成为北方地区的重要城镇(两城为今呼和浩特市的前身)。

清朝为加强对北疆的统治，在边境地区设卡伦、哨所，并建立四通八达的驿站。在内蒙古地区就有5路驿站：喜峰口、古北口、独石口、张家口、杀虎口驿站。

清朝为有效控制蒙古地区还实施其他政策。如通过联姻，使满蒙贵族结成政治联盟，进而使蒙古各部顺利归顺清政府。清还利用藏传佛教加强对蒙古地区宗教信仰的控制。

另外，还实行封禁政策。虽然它保证了牧业生产的稳定，但是却限制了蒙古部族之间、与中原汉族之间的交往。

(六) 民国时期的内蒙古

20世纪初，孙中山倡导的资产阶级民主革命和反清思想传播到内蒙古地区。

第一章　内蒙古旅游资源形成的地理基础

不久，一批蒙、汉知识分子参加同盟会，并展开积极的宣传活动。辛亥革命爆发后，内蒙古中西部地区积极响应。

中国共产党从 1921 年建立开始就非常关心内蒙古地区的革命斗争。1925 年初，内蒙古地区就建立了第一批党组织——中共热河、察哈尔、绥远、包头四个工委。从此以后，内蒙古的民族事业就在中国共产党的正确领导下逐步发展，最终于 1947 年 5 月 1 日成立自治政府。

第二章　内蒙古旅游资源调查与评价

第一节　旅游资源调查

一、内蒙古旅游资源类型

经过调查，对内蒙古自治区旅游资源类型进行不完全统计，根据《旅游资源分类、调查与评价(GB/T18972-2003)》，得出内蒙古自治区旅游资源主类、旅游资源亚类及其基本类型的数量。共拥有 8 个旅游资源主类，29 个旅游资源亚类，108 个旅游资源基本类型，1164 个旅游资源单体，其中地文景观 182 个、水域风光 121 个、生物景观 120 个、天象与气候景观 14 个、遗址遗迹 132 个、建筑与设施 475 个、旅游商品 51 个和人文活动 69 个。

二、旅游资源类型数量总汇

数量总汇是体现一个区域旅游资源的宏观结构的主要标志。将调查所获取的旅游资源主类、旅游资源亚类、旅游资源基本类型的数量与全国对比，求出其相应的比例，以表示该区旅游资源的丰富程度(表 2-1)。

表2-1　内蒙古自治区调查的旅游资源类型占全国的比例

地区	主类	亚类	基本类型
全国	8	31	155
内蒙古自治区	8	29	108
比例(%)	100	93.55	69.68

(资料来源：内蒙古自治区旅游局，中国科学院地理科学与资源研究所.内蒙古自治区旅游发展总体规划(2003－2020)[M].北京：商务印书馆，2004.)

从表 2-1 可知，内蒙古自治区旅游资源总体情况是：代表宏观结构的旅游资源亚类属于丰富级，代表精细程度的旅游资源基本类型属于中上等级。

三、旅游资源基本类型数量档次

在 108 种旅游资源基本类型中，根据它们各自拥有的单体数量，可以归为以下 6 个数量档次(表 2-2)。

表 2-2　内蒙古自治区旅游资源类型数量档次

单体数量	数目
40 处(含)以上	9
30 处(含)以上	3
20 处(含)以上	6
10 处(含)以上	15
10 处以下	75

(资料来源：内蒙古自治区旅游局，中国科学院地理科学与资源研究所.内蒙古自治区旅游发展总体规划(2003－2020)[M].北京：商务印书馆，2004.)

从表 2-2 可知，旅游资源基本类型的 6 个数量档次中，有 9 种基本类型所拥有的单体数量超过了 40 处。

四、旅游资源类型的区域构成和单体数量分配

旅游资源在全区地域上的分配状况，依据其旅游资源数量而区分出在各盟市的差别，按盟市统计旅游资源基本类型和旅游资源单体数量(表 2-3)。

表 2-3　内蒙古自治区各盟市旅游资源数量构成

盟市名称	主类数量	亚类数量	基本类型数量	等级单体数量
阿拉善盟	8	16	29	75
巴彦淖尔市	7	19	31	70
包头市	6	17	31	65
赤峰市	7	25	52	200
鄂尔多斯市	6	18	28	99
呼和浩特市	7	21	39	107
呼伦贝尔市	8	24	45	143
通辽市	6	15	28	70
乌海市	4	7	8	8
乌兰察布市	6	17	32	44

续表

盟市名称	主类数量	亚类数量	基本类型数量	等级单体数量
锡林郭勒盟	6	17	32	78
兴安盟	5	17	22	43

(资料来源：内蒙古自治区旅游局，中国科学院地理科学与资源研究所.内蒙古自治区旅游发展总体规划(2003－2020)[M].北京：商务印书馆，2004.)

五、旅游资源主类所属基本类型数量及其旅游资源单体数量

统计全区各主类旅游资源中基本类型的数量及其旅游资源单体数量占该基本类型的比例和全部单体数量的比例，以此表明旅游资源的基本性质与构成(表2-4)。

表2-4 内蒙古自治区不同性质旅游资源数量构成

主类名称	各主类拥有的基本类型 数量	占全区主类基本类型百分比/%	各主类拥有的旅游资源单体 数量	占全区旅游资源单体总数百分比/%
地文景观	19	17.59	182	15.64
水域风光	9	8.33	121	10.40
生物景观	8	7.41	120	10.31
天象与气象景观	6	5.56	14	1.20
遗址遗迹	10	9.26	132	11.34
建筑与设施	38	35.19	475	40.81
旅游商品	7	6.48	51	4.38
人文活动	11	10.19	69	5.92
总计	108	100	1 164	100

(资料来源：内蒙古自治区旅游局，中国科学院地理科学与资源研究所.内蒙古自治区旅游发展总体规划(2003－2020)[M].北京：商务印书馆，2004.)

从表2-4可知，内蒙古自治区拥有的旅游资源基本结构为：全区拥有全国155类基本类型中的108种，占69.7%，属于中上比例。全区各旅游资源主类的基本类型中，人文活动、建筑与设施、地文景观所占的比例较大。各旅游资源主类中拥有的旅游资源单体，建筑与设施类基本类型所占的比例最大，占40.81%，其次是遗址遗迹、地文景观、水域风光和生物景观。

六、人文旅游资源和自然旅游资源数量结构

根据全国旅游资源基本类型的数量,如果自然旅游资源基本类型(地文景观、水域风光、生物景观、天象与气象景观)数量和人文旅游资源基本类型(遗址、建筑与设施、旅游商品、人文活动)数量所占的比例达到 4∶5 时,即可认为该地区自然旅游资源和人文旅游资源并重;大于 4∶5 时,即可认为该地区以自然旅游资源为主,小于 4∶5(0.80)时,可认为该地区以人文旅游资源为主。内蒙古自治区自然旅游资源与人文旅游资源比较如下(表 2-5)。

表 2-5 内蒙古自治区调查的自然旅游资源与人文旅游资源比较

	自然旅游资源基本类型	人文旅游资源基本类型	自然旅游资源与人文旅游资源的比值
全国	71	84	0.85
内蒙古自治区	42	66	0.64

(资料来源:内蒙古自治区旅游局,中国科学院地理科学与资源研究所.内蒙古自治区旅游发展总体规划(2003—2020)[M].北京:商务印书馆,2004.)

从表 2-5 可知,内蒙古自治区自然旅游资源与人文旅游资源基本类型的比值为 4.2∶6.6(0.64),小于 4∶5(0.80),因此,可以认为内蒙古自治区以人文旅游资源为主。

第二节 旅游资源评价

一、盟市、旗县旅游资源质量等级序列

如果将五级、四级、三级和普通级旅游资源的单体数量分别乘以权值 30、20、10 和 5,则可得出各盟市及各旗县旅游资源的等级分值和排序(表 2-6,表 2-7),以此能够区分出它们彼此之间的差别。

表 2-6 内蒙古自治区各盟市旅游资源等级分值及排序

盟市	五级		四级		三级		普通级		总分	排序
赤峰市	2	60	5	100	43	430	150	750	1 340	1
呼伦贝尔市	1	30	12	240	47	470	83	415	1 155	2

内蒙古旅游资源分析

续表

盟市	五级		四级		三级		普通级		总分	排序
呼和浩特市	—	—	5	100	26	260	76	380	740	3
鄂尔多斯市	1	30	4	80	14	140	80	400	650	4
锡林郭勒盟	1	30	6	120	20	200	49	245	595	5
阿拉善盟	1	30	8	160	12	120	54	270	555	6
乌兰察布市	—	—	2	40	13	130	69	345	515	7
包头市	—	—	4	80	17	170	44	220	470	8
巴彦淖尔市	—	—	1	20	15	150	54	270	440	9
通辽市	—	—	2	40	12	120	54	270	430	10
兴安盟	—	—	6	120	15	150	19	95	365	11
乌海市	—	—	—	—	5	50	4	20	70	12

(资料来源：内蒙古自治区旅游局，中国科学院地理科学与资源研究所.内蒙古自治区旅游发展总体规划(2003－2020)[M].北京：商务印书馆，2004.)

表 2-6 反映的是盟市旅游资源等级情况，但地域过于广泛，实际上还不能说明旅游资源在区域内的富集程度。用同样的方法对旗县区进行排序可适当弥补这一缺陷(表 2-7)。

表 2-7 内蒙古自治区各旗县旅游资源等级分值及排序

旗县区	n5	Σn5×30	n4	Σn4×20	n3	Σn3×10	n普	Σn普×5	Σn5×30+Σn4×20+Σn3×10+Σn普×5	排序
克什克腾旗	1	30	3	60	11	110	31	155	355	1
呼和浩特市区	—	—	4	80	13	130	23	115	325	2
包头市区	—	—	3	60	12	120	23	115	295	3
阿拉善左旗	—	—	4	80	10	100	14	70	250	4
阿尔山市	—	—	5	100	9	90	10	50	235	5
锡林浩特市	—	—	3	60	9	90	12	60	210	6
额济纳旗	1	30	1	20	2	20	28	140	210	6
巴林左旗	1	30	1	20	4	40	23	115	205	7
陈巴尔虎旗	1	30	1	20	3	30	13	65	145	8
翁牛特旗	—	—	1	20	5	50	17	95	145	8
伊金霍洛旗	1	30	1	20	2	20	15	75	145	8
阿拉善右旗	1	30	2	40	—	—	12	60	130	11

第二章 内蒙古旅游资源调查与评价

续表

旗县区	n5	Σn5×30	n4	Σn4×20	n3	Σn3×10	n普	Σn普×5	Σn5×30+Σn4×20+Σn3×10+Σn普×5	排序
宁城县	—	—	—	—	4	40	18	90	130	11
达尔罕茂名安联合旗	—	—	—	—	4	40	17	85	125	13
凉城县	—	—	—	—	7	70	11	55	125	13
巴林右旗	—	—	—	—	6	60	16	80	120	15
海拉尔区	—	—	—	—	7	70	10	50	120	15
准格尔旗	—	—	—	—	3	30	17	85	115	17
根河市	—	—	2	—	5	50	13	65	115	17
乌拉特后旗	—	—	—	—	3	30	14	70	100	19
敖汉旗	—	—	—	—	6	60	8	40	100	19
多伦县	—	—	—	—	5	50	5	25	100	21
喀喇沁旗	—	—	—	—	2	20	15	75	95	22
扎兰屯市	—	—	—	—	5	50	9	45	95	22
磴口县	—	—	—	—	6	60	6	30	90	24
乌拉特前旗	—	—	1	20	2	20	10	50	90	24
赤峰市区	—	—	—	—	4	40	10	50	90	24
察哈尔右翼后旗	—	—	1	20	1	10	15	60	90	24
和林格尔县	—	—	—	—	7	70	3	15	85	28
察哈尔右翼中旗	—	—	1	20	2	20	9	45	85	28
鄂温克族自治旗	—	—	2	40	3	30	4	20	80	30
鄂托克旗	—	—	—	—	2	20	12	60	80	30
清水河县	—	—	—	—	—	—	16	80	80	30
土默特左旗	—	—	1	20	2	20	8	40	80	30
武川县	—	—	—	—	1	10	14	70	80	30
满洲里市	—	—	2	—	2	20	12	60	80	30
新巴尔虎右旗	—	—	1	—	5	50	6	30	80	30
额尔古纳市	—	—	1	20	4	40	5	15	75	35
鄂伦春自治旗	—	—	—	—	3	50	4	20	70	36
奈曼旗	—	—	—	—	1	10	12	60	70	36
乌达区	—	—	—	—	5	50	4	20	70	36

内蒙古旅游资源分析

续表

旗县区	n5	Σn5×30	n4	Σn4×20	n3	Σn3×10	n普	Σn普×5	Σn5×30+Σn4×20+Σn3×10+Σn普×5	排序
牙克石市	—	—	2	40	1	10	2	10	60	40
乌拉特中旗	—	—	—	—	1	10	10	50	60	40
乌审旗	—	—	—	—	3	30	6	30	60	40
临河区	—	—	—	—	2	20	7	35	55	42
托克托县	—	—	—	—	2	20	7	35	55	42
科尔沁左翼后旗	—	—	1	20	2	20	3	15	55	42
四子王旗	—	—	—	—	—	—	11	55	55	42
西乌珠穆沁旗	1	30	1	20	—	—	3	15	55	42
霍林郭勒市	—	—	—	—	4	40	2	10	50	47
科尔沁左翼中旗	—	—	—	—	3	30	4	20	50	47
东乌珠穆沁旗	—	—	—	—	—	—	10	50	50	47
东胜区	—	—	—	—	1	10	7	35	45	50
科尔沁区	—	—	—	—	—	—	9	45	45	50
库伦旗	—	—	—	—	—	—	9	45	45	50
阿鲁科尔沁旗	—	—	—	—	—	—	8	40	40	53
杭锦旗	—	—	1	—	—	—	8	40	40	53
扎鲁特旗	—	—	—	—	—	—	8	40	40	53
科尔沁右翼前旗	—	—	—	—	2	20	4	20	40	53
乌兰浩特市	—	—	—	—	2	—	8	40	40	53
莫力达瓦达斡尔族自治旗	—	—	—	—	2	20	3	15	35	59
察哈尔右翼前旗	—	—	—	—	1	10	5	25	35	59
五原县	—	—	—	—	1	10	4	20	30	61
土默特右旗	—	—	2	—	1	10	4	20	30	61
林西县	—	—	—	—	1	10	4	20	30	61
达拉特旗	—	—	2	—	—	—	6	30	30	61
开鲁县	—	—	—	—	—	—	6	30	30	61
阿巴嘎旗	—	—	—	—	1	10	4	20	30	61
二连浩特市	—	—	—	—	3	30	—	—	30	61
鄂托克前旗	—	—	—	—	—	—	5	25	25	68

续表

旗县区	n5	Σn5×30	n4	Σn4×20	n3	Σn3×10	n普	Σn普×5	Σn5×30+Σn4×20+Σn3×10+Σn普×5	排序
阿荣旗	—	—	—	—	—	—	5	25	25	68
丰镇市	—	—	—	—	—	—	5	25	25	68
兴和县	—	—	—	—	1	10	3	15	25	68
苏尼特右旗	—	—	—	—	—	—	5	25	25	68
科尔沁右翼中旗	—	—	1	—	1	10	3	15	25	68
新巴尔虎左旗	—	—	1	—	1	10	2	10	20	74
通辽市区	—	—	1	20	—	—	—	—	20	74
集宁区	—	—	—	—	1	10	2	10	20	74
苏尼特左旗	—	—	—	—	—	—	4	20	20	74
正蓝旗	—	—	2	—	—	—	4	20	20	74
杭锦后旗	—	—	—	—	—	—	3	15	15	79
太仆寺旗	—	—	—	—	1	10	1	5	15	79
商都县	—	—	—	—	—	—	2	10	10	81
卓资县	—	—	—	—	—	—	2	10	10	81
突泉县	—	—	—	—	—	—	2	10	10	81
扎赉特旗	—	—	—	—	1	10	—	—	10	81

(资料来源：内蒙古自治区旅游局，中国科学院地理科学与资源研究所.内蒙古自治区旅游发展总体规划(2003－2020)[M].北京：商务印书馆，2004.)

二、旅游资源组合关系评价

(一) 经验式评价

对于旅游资源的组合关系，目前尚没有切实可行的方法，根据内蒙古自治区各区域旅游资源的配置情况，通过研制并采用的一种旅游资源基本类型系统和旅游资源单体系统组合模式的分析方法，初步解决这一问题。此方法认为旅游资源基本类型的数量和旅游资源单体的数量及其质量等级是它所在区域的旅游资源组合关系的主要标志，该公式为

$$S=S1+S2$$

$= J \times 5.52 \times 0.2 + D \times M \times 0.8$

$= J \times 5.52 \times 0.2 + \Sigma ai \times 15 + \Sigma bi \times 10 + \Sigma ci \times 5 + \Sigma di \times 3 + \Sigma ei \times 1 \times M \times 0.8$

式中：

S——评价区域旅游资源组合状况得分；

$S1$——评价区域旅游资源基本类型系统得分($S1=J \times 5.52 \times 0.2$)；

$S2$——评价区域旅游资源单体系统得分($S2=D \times M \times 0.8$)；

J——评价区域旅游资源基本类型数量；

5.52——(1000/181)是按总分 1000 时全国每一旅游资源基本类型得分系数；

0.2——旅游资源基本类型所占分数的权重；

D——评价区域各级旅游资源单体数量分别乘以 15、10、5、3、1 总数之和；

$(D=\Sigma ai \times 15 + \Sigma bi \times 10 + \Sigma ci \times 5 + \Sigma di \times 3 + \Sigma ei \times 1)$；

ai——评价区域五级旅游资源单体；

bi——评价区域四级旅游资源单体；

ci——评价区域三级旅游资源单体；

di——评价区域二级旅游资源单体；

ei——评价区域一级旅游资源单体；

M——评价区域每一旅游资源单体得分系数($M=D/\Sigma ai+\Sigma bi+\Sigma ci+\Sigma di+\Sigma ei$)。

根据本公式求出内蒙古自治区各区域表示组合关系状况的基础数值，按数值大小排列它们组合关系的优劣。依此原理，可设计出判定内蒙古自治区旅游资源组合状况的经验公式，可参照此公式提供的方法建立自身的旅游资源组合关系分析模式。

根据以上旅游资源组合关系评价的经验公式和旅游资源调查所获旅游资源单体数量、单体所属基本类型数量，可以计算出内蒙古自治区各盟市、各旗县旅游资源组合关系。由于此次调查属于概查性质，受资料和数据的详尽程度限制，目前只能做到盟市一级。

为此，采集和计算出了如下数据：

Σai——6；

Σbi——55；

Σci——239；

Σd 普——736(Σd 普$=\Sigma ci+\Sigma di$)；

$\Sigma ai+\Sigma bi+\Sigma ci+\Sigma di+\Sigma ei=1036$；

D——3307($D=6 \times 15+55 \times 10+239 \times 5+736 \times 2=90+550+1195+1472$)；

M——3.19($M=D/\Sigma ai+\Sigma bi+\Sigma ci+\Sigma di+\Sigma ei=3307 \div 1036$)。

根据以上数据计算内蒙古自治区各盟市旅游资源组合关系(表 2-8)。

第二章 内蒙古旅游资源调查与评价

表 2-8 内蒙古自治区各盟市旅游资源组合关系

盟市	$S1=J\times5.52\times0.2$		$S2=\Sigma ai\times15+\Sigma bi\times10+\Sigma ci\times5+\Sigma d普\times2\times M\times0.8$									S
	J	$J\times5.52\times0.2$	Σa	$\Sigma a\times15$	Σb	$\Sigma b\times10$	Σc	$\Sigma c\times5$	Σd	$\Sigma d\times2$	D	$D\times3.19\times0.8$	$S1+S2$
赤峰市	32	35.2	2	30	5	50	43	215	150	300	595	1 518.4	1 554.6
呼伦贝尔市	45	49.5	1	15	12	120	47	235	83	166	536	1 366.8	1 416.3
呼和浩特市	39	42.9	—	—	5	50	26	130	76	153	333	849.2	892.1
鄂尔多斯市	28	30.8	1	15	4	40	14	70	80	160	285	726.8	757.6
锡林郭勒盟	32	35.2	1	15	6	60	20	100	49	98	273	696.2	731.4
阿拉善盟	29	31.9	1	15	8	80	12	60	54	108	263	670.7	702.6
乌兰察布市	32	35.2	—	—	2	20	13	65	69	138	223	568.7	603.9
包头市	31	34.1	—	—	4	40	17	85	44	88	213	543.2	577.3
巴彦淖尔市	31	34.1	—	—	1	10	15	75	54	108	193	492.2	526.3
通辽市	28	30.8	—	—	2	20	12	60	54	108	188	479.4	510.2
兴安盟	22	24.2	—	—	6	60	15	75	19	38	173	441.2	465.4
乌海市	8	8.8	—	—	—	—	5	25	4	8	33	84.2	93.0

(资料来源：内蒙古自治区旅游局，中国科学院地理科学与资源研究所.内蒙古自治区旅游发展总体规划(2003－2020)[M].北京：商务印书馆，2004.)

从表 2-8 可知，赤峰市、呼伦贝尔市旅游资源组合关系优良，明显地优于其他地区。除乌海市以外，其他盟市属于良好或中等。

(二) 组合区评价

依据全区旅游资源概查提供的类型单体质量级别(优良级、普通级,其中重点是优良级旅游资源单体),以各旗县级行政中心为核心,人为规定在100千米的半径范围内,建造约70多处雏形组合区。对这些雏形组合区内的旅游资源单体进行机械搜寻,求出各区旅游资源的价值总和,初步确定以下5个雏形组合区为优势旅游资源组合区。依据表2-7中确定的各旗县所得的旅游资源分值,在区域上相互结合,寻找出以下5个优势旅游资源组合区(表2-9)。

表2-9 内蒙古自治区优势旅游资源组合区

名称	主要区域	旅游环境	等级分值
蒙中中段旅游资源组合区	呼和浩特市区、包头市区、东胜区、伊金霍洛旗、达拉特旗、准格尔旗、托克托县、和林格尔县、察哈尔右翼后旗、察哈尔右翼中旗、四子王旗、凉城县、集宁区、武川县、清水河县	黄河河套平原、大青山山地、鄂尔多斯高平原、干草原、荒漠草原、蒙古族文化遗存、现代城市与产业、蒙古族民俗	2110
蒙中东段旅游资源组合区	锡林浩特市、克什克腾旗、翁牛特旗、巴林左旗、巴林右旗、赤峰市区、喀喇沁旗、东乌珠穆沁旗、正蓝旗、宁城县、林西县	大兴安岭南段西侧、浑善达克沙地、干草原、荒漠草原、火山与熔岩山地与台地、蒙古族民俗	1975
蒙东北旅游资源组合区	阿尔山市、扎兰屯市、阿荣旗、莫力达瓦达斡尔族自治旗、新巴尔虎左旗、新巴尔虎右旗、海拉尔区、鄂温克旗、牙克石市、陈巴尔虎旗、额尔古纳市、鄂伦春自治旗、根河市	大兴安岭北段、草甸草原、森林、火山与熔岩、地热与温泉、蒙古族民俗、鄂温克族民俗、达斡尔族民俗、鄂伦春族民俗	1400
蒙中西段旅游资源组合区	阿拉善左旗、乌海市、乌拉特前旗、乌拉特后旗、乌拉特中旗、临河区、磴口县	三大沙地(腾格里、乌兰布和、库布齐)、黄河谷地、贺兰山与狼山山地、荒漠、荒漠草原、历代水利工程、蒙古族民俗	555
蒙东南旅游资源组合区	扎鲁特旗、科尔沁左翼后旗、科尔沁右翼前旗、乌兰浩特市、扎赉特旗、库伦旗	大兴安岭南段东侧、科尔沁沙地、草甸草原、古冰川地形、蒙古族民俗	390

(资料来源:内蒙古自治区旅游局,中国科学院地理科学与资源研究所.内蒙古自治区旅游发展总体规划(2003—2020)[M].北京:商务印书馆,2004.)

根据各组合区的等级分值,可以将其分为4个档次,划分的依据是按分值大

第二章 内蒙古旅游资源调查与评价

小分为优(≥2000)、良(1000~1999)、中(500~999)、平(<500)。组合区评价是以该区旅游资源的现实状况为基础，考虑其核心旅游环境和开发条件，利用简明的评价因子赋分法完成的。具体步骤和方法是：①选择并确定评价因子。这些评价因子包括"旅游资源"和"开发环境和开发条件"。其中"开发环境和开发条件"又分为"交通条件""已有基础"和"计划潜力"。旅游资源考虑到资料掌握程度和操作便利，以已确定的 5 个优势旅游资源组合区为基本评价单元。交通条件是指外地游客进出该区中心点的便捷程度，包括路况、主要交通工具和交通服务等项内容。已有基础指该区旅游开发的综合程度，包括旅游市场效益、旅游区和旅游点建设成绩。计划潜力是该区内行政主管部门和旅游企业的管理力度，包括已经出台的旅游发展和旅游开发规划。②分别对各评价因子进行等级划分。其中旅游资源按其 3 个档次划分为优、良、中。交通条件、已有基础和计划潜力按组合区的实际情况分为优、良、中三级。③视各因子的重要程度赋以权重，旅游资源为 15(优、良、中各得分 15、10、5)，交通条件、已有基础各为 10(优、良、中各得分 10、7、4)，计划潜力为 15(优、良、中各得分 15、10、5)。按各自等级进行再分配。④专家评定得出各雏形组合区旅游资源开发得分，再按得分区间将组合区分为 4 级：一级(≥20)，二级(15~20)，三级(10~15)，四级(5~10)。根据上述标准和方法，评出内蒙古自治区优势旅游资源组合区的开发等级(表 2-10)。

表2-10　内蒙古自治区优势旅游资源组合区评价赋分等级表

组合区名称	旅游资源 优	旅游资源 良	旅游资源 中	交通条件 优	交通条件 良	交通条件 中	已有基础 优	已有基础 良	已有基础 中	计划潜力 优	计划潜力 良	计划潜力 中	得分	排序
蒙中中段旅游资源组合区	15	—	—	10	—	—	—	7	—	15	—	—	54	1
蒙东北旅游资源组合区	—	10	—	—	7	—	—	7	—	15	—	—	39	2
蒙中东段旅游资源组合区	15	—	—	—	7	—	—	7	—	—	10	—	39	2
蒙中西段旅游资源组合区	—	10	—	—	7	—	—	7	—	—	—	4	28	4
蒙东南旅游资源组合区	—	—	5	—	7	—	—	4	—	—	4	—	20	5

(资料来源：内蒙古自治区旅游局，中国科学院地理科学与资源研究所.内蒙古自治区旅游发展总体规划(2003－2020)[M].北京：商务印书馆，2004.)

从表 2-10 可知，内蒙古自治区的 5 个优势旅游资源组合区，以呼和浩特市和包头市为核心的蒙中中段旅游资源组合区，具有先天优越条件，得分最高；以呼伦贝尔、阿拉山、克什克腾为代表的蒙东北旅游资源组合区和蒙中东段旅游资源组合区得分相等，后发优势明显。

第三节 内蒙古自治区旅游资源基本特征

旅游资源是内蒙古自治区的优势资源之一。内蒙古自治区积淀深厚的红山文化、蒙元文化、辽文化等历史文化，以蒙古族为代表的北方少数民族多姿多彩的民俗文化，草原、沙漠、温泉、森林等北国自然风光，夏季凉爽的气候、冬季形成的冰雪资源，现代经济发展造就的旅游城市及不断发展的边境口岸等，构成内蒙古自治区旅游业发展的优势资源，为内蒙古自治区旅游开发奠定了良好的基础。

一、旅游资源具有多样性和独特性

内蒙古自治区旅游资源丰富，按照《旅游资源分类、调查与评价》(GB/T18972-2003)衡量，内蒙古自治区旅游资源8个主类全部具备；31个亚类中拥有29种，155个基本类型中拥有108种，分别占全国旅游资源亚类和基本类型的93.6%，69.7%。另外，内蒙古自治区气候旅游资源条件较好，空气清新自然，没有工业污染，加之奇特的自然景观，可使游人享受到内蒙古自治区夏季凉爽的气温、新鲜的空气，远离喧闹的都市，是很好的避暑、休闲、娱乐、体育、养生的旅游目的地。总体来看，内蒙古自治区旅游资源类型多样，具有丰富的旅游资源赋存。丰富的旅游资源展现了内蒙古自治区景观多样性、生物多样性、文化多样性、民族独特性等旅游资源特色。从地域分布上看，各类旅游资源在全区地域上广泛分布，特别是在呼和浩特市、鄂尔多斯市、呼伦贝尔市、锡林郭勒盟、赤峰市等主要旅游区域，不仅主体旅游资源个性突出，而且自然风光往往与体现民族文化的人文胜迹、民俗风情等紧密地结合在一起，相互融合，相互烘托，为特色旅游景区的开发与建设和多目标旅游开发提供了极为有利的条件。

二、地文景观旅游资源特色突出

远古时期，广阔的内蒙古大漠戈壁曾经是一个气候温和湿润、湖泊众多、河流纵横、植被茂密的地方，恐龙等大型古代爬行动物，在这里繁衍生息。由于宇宙环

第二章　内蒙古旅游资源调查与评价

境变化和地球本身内外引力的矛盾斗争，引发的地壳运动以及冰川运动、大陆漂移、火山喷发等一系列自然演化过程，造就了内蒙古自治区多种多样的地质地貌，在内蒙古自治区118.3万平方千米的土地上留下了许多地球演化过程的痕迹。

内蒙古高平原具有特殊的地文现象，其地质历史发育过程通过丰富的地质遗存和壮美的地貌景观表现出来。在全国同类旅游资源中，具有较突出的地位。

内蒙古自治区古地文旅游资源十分丰富，主要类型反映在地质与构造、古生物化石点、火山与熔岩、第四纪冰川遗存以及一些衍生的旅游资源，如奇特的象形山石、凸峰、石林、热水与温泉等。

(一) 位于中国地势的第二大台阶上，地形结构严谨，层次鲜明

内蒙古自治区地质地貌很有特点，是古环境演化的实际记录。内蒙古自治区是我国版图内唯一的一处面积巨大的高平原，它是一个多种构造体系复合交织的地区，其主要构造体系有阴山东西向复杂构造带、呼伦贝尔—大兴安岭—鄂尔多斯的"多"字形构造、内蒙古自治区北部的"山"字型构造、狼山旋钮构造、桌子山构造等。这些巨大的构造体系在地层、构造、地貌上都有很多明显的显示，如体现阴山东西向复杂构造带的大青山断裂，该断裂介于内蒙古高平原和鄂尔多斯高原之间，其多次活动将中、晚更新世的洪积物错断，形成高低错落的洪积台地；后来由于山地的不断抬升，山麓线向平原一侧移动，形成了多期叠覆的山前洪积扇，成为今天认识新构造活动的主要证据。在土默特左旗、土默特右旗、乌拉特前旗、包头市东郊表现最好。另外，反映"多"字形构造的锡林郭勒高平原－阴山山地丘陵－河套平原－鄂尔多斯高平原的地貌结构等，则是由一些旅游资源单体，如反映内蒙古自治区主要区域构成体系的阿拉善、鄂尔多斯、呼伦贝尔、锡林郭勒等高原景观区，反映山地结构的大青山、大兴安岭、阴山、贺兰山、狼山、桌子山等景观区，反映荒漠环境的巴丹吉林沙漠、腾格里沙漠、乌兰布和沙漠、库布齐沙漠、毛乌素沙地、科尔沁沙地等体现出来的。

(二) 中生代以来的古生物演绎，揭示了本区远古大型生物活动信息

内蒙古自治区在多处地方发现过远古生物化石，时代从中生代到第四纪晚期。这些化石及其出土地点已经成为内蒙古自治区重要的古生物旅游资源。

在距今7000万年前的中生代时期，内蒙古自治区曾经是一处气候温和潮湿、湖泊众多、植被茂密的地方，像恐龙这样的大型爬行类动物在这里的生存空间很大，至今留下了大量化石痕迹，如额济纳旗的马鬃山、东胜区的泊(尔)江海子、

鄂托克旗的查布、杭锦旗的敖楞补拉和乌兰伊日、二连浩特市的盐池、苏尼特右旗的查干诺尔，以及察哈尔右翼后旗、乌拉特后旗等地，都出土过各种恐龙化石遗体或残痕。

　　到了距今四五万年前的第四纪时期，这里经历过数次冰期，一些耐寒的大型哺乳动物如猛犸象、披毛犀、野牛等在这里活动，在呼伦贝尔市的扎赉诺尔湖区有猛犸象化石点；在四子王旗的南梁发现过犀牛化石；代表里斯冰期的动物猛犸象(象牙化石)，在大兴安岭南部库伦旗境内山前平原区也有发现。以此可以确认，在上更新世期间以及全新世初，本区处于气候湿冷的冰原气候的环境。所以在呼伦贝尔市、锡林郭勒盟等地的上更新世砂层中均发现有猛犸象、披毛犀等化石，同时在呼伦贝尔市区的海拉尔组砂层内，冰卷泥构造比较普遍，充分说明了这一点。在扎赉诺尔煤矿的其他剖面中，发现许多上更新统上部的冰卷泥现象，还在乌兰塔拉盖的民井剖面中，看到中更新统的棕红色粘土被压挤并穿注到上覆的砂层之中达1米多。此外，在二连浩特车站北部的一个人工剖面中，也发现了第四纪的冰卷泥构造，上更新世地层中受挤压后相互穿注的特点极为明显。此外，在达拉特旗、乌审旗、准格尔旗、苏尼特右旗等许多地方都发现过各种丰富的大型哺乳类动物化石群。其中呼伦贝尔市的扎赉诺尔湖区的猛犸象化石，共发现过3副骨架，其中一架全长9米，高4.7米，门齿长3.1米，推测体重8~9吨。

　　这些地方的古生物化石不少已经成为我国古生物演化和环境变迁的重要标志物，如锡林郭勒盟各地的恐龙化石群，受到中国学术界的极大重视。目前许多化石已被移至异地保存和展出，如在锡林郭勒盟锡林浩特市就为此修建了大型恐龙展览馆。

(三) 地下岩浆出露，分布广泛、个体密集、类型丰富

　　内蒙古自治区古火山活动很频繁，是国内为数不多的几个火山与熔岩地貌展示区。第四纪时这里火山及玄武熔岩的溢出，大体上可分成以下几个带：大兴安岭东侧火山熔岩带，主要分布在诺敏河、绰尔河河谷地带；大兴安岭西侧火山熔岩带，主要分布于阿尔山一带，断续向西南延伸至达里诺尔北岸；阿巴嘎火山熔岩带，集中分布于锡林郭勒高平原的中部地带；锡林郭勒盟北部火山熔岩带，向西南断续延至吉尔嘎郎图和二连浩特；西拉木伦河上游—岱海盆地火山熔岩带，呈东北向断续相接，中部与张北玄武岩台地联成一带；阿巴嘎—达里诺尔火山熔岩带，北起巴彦图嘎，南至西拉木伦河上游；察哈尔火山熔岩带，广泛分布在乌兰察布市各地，在集宁周围形成大片台地。

　　这些带上的火山与熔岩一般都有数量很多、体量巨大、造型鲜明的个体，如在锡林郭勒盟的中部地带，发育着大片的第三纪末到第四纪初期的玄武岩组

成的熔岩台地，总面积在 12000 多平方千米。台地上很有规律地排列着许多第四纪的死火山锥。在阿巴嘎旗的北部的一片面积达 2200 多平方千米的玄武岩熔岩台地上有 40 余座火山。阿巴嘎熔岩由上新世末期的大规模裂隙喷溢，到更新世初逐渐转变为中心式喷发，并形成一系列火山锥耸立在各级玄武岩台地上，有 206 座火山锥。达里诺尔火山熔岩台地有 102 截头圆锥形火山锥。岱海南部火山群有 7 座火山锥。在察哈尔右翼后旗乌兰哈达火山群有 9 座火山锥。在大兴安岭中部的哈拉哈火山群有 50 余个火山锥。这些火山和熔岩景观类型很典型，主要表现为各种形式的锥形火山，如截头圆锥状火山锥、马蹄形火山锥、新月形火山锥、双环形火山锥、双梁状火山锥、复式火山锥、马蹄形熔渣火山锥、熔岩台地、熔岩峡谷、方山等。主要火山有克什克腾旗达里火山群、塞罕坝熔岩台地，鄂伦春旗达尔滨火山、四方山，扎兰屯市卧牛湖火山口、月亮湖火山口，乌兰察布市阿力乌素、北炼丹炉、大红山子、东火烧山、锅巴山火山锥、红山子、立山湾子火山锥、南炼丹炉、西火烧山、小红山子、鹰嘴山火山锥、中火烧山、中炼丹炉，锡林郭勒盟阿巴嘎马蹄形火山锥、包音图熔岩台地、达里诺尔马蹄形火山锥、达里诺尔熔岩台地、达里诺尔新月形火山锥、罕乌拉熔岩台地、乾德门熔岩台地、沙里鄂博钟状火山锥、灰腾梁，阿尔山的 1 号到 8 号火山和 1 号熔岩(石塘林)、2 号熔岩。

内蒙古自治区中、东部，在白垩纪、第三纪末和第四纪初，曾有大规模的玄武岩流沿构造裂隙喷溢和火山活动，改变了原有的地貌结构，留下了奇特的火山、熔岩地貌。

(四) 矿泉在很多地方集中出现，具有良好使用价值

内蒙古自治区的泉很多，大部分为矿泉，其中有许多与火山熔岩关系密切的地热与温泉。主要分布在大兴安岭至集二线以及集宁区、丰镇市、大青山山前一带，现已发现矿水点 57 处，这些矿泉的水类型主要是碳酸矿水，对消化系统疾病、冠心病、高血压、外科溃疡疾病有很好疗效，如阿尔山矿泉、贵力斯太矿泉、维纳河矿泉等。其中不少与断裂活动有关的温泉主要分布在大兴安岭南端及阴山山地，如克什克腾旗、敖汉旗、宁城县、阿尔山市、凉城县等地，水温一般在 37℃~85℃之间。

(五) 第四纪寒冷时期曾经在这里发生过多次冰川活动，有很多遗存

第四纪时期，大兴安岭地区发生过多次冰川作用，它所形成的冰川活动遗迹，其中特别是冰川侵蚀遗迹在这里非常普遍，这也构成了内蒙古自治区古地文景观

旅游资源的主要内容。它所形成的冰川活动遗迹、冰川侵蚀遗迹主要分布在呼伦贝尔市海拉尔区、额尔古纳市、根河市，赤峰市巴林右旗、克什克腾旗、宁城县和锡林郭勒盟二连浩特市。

在大兴安岭北部，自海拉尔区以北，沿三河道至额尔古纳市黑山头镇、拉布大林镇、三河镇等地区，也广泛发育有冰川地形，主要形态是冰蚀谷、冰斗、悬谷与三角面、冰碛物等。这里的冰蚀谷地大多宽阔平直，剖面呈显著的"U"形，宽谷两侧为峭壁崖，谷地中河道规模则很小，一般仅3~5米宽，与宽谷相比极不相称。古冰斗见于额尔古纳河右岸八大关东侧山顶，有数个冰斗。悬谷与三角面在根河上游伊根附近，被切削成冰蚀崖三角面。在二连浩特市以北的哈拉特苏木至萨达特苏木一带，分布着一片第四纪上更新世的冰碛泥砾、漂砾等冰川堆积物。

赤峰市克什克腾旗是冰川遗迹和冰川侵蚀地貌分布最集中的地区。2005年2月11日，联合国教科文组织世界地质公园专家评审会在法国巴黎宣布，内蒙古克什克腾国家地质公园被评审为世界地质公园。克什克腾世界地质公园位于内蒙古自治区东部，赤峰市西北部，坐落在内蒙古高原东部，大兴安岭山脉、燕山山脉和浑善达克沙地三大地貌结合部，独特的地理位置、特殊的地质结构造就了丰富而独特的地质遗迹资源。规划保护面积为5000平方千米，地处北纬42°20′~44°10′、东经116°30′~118°20′之间。主要地质遗迹景观有阿斯哈图花岗岩石林、青山"岩臼"群及花岗岩峰林、黄岗梁第四纪冰川遗迹、平顶山"冰斗"群、达里诺尔火山群、热水塘温泉、西拉木伦大峡谷、浑善达克沙地8种类型。

阿斯哈图石林位于大兴安岭最高峰黄岗梁北约40千米的北大山上，分布面积约5万平方千米，它是由岩浆活动、冰川作用、构造运动、风蚀作用、特殊气候和人类活动等条件促成的石林。石林一般高5~20米，底部相连，呈方形或条形。按岩石名称划分，又可分为10种类型：石林、石柱、石墙、石缝、石胡同、石樨、石棚、石洞、石壁和险石。

青山岩臼群位于大兴安岭南段黄岗梁东南30千米处，地形地貌奇特。青山顶部平坦开阔，长约800米，宽约400米。呈椭圆形，山顶南面裸露的坚硬花岗岩面上约1000平方米的范围，承载着千余个"岩臼"，当地人称为"九缸十八锅"。青山岩臼群是中国目前发现规模最大、形成最好、类型最多、保存最完整的"岩臼"群。

达里诺尔火山群是我国北方火山群的一部分，为东北九大火山群之一。火山群有宽广辽阔的火山熔岩台地、突兀的火山口、火山锥、熔岩颈和微观火山地貌及火山弹、火山渣等火山喷积物。台地上布满了叫"石窝子"的玄武岩堆，是一种蜂窝状的坚硬岩石，是火山灰冷却后的熔岩。

三、生态旅游资源丰富，自然氛围浓厚

内蒙古自治区地处温带气候带，特殊的地理位置和地势变化造就了区内温带、温带半湿润、寒温带湿润、温带半干旱和干旱等多样的大陆性季风气候，形成了草原、森林、沙漠、湖泊等多样的生态系统。如锡林郭勒国家级草原自然保护区、赤峰大黑山天然阔叶林自然保护区、赛罕乌拉自然保护区等既是各类生态系统保护区，也是最重要的生态旅游资源区。这些原生态的自然旅游资源加上纯朴的民族风情，为发展回归自然为主题的生态旅游、探险旅游和休闲度假旅游提供了良好的资源基础。

自然生态在内蒙古自治区是一个完整系列。本区地理位置偏北，大部分地区在海拔 1000 米以上，山地与平原镶嵌排列，东部有大兴安岭森林，西部有鄂尔多斯和阿拉善的沙漠，南部有以黄河流域和辽河流域为主形成的平原谷地，北部有呼伦贝尔和锡林郭勒的广阔草原。内蒙古自治区虽然地处内陆干旱地区，然而水资源却比较丰富，淡水面积达 85.7 万公顷，在中国居第二位。内蒙古自治区的河流分属于外流和内流两大水系。外流水系主要由黄河、永定河、滦河、西辽河、嫩江、额尔古纳河六大水系组成，流域面积为 60 万平方千米，汇入鄂霍茨克海和渤海。内流水系分布比较零星，流域面积为 11 万平方千米，无流区分布于荒漠地带，占全区面积的 1/3。构成内蒙古自治区旅游资源的基本类型主要有草原、森林、水域、沙漠等。

(一) 草原与草地面积大、类型多、景象壮美，是本区核心资源

草原与草地是内蒙古自治区自然旅游资源的支柱类型，包括草地和疏林草地两种基本类型。在这里可以开展观光和生态旅游，还可组织各种草原民俗活动，旅游开发的力度很大。

全区现有天然草场为 8667 万公顷，占全国草场面积的 21.7%，居全国五大草原之首。由于内蒙古自治区地跨寒温带、中温带和暖温带，气候湿润又有很大差异，水热因素影响草场植被与牧草群落的分布，从而形成了从东到西的草甸草原、典型草原(干草原)、荒漠草原与荒漠 4 个草原生态类型。

草甸草原主要包括大兴安岭东西两侧和南麓、赤峰市东北部、通辽市北部、锡林郭勒草原东北部。这一地区气温较低，冬季严寒而漫长，降雨量较多，水源充足，草层高度为 30~80 厘米，草群盖度为 40%~100%，适合于放牧饲养牛、马等大家畜。在半湿润气候控制下，以黑钙土-草甸草原为基质，有岛状森林斑块出现的景观，占据森林和草原之间的生态交错地带，呼伦贝尔草原就属于这种类型。

建群种为中旱生和广旱生的多年生草本植物，优势植物有贝加尔针茅、羊草和线叶菊等，还有花色艳丽而高大的杂草类，如奇特芍药、马先蒿等，群落茂密而高大，有人称之为"高草草原"，生产力较高，是优质草场。

干草原分布范围广，是构成内蒙古草原的主体。干草原的草层高度为25~40厘米，草群盖度为30%~40%，适宜于放牧饲养绵羊和马。在半干旱气候控制下，以栗钙土-干草原为基质的景观，占据草原景观带的中心位置，在内蒙古高原本部广泛分布。建群种为旱密丛禾草植物，以大针茅、克氏针茅、羊茅和冰草等为优势植物群落。层次分化明显，第一层由羊草及高杂草组成，高50厘米左右；第二层由丛生禾草的叶丛构成，高20~25厘米；第三层为寸草苔等，高度多在10厘米以下。

荒漠草原是在干旱气候控制下，以棕钙土-荒漠草原为基质，并与荒漠群落斑块相结合的景观，占据草原向荒漠过渡的中间位置，广泛分布在内蒙古自治区乌兰察布高原和鄂尔多斯高原中西部。建群种由强旱生丛生小禾草组成，草丛低矮，不到20厘米，覆盖稀疏，不足20%。以戈壁针茅、石生针茅、蓍状亚菊等为优势植物，这里生产力较低，但草原质量较好。

荒漠(戈壁草原)是在半湿润-半干旱气候区，以固定、半固定沙丘为基质的沙生草原，与疏林、灌丛斑块相结合的景观，植被覆盖率低，主要分布在小腾格里沙地、科尔沁沙地、毛乌素沙地、浑善达克沙地，为超地带性景观。

内蒙古自治区天然草场上生长的牧草种类繁多，分属于81个科、312属、916种。其中分布较广、饲用价值较高的天然牧草有羊草和老芒麦。羊草又叫碱草，为多年生禾本科牧草，是耐寒的多年生禾本科牧草，株高40~100厘米，是家畜早春的放牧场，也适宜制干草，营养价值较高。老芒麦也叫垂穗大麦草、西伯利亚碱草，是一种耐寒耐旱的多年生疏丛禾本科牧草，株高30~90厘米，叶量大，营养丰富。

此外，比较重要的灌木、半灌木品种还有沙柳、梭梭、红沙、珍珠、沙冬青、沙蒿、籽蒿、踏郎、山楂、鼠李、优若藜、沙拐枣、花棒等。内蒙古自治区各地的草地很多都是连片分布，根据其环境条件可以人为地分为许多局部草地地块，构成旅游资源单体。内蒙古自治区主要草原旅游区如下(表2-11)。

表2-11 内蒙古自治区主要草原旅游区

序号	所在盟市名称	草原旅游区名称
1	包头市固阳县大庙乡	春坤山草原
2	包头市区	成吉思汗生态园
3	包头市达尔罕茂明安联合旗东南部	希拉穆仁草原
4	包头市达尔罕茂明安联合旗新宝力格苏木	白云鄂博草原

第二章 内蒙古旅游资源调查与评价

续表

序号	所在盟市名称	草原旅游区名称
5	通辽市科尔沁左翼中旗	珠日河草原
6	通辽市科尔沁左翼后旗阿古拉苏木	双合尔草原
7	通辽市扎鲁特旗	阿日昆都冷草原
8	通辽市科尔沁左翼后旗	东巴嘎塔拉草原
9	阿拉善盟阿拉善左旗	阿拉善荒漠草原
10	巴彦淖尔市乌拉特前旗	阿力奔草原
11	乌兰察布市察哈尔右翼中旗	辉腾锡勒草原
12	乌兰察布市四子王旗	王府草原旅游区
13	乌兰察布市四子王旗	格日勒图亚草原
14	乌兰察布市四子王旗	巴音草原
15	乌兰察布市四子王旗	格根塔拉草原
16	赤峰市克什克腾旗	巴彦高勒草甸草原
17	赤峰市克什克腾旗北部	贡格尔草原
18	赤峰市克什克腾旗	乌兰布统草原
19	赤峰市克什克腾旗	达里诺尔草原
20	赤峰市翁牛特旗	布日敦湖坨甸草原
21	赤峰市翁牛特旗	乌兰敖都草原
22	赤峰市阿鲁科尔沁旗	海哈尔草原
23	赤峰市巴林右旗	麻斯塔拉草原
24	赤峰市巴林右旗	巴彦塔拉草原
25	赤峰市红山区	红山草原城
26	鄂尔多斯市鄂托克旗	阿尔巴斯草原
27	鄂尔多斯市伊金霍洛旗	成吉思汗行宫草原
28	呼伦贝尔市陈巴尔虎旗	呼和诺尔草原
29	呼伦贝尔市鄂温克族自治旗	巴彦呼硕草原
30	锡林郭勒盟锡林浩特市北	阿尔善宝拉格草原
31	锡林郭勒盟锡林浩特市西南	达布希勒图草原
32	锡林郭勒盟锡林浩特市郊区	格根敖包草原
33	锡林郭勒盟锡林浩特市郊区	白音锡勒草原
34	锡林郭勒盟锡林浩特市郊区	希日塔拉草原
35	锡林郭勒盟西乌珠穆沁旗	巴彦乌拉草原
36	锡林郭勒盟正蓝旗	忽必烈夏宫草原

续表

序号	所在盟市名称	草原旅游区名称
37	锡林郭勒盟多伦县	多伦草原
38	锡林郭勒盟锡林浩特市	白音希勒草原
39	锡林郭勒盟二连浩特市	贡宝拉格草原
40	锡林郭勒盟锡林浩特市	平顶山草原
41	兴安盟科尔沁右翼前旗	察尔森草原

(资料来源：内蒙古区情网)

(二) 林地分布广泛，种类丰富，特别在东部山地成为优势资源

内蒙古自治区森林，包括动物和植物在内的资源十分丰富，其水平分布表现出明显的地带性，自北向南呈现为寒温型、中温型、暖温型三种植被气候类型。垂直地带性由于山地相对高差普遍不大而不过于显著，但在诸如贺兰山、大兴安岭北部等一些较高峻的山地地段也有反映。内蒙古自治区森林总面积达1680万公顷，居全国第二。主要有大兴安岭原始森林(集中分布在大兴安岭东部山地)；天然次生林(主要分布在大兴安岭、大小罕山、阴山、贺兰山等地)；人工林(主要分布在赤峰市、通辽市、河套平原)。全区森林主要分布在东部的大兴安岭、中部的阴山和西部的贺兰山，有天然林和人工林，树种可分为针叶林、落叶阔叶林、针叶落叶阔叶混交林、河岸林等。

针叶林是本区最重要的森林旅游资源，分布在大兴安岭、燕山、阴山和贺兰山等山地，以松柏林树种占优势，主要有油松、樟子松、兴安落叶松、华北落叶松、侧柏林等。针叶林树干挺直，树型优美，林中常有各种野生动物，如松鼠、紫貂、熊、鹿、松鸡等。

落叶阔叶林分布在大兴安岭山地东麓及河谷地带、燕山山地、阴山山地、贺兰山山地，多以天然次生林为主。其常见树种有栎、桦、杨、柳、槭、榆、椴等，这类林地树冠宽大密集，林下植被层次复杂，四季变化丰富。

针叶落叶阔叶混交林是由针叶林和落叶阔叶林共同组成，在大兴安岭中部和北部常形成兴安落叶松和杨树、桦树、栎树的混交林，在其他地区常形成油松与多种夏绿树组成的混交林。这类林地植被富于变化。

河岸林是在河流两岸存在的天然森林群落，以落叶阔叶混交林为主。在大兴安岭和额济纳河流域最多见。此外，还有胡杨林、梭梭林等林木景观。胡杨林、梭梭林等林木景观主要分布在阿拉善盟额济纳旗。

森林旅游资源包括上述森林组成的林地主要有：阿拉善梭梭林，贺兰山白桦

林、蒙古栎林、云杉林，额济纳旗居延红柳林，包头市乌拉山森林，阿鲁科尔沁旗罕乌拉山森林，敖汉旗大黑山森林，赤峰市大乌梁苏森林，克什克腾旗黄岗梁落叶松林，呼和浩特市大青山蒙古栎林，阿荣旗库伦沟森林，额尔古纳市莫尔道嘎森林，鄂伦春旗达尔滨森林、诺敏原始林，鄂温克族自治旗东南落叶松林、红花尔基森林，根河市汗马森林、奥科里堆山森林、潮查原始林、乌力库玛景区森林、伊克萨玛森林、玉泉风景林，海拉尔樟子松林，通辽市科尔沁区森林、科尔沁左翼后旗大青沟天然阔叶混交林、奈曼旗怪柳林等 57 处。

(三) 自然保护区众多，种类丰富

截至 2015 年，内蒙古自治区已建立各级自然保护区 182 个。全区自然保护区面积大约 1382.37 万公顷，占全区国土总面积的 11.57%。截至 2015 年底，内蒙古自治区主要各级各类自然保护区如下(表 2-12)。

表 2-12　内蒙古自治区各类自然保护区名录

序号	保护区名称	行政区域	类型	始建时间	级别
蒙01	内蒙古大青山	呼和浩特市、包头市	森林生态	19961216	国家级
蒙02	石人湾	赛罕区	野生动物	19991119	县级
蒙03	哈素海	土默特左旗	内陆湿地	19961212	省级
蒙04	白二爷沙坝	和林格尔县	荒漠生态	19961229	县级
蒙05	东西摩天岭	和林格尔县	森林生态	20011015	县级
蒙06	黑虎山—鹰嘴山	清水河县	森林生态	19991013	县级
蒙07	摇林沟	清水河县	森林生态	20050720	市级
蒙08	南海子湿地	东河区	内陆湿地	20001010	省级
蒙09	梅力更	九原区	森林生态	20001206	省级
蒙10	春坤山	固阳县	草原草甸	19991220	县级
蒙11	红花敖包	固阳县	草原草甸	20050320	县级
蒙12	巴音杭盖	达尔罕茂明安联合旗	荒漠生态	20000801	省级
蒙13	赤峰红山	红山区	地质遗迹	19971112	县级
蒙14	大乌梁苏	松山区	森林生态	19971107	县级
蒙15	上窝铺	松山区	森林生态	19971107	县级
蒙16	阿鲁科尔沁	阿鲁科尔沁旗	草原草甸	19991020	国家级
蒙17	高格斯台罕乌拉	阿鲁科尔沁旗	森林生态	19971127	国家级
蒙18	根丕	阿鲁科尔沁旗	森林生态	19991010	县级
蒙19	沙日温都	阿鲁科尔沁旗	森林生态	19991010	省级

内蒙古旅游资源分析

续表

序号	保护区名称	行政区域	类型	始建时间	级别
蒙20	七锅山-平顶山	巴林左旗	地质遗迹	19971201	省级
蒙21	乌兰坝	巴林左旗	森林生态	19971101	国家级
蒙22	阿布德龙台	巴林右旗	草原草甸	20021201	县级
蒙23	赛罕乌拉	巴林右旗	森林生态	19970410	国家级
蒙24	大冷山	林西县	森林生态	19960601	市级
蒙25	潢源	克什克腾旗	森林生态	20000120	省级
蒙26	黄岗梁	克什克腾旗	森林生态	19991016	省级
蒙27	白音敖包	克什克腾旗	森林生态	19791224	国家级
蒙28	赤峰青山地质遗迹	克什克腾旗	地质遗迹	19980401	省级
蒙29	达里诺尔	克什克腾旗	野生动物	19871029	国家级
蒙30	贡格尔	克什克腾旗	草原草甸	20001215	县级
蒙31	桦木沟	克什克腾旗	森林生态	19960802	省级
蒙32	乌兰布统	克什克腾旗	草原草甸	19980716	省级
蒙33	灯笼河	翁牛特旗	草原草甸	20001101	市级
蒙34	松树山	翁牛特旗	森林生态	19990425	省级
蒙35	五牌子	翁牛特旗	内陆湿地	19970801	县级
蒙36	旺业甸	喀喇沁旗	森林生态	19971113	市级
蒙37	黑里河	宁城县	森林生态	19961231	国家级
蒙38	热水地热资源	宁城县	地质遗迹	19961231	县级
蒙39	大黑山	敖汉旗	森林生态	19961022	国家级
蒙40	小河沿	敖汉旗	野生动物	19980901	省级
蒙41	国有二林场	科尔沁区	森林生态	20021101	县级
蒙42	莫力庙水库	科尔沁区	内陆湿地	19971210	市级
蒙43	小塔子水库	科尔沁区	内陆湿地	20010305	县级
蒙44	包罕	科尔沁左翼中旗	森林生态	20021210	县级
蒙45	保安屯大柠条林	科尔沁左翼中旗	森林生态	20021210	县级
蒙46	海力锦湿地	科尔沁左翼中旗	内陆湿地	20021210	县级
蒙47	花胡硕	科尔沁左翼中旗	草原草甸	20021210	县级
蒙48	佳木斯天然榆树小杏林	科尔沁左翼中旗	森林生态	20021210	县级
蒙49	乌斯吐	科尔沁左翼中旗	森林生态	19920101	省级
蒙50	大青沟	科尔沁左翼后旗	森林生态	19800414	国家级
蒙51	八大连池	科尔沁左翼后旗	内陆湿地	20011217	县级

第二章　内蒙古旅游资源调查与评价

续表

序号	保护区名称	行政区域	类型	始建时间	级别
蒙52	布日敦	科尔沁左翼后旗	森林生态	20030113	县级
蒙53	莲花吐	科尔沁左翼后旗	森林生态	20011217	市级
蒙54	麦里	科尔沁左翼后旗	森林生态	20030113	县级
蒙55	沙地红刺榆林	科尔沁左翼后旗	野生植物	20011217	县级
蒙56	束力古台	科尔沁左翼后旗	森林生态	20011217	县级
蒙57	双合尔湿地	科尔沁左翼后旗	野生动物	20011217	省级
蒙58	乌旦塔拉	科尔沁左翼后旗	荒漠生态	20011227	省级
蒙59	乌兰敖道	科尔沁左翼后旗	森林生态	20030113	县级
蒙60	他拉干水库	开鲁县	内陆湿地	19991210	县级
蒙61	敖伦天然林	库伦旗	森林生态	20020930	县级
蒙62	天然荷花湖	库伦旗	内陆湿地	20020930	县级
蒙63	哈日干图响水泉	奈曼旗	内陆湿地	20020630	县级
蒙64	孟家段水库	奈曼旗	内陆湿地	20020311	县级
蒙65	青龙山山地	奈曼旗	草原草甸	20020311	县级
蒙66	舍力虎水库	奈曼旗	内陆湿地	20000630	县级
蒙67	阿贵洞	扎鲁特旗	草原草甸	20000928	县级
蒙68	嘎达苏大兰山	扎鲁特旗	森林生态	20000928	县级
蒙69	格日朝鲁	扎鲁特旗	草原草甸	20000928	县级
蒙70	金龙山	扎鲁特旗	森林生态	20000928	县级
蒙71	梨树沟	扎鲁特旗	森林生态	20000928	县级
蒙72	塔拉宝力皋蒙古栎	扎鲁特旗	森林生态	20000928	县级
蒙73	王爷山	扎鲁特旗	草原草甸	20000928	县级
蒙74	荷叶花湿地水禽	扎鲁特旗	内陆湿地	20000928	省级
蒙75	巴彦查干	扎鲁特旗	森林生态	20000928	市级
蒙76	嫦娥山	扎鲁特旗	森林生态	20000928	市级
蒙77	公爷仓	扎鲁特旗	森林生态	20000928	市级
蒙78	罕山	扎鲁特旗	森林生态	19961030	国家级
蒙79	金门山	扎鲁特旗	森林生态	20000928	市级
蒙80	平顶山	扎鲁特旗	森林生态	20000928	市级
蒙81	唐·十将军山	扎鲁特旗	野生动物	20000928	市级
蒙82	吴刚山	扎鲁特旗	森林生态	20000928	市级
蒙83	扎日尔吐沟	扎鲁特旗	森林生态	20000928	市级

续表

序号	保护区名称	行政区域	类型	始建时间	级别
蒙84	鄂尔多斯遗鸥	东胜区、伊金霍洛旗	野生动物	19980526	国家级
蒙85	阿贵庙	准格尔旗	荒漠生态	19870101	县级
蒙86	准格尔古哺乳动物化石	准格尔旗	古生物遗迹	19990630	省级
蒙87	毛盖图	鄂托克前旗	荒漠生态	20000315	省级
蒙88	西鄂尔多斯	鄂托克旗、乌海市	野生植物	19861201	国家级
蒙89	都斯图河	鄂托克旗	内陆湿地	20031126	省级
蒙90	鄂托克甘草	鄂托克旗	野生植物	20000318	省级
蒙91	鄂托克恐龙遗迹化石	鄂托克旗	古生物遗迹	19981001	国家级
蒙92	白音恩格尔荒漠	杭锦旗	野生植物	19980101	省级
蒙93	杭锦淖尔	杭锦旗	内陆湿地	20000910	省级
蒙94	大漠沙湖	杭锦旗	野生动物	20000101	县级
蒙95	库布其沙漠	杭锦旗	野生植物	19990101	省级
蒙96	毛乌素沙地柏	乌审旗	荒漠生态	19970101	省级
蒙97	海拉尔西山	海拉尔区	森林生态	20001012	省级
蒙98	复兴	阿荣旗	森林生态	19980920	县级
蒙99	欧肯河	莫力达瓦达斡尔族自治旗	内陆湿地	19990617	县级
蒙100	毕拉河	鄂伦春自治旗	内陆湿地	20040721	国家级
蒙101	奎勒河	鄂伦春自治旗	内陆湿地	20040721	县级
蒙102	四方山	鄂伦春自治旗	森林生态	19980708	县级
蒙103	巴彦嵯岗	鄂温克族自治旗	森林生态	19991130	县级
蒙104	红花尔基樟子松林	鄂温克族自治旗	森林生态	19980526	国家级
蒙105	辉河	鄂温克族自治旗、新巴尔虎左旗、陈巴尔虎旗	内陆湿地	19971230	国家级
蒙106	维纳河	鄂温克族自治旗	森林生态	19991130	省级
蒙107	五泉山	鄂温克族自治旗	野生植物	19991130	县级
蒙108	陈巴尔虎草甸草原	陈巴尔虎旗	草原草甸	19960810	县级
蒙109	胡列也吐湿地	陈巴尔虎旗	内陆湿地	20000510	县级
蒙110	赫尔洪得沙地樟子松	陈巴尔虎旗	野生植物	20000510	县级
蒙111	莫达莫吉	新巴尔虎左旗	内陆湿地	19991020	县级
蒙112	诺门罕	新巴尔虎左旗	内陆湿地	19981222	县级

第二章 内蒙古旅游资源调查与评价

续表

序号	保护区名称	行政区域	类型	始建时间	级别
蒙113	乌日根山	新巴尔虎左旗	森林生态	19991020	县级
蒙114	伊和乌拉	新巴尔虎左旗	草原草甸	20071226	县级
蒙115	达赉湖	新巴尔虎右旗、新巴尔虎左旗、满洲里市	内陆湿地	19860714	国家级
蒙116	新巴尔虎黄羊	新巴尔虎右旗	野生动物	19980925	省级
蒙117	二卡	满洲里市	内陆湿地	19991021	县级
蒙118	柴河	扎兰屯市	森林生态	20001231	省级
蒙119	额尔古纳湿地	额尔古纳市	内陆湿地	19991115	省级
蒙120	额尔古纳	额尔古纳市	森林生态	19980310	国家级
蒙121	室韦	额尔古纳市	森林生态	20000428	省级
蒙122	阿鲁	根河市	森林生态	20020910	省级
蒙123	潮查原始森林	根河市	森林生态	20001020	县级
蒙124	大兴安岭汗马	根河市	森林生态	19950529	国家级
蒙125	根河冷水鱼	根河市	野生动物	20000101	县级
蒙126	哈腾套海	磴口县	荒漠生态	19950101	国家级
蒙127	乌拉山	乌拉特前旗	森林生态	19961008	省级
蒙128	乌梁素海湿地水禽	乌拉特前旗	内陆湿地	19950101	省级
蒙129	阿尔其山叉子圆柏	乌拉特中旗	野生植物	20011226	省级
蒙130	巴彦满都呼恐龙化石	乌拉特后旗	古生物遗迹	20000413	省级
蒙131	乌拉特梭梭林—蒙古野驴	乌拉特后旗、乌拉特中旗	荒漠生态	19851005	国家级
蒙132	霸王河	集宁区	内陆湿地	19851220	市级
蒙133	红召	卓资县	森林生态	20050405	市级
蒙134	苏木山	兴和县	森林生态	19990101	省级
蒙135	兴和地层剖面	兴和县	地质遗迹	20001106	市级
蒙136	岱海湖泊湿地	凉城县	内陆湿地	19991201	省级
蒙137	马头山麓	凉城县	野生动物	19980101	县级
蒙138	蛮汉山	凉城县	森林生态	19980101	县级
蒙139	中水塘温泉	凉城县	地质遗迹	19990101	县级
蒙140	黄旗海	察哈尔右翼前旗	内陆湿地	19931015	省级
蒙141	辉腾锡勒	察哈尔右翼中旗	草原草甸	19980801	市级
蒙142	察右后旗天鹅湖	察哈尔右翼后旗	野生动物	20050405	市级

内蒙古旅游资源分析

续表

序号	保护区名称	行政区域	类型	始建时间	级别
蒙143	乌兰哈达3号火山锥	察哈尔右翼后旗	地质遗迹	20000601	县级
蒙144	乌兰哈达5号火山锥	察哈尔右翼后旗	地质遗迹	20001106	市级
蒙145	红格尔敖德其沟	四子王旗	地质遗迹	20021120	县级
蒙146	脑木更第三系剖面遗迹	四子王旗	地质遗迹	19970501	省级
蒙147	脑木更胡杨林	四子王旗	野生植物	19990101	市级
蒙148	四子王旗哺乳动物化石	四子王旗	古生物遗迹	19970501	省级
蒙149	乌兰哈达花岗岩地貌	四子王旗	地质遗迹	20021120	县级
蒙150	丰镇红山	丰镇市	森林生态	20040422	市级
蒙152	阿尔山石塘林－天池	阿尔山市	地质遗迹	19971224	县级
蒙151	杜拉尔	阿尔山市	森林生态	19970415	省级
蒙153	内蒙古青山	科尔沁右翼前旗	森林生态	19971230	国家级
蒙154	乌兰河	科尔沁右翼前旗	森林生态	20010101	省级
蒙155	科尔沁	科尔沁右翼中旗	野生动物	19850209	国家级
蒙156	科右中旗五角枫	科尔沁右翼中旗	草原草甸	19980815	省级
蒙157	蒙格罕山	科尔沁右翼中旗	森林生态	19980520	省级
蒙158	乌力胡舒	科尔沁右翼中旗	内陆湿地	20040615	省级
蒙159	图牧吉	扎赉特旗	野生动物	19960729	国家级
蒙160	老头山	突泉县	森林生态	19970825	省级
蒙161	二连盆地恐龙化石	二连浩特市	古生物遗迹	19960401	省级
蒙163	白音库伦遗鸥	锡林浩特市	野生动物	20010428	省级
蒙162	锡林郭勒草原	锡林浩特市	草原草甸	19850805	国家级
蒙164	阿巴嘎黄羊－旱獭	阿巴嘎旗	野生动物	19951223	市级
蒙165	浑善达克沙地柏	阿巴嘎旗	荒漠生态	20020101	省级
蒙166	恩格尔河	苏尼特左旗	内陆湿地	20020101	县级
蒙167	苏尼特盘羊	苏尼特左旗	野生动物	19990601	县级
蒙168	都呼木柄扁桃	苏尼特右旗	野生植物	20010110	省级
蒙169	贺斯格淖尔	东乌珠穆沁旗	内陆湿地	20000829	省级
蒙170	乌拉盖湿地	东乌珠穆沁旗	内陆湿地	20010103	省级
蒙171	古日格斯台	西乌珠穆沁旗	森林生态	19980602	国家级
蒙172	黑风河湿地	正蓝旗	内陆湿地	20010225	县级

续表

序号	保护区名称	行政区域	类型	始建时间	级别
蒙173	蔡木山	多伦县	草原草甸	19950910	省级
蒙176	阿左旗恐龙化石	阿拉善左旗	古生物遗迹	19990609	省级
蒙175	东阿拉善	阿拉善左旗	荒漠生态	19960409	省级
蒙177	内蒙古贺兰山	阿拉善左旗	森林生态	19920513	国家级
蒙174	腾格里沙漠	阿拉善左旗	荒漠生态	19961010	省级
蒙178	巴丹吉林	阿拉善右旗	荒漠生态	19970425	省级
蒙179	巴丹吉林沙漠湖泊	阿拉善右旗	荒漠生态	19990508	省级
蒙180	额济纳胡杨林	额济纳旗	荒漠生态	19920630	国家级
蒙181	额济纳旗梭梭林	额济纳旗	荒漠生态	19981202	县级
蒙182	马鬃山古生物化石	额济纳旗	古生物遗迹	19981201	省级

[资料来源：内蒙古自治区环境保护厅(截至2015年底)]

(四) 沙地分布零散，小片集中，与草地、湖泊等自然体常有交叉

内蒙古自治区沙地和沙漠分布很广。由于深居欧亚大陆中部，并受高原周围山地的阻隔，使夏季季风难以深入，降雨稀少。冬季经常受蒙古—西伯利亚冷高压控制，形成干燥寒冷少雪的特点，为本区的沙地与沙漠的生成创造了条件。

本区沙地和沙漠具有分布零散和小片集中的特点，在距海洋较近的沙区，由于气候较温润，多形成沙地。深入内陆的沙区，多形成沙漠。东部有锡林郭勒盟浑善达克(小腾格里)沙地，南部有鄂尔多斯市毛乌素沙地，西部有巴彦淖尔戈壁沙漠和乌兰布和沙漠的一部分以及黄河南岸的库布齐沙漠等，总面积达12.96万平方千米，其中流动沙丘3.83万平方千米，固定沙丘6.57万平方千米，半固定沙丘2.56万平方千米。

位于东部的半湿润地区的沙区，大部为固定沙丘和半固定沙丘组成，呼伦贝尔市海拉尔河南岸和红花尔基一带有固定沙丘和半固定沙丘为主的沙地；科尔沁沙地主要分布在赤峰市北部、通辽市中部和南部，其间分布着沙地，另外在赤峰市克什克腾旗、阿鲁科尔沁旗、通辽市扎鲁特旗等地，也有零星的沙地分布。位于本区中部锡林郭勒盟浑善达克沙地，东西长约260千米，南北宽30~100千米不等，总面积为2.06万平方千米。地面起伏不大，其间散布着大小不等的湖沼洼地，流沙面积占沙地总面积的2%，半固定沙地占34%，固定沙地占64%。

位于鄂尔多斯市南部的毛乌素沙地，沙区内气候属于温带半干旱季风区，年

平均降水量在东南地区为400~440毫米，向西北地区递减至250~320毫米，沙地主要是固定和半固定沙地。

西部属较干旱和干旱类型，沙区多为流动和半流动沙丘形成的沙漠，沙漠中植被稀疏，沙丘移动。有库布齐沙漠、乌兰布和沙漠、巴丹吉林沙漠等，其中库布齐沙漠呈带状横亘于黄河南岸，东西长约370千米，向东延伸至黄河湾一带，南北较窄，宽约30千米。以流动沙丘为主，次为半固定沙丘和固定沙丘；乌兰布和沙漠约1500平方千米，地形由东南向西北倾斜，年平均降水量118毫米，多为高1~3米的固定、半固定沙丘和沙垄，其间夹杂一些斑块状的流沙；巴丹吉林沙漠位于阿拉善盟阿拉善右旗，这里有高差超过200米的沙山。

内蒙古自治区中部、东部的沙地多生长有种类繁多的草本植物和灌木，有的还生长着人工天然乔木。本区的许多沙地中间，时常分布着一些湖泊，被称为"沙湖"，如浑善达克沙地中宝沙岱湖群，就是以较大的巴哈台诺尔(卜沙代诺尔)为中心。在毛乌素沙地中的湖群亦有类似情况。翁牛特旗、阿拉善左旗等地的沙地中因为有沙湖存在，被开发成了旅游区。

内蒙古自治区分布着巴丹吉林沙漠、腾格里沙漠、乌兰布和沙漠、库布齐沙漠4大沙漠和浑善达克沙地、毛乌素沙地、科尔沁沙地和呼伦贝尔沙地4大沙地，总面积约30万平方千米，居全国第二。

1. 巴丹吉林沙漠

巴丹吉林沙漠位于阿拉善盟额济纳河东岸古日乃湖以东、宗乃山和雅布赖山以西、拐子湖以南、北大山以北的地区。在行政区划上属阿拉善右旗与额济纳旗，在自然地带上已处于阿拉善荒漠中心。总面积471万公顷，是仅次于塔克拉玛干和古尔班通古特两大沙漠的中国第三大沙漠，是内蒙古自治区境内第一大沙漠。它与腾格里沙漠及乌兰布和沙漠统称为阿拉善沙漠。巴丹吉林沙漠虽以流沙为主，但在沙丘及沙山上仍有稀疏的植物生长，主要分布在迎风坡及背风坡下部。主要为籽蒿、花棒、麻黄等。

巴丹吉林沙漠内分布有许多内陆小湖，共计113个，总水面为3255公顷，主要集中在东南部。其中淡水湖12个，水面121公顷，水资源7.27万立方米。其余为咸水湖，水资源1.31亿立方米。由于蒸发强，湖泊累积盐分，矿化度较高，多为咸水。少数湖盆边缘有泉水出露，流向湖内，均系沙丘水补给，水质较好。沙漠边缘区有较广泛的梭梭林带分布，面积约2万公顷，成为巴丹吉林沙漠边缘地区主要的天然植被。著名的中药材——肉苁蓉，即产于此地。

2. 腾格里沙漠

腾格里沙漠位于阿拉善盟东南部，贺兰山西麓冲积平原与雅布赖山之间。其东部属内蒙古自治区，西部属甘肃省，南部属宁夏回族自治区，总面积为367万公顷，是中国第四大沙漠，内蒙古自治区第二大沙漠。腾格里系蒙古语，意为"青天"。地势呈现由东南向西北缓降趋势，海拔1200~1400米，沙丘、湖盆、山地、残丘及局部小平原交错分布。其中沙丘占71%，湖盆草滩占7%，山地、残丘及平地占22%。沙丘大部分为流动沙丘，小部分为固定和半固定沙丘。沙漠西南部为垄岗地，除丘顶为流沙外，丘间均系粉沙土质地面，大部分为植物所覆盖。主要为麻黄、油蒿、黄蒿群，当地人称马岗。中部、北部及南部的一些凹地里，植物生长得也比较好，主要为蒿属，当地人称沙蒿。然而，在大部分流沙地区，在沙丘背风坡及丘间低地生长沙鞭、毛条等耐干旱性植物。南部以单个新月形沙丘为主，高5~10米。腹地以新月形链状沙丘为主，高10~50米。东北部以格状沙丘为主，高100~200米。沙漠中共有大小湖盆300多个。大部分为未积水或积水面积很小的湖。这里牧草丰茂，种类较多，是沙漠中的绿洲，也是良好的草牧场。以湖盆草场为基础，建设防风固沙林带，是治理沙漠、发展建设养畜的重要措施。

3. 库布齐沙漠

库布齐沙漠位于鄂尔多斯高原脊线以北、黄河平原以南，呈东西条状。库布齐系蒙古语，意为"弓弦"，因其横卧于黄河湾，黄河为弓背，库布齐沙漠则为弓弦。西起巴彦高勒对岸，东至托克托县对岸，横越鄂尔多斯市杭锦旗、达拉特旗、准格尔旗3旗，长400千米，宽15~50千米，总面积为168万公顷。以新月型沙丘链和格状沙丘为主，流动沙丘占80%，其中边缘零星沙丘前移速度较快，西部在阿门其日格、四十里梁一带，已和毛乌素沙漠连接一起，形成"握手沙漠"。沙地内植被稀疏，散生着沙生植物，杭锦旗境内生长着1.73万公顷白柠条。

4. 乌兰布和沙漠

乌兰布和沙漠东濒黄河，西邻吉兰泰盐湖，南抵贺兰山北麓，北接阴山系狼山。乌兰布和系蒙古语，意为"红色的公牛"。东西宽110千米，南北长150千米，总面积为100万公顷。主要分布在阿拉善盟阿拉善左旗和巴彦淖尔市磴口县境内。秦汉时期，这里曾是一个林丰草茂的富庶草原。汉武帝时，设置五原郡和朔方郡，屯兵守卫，移民垦荒，以求粮食就地自给。东汉以后，连年战争，人口大量内迁，过度的樵采、垦荒，特别是元、明以后几次乱砍滥伐，致使大面积的自然植被被破坏。生态环境失去平衡之后，风沙掩盖大面积沃土，并不断向东吞噬村落、良田。历史地理学家侯仁之教授在实地考察中证实乌兰布和沙漠北部三座古城的废墟，就是汉代的窳(音：yǔ)戍城(布隆淖附近土城)。

5. 浑善达克沙地

浑善达克系蒙古语，意为"孤驹"的意思，传说是成吉思汗以自己心爱的坐骑孤驹命名的。浑善达克沙地位于锡林郭勒盟南部、大兴安岭西麓。东西走向，西起苏尼特左旗昌图锡力苏木，经苏尼特右旗、阿巴嘎旗、锡林浩特市等旗市南段，横贯镶黄旗、正镶白旗、正蓝旗、多伦县等地区之北境，进入赤峰市克什克腾旗境内。《中国历史地图集》(元)注"也可迭烈孙"，(明)注"也可的里速"大沙窝，《大清帝国分省精图》(蒙古全图)注"伊哈雅鲁逊沙地"全长390千米，锡林郭勒盟境内长350千米、宽120千米，占全盟土地面积的20%，海拔1100~1500米。该沙漠除有部分明沙外，大部分属半固定和固定沙漠，沙坨间湖泊星罗棋布，平川、沼泽纵横其间。是天鹅、野鸭、百灵等80多种飞禽的栖身之地，历史上为元世祖忽必烈汗避暑地。

6. 毛乌素沙地

毛乌素沙地又称"乌审沙漠"，毛乌素系蒙古语，意为"不好的水"，以沙漠南端一小村名得名。沙漠东起陕西省神木县，南越长城，西至宁夏回族自治区盐池县，北至鄂尔多斯高原脊线以南。面积为400万公顷，在鄂尔多斯市境内250万公顷，占全市总面积的29%。以新月沙丘及沙链丘为主，并有少量的格状沙丘和梁窝状沙丘，由东北向西南排列。沙丘一般高5~10米，最高20米。流动沙丘占总面积的64%，主要分布在南部长城沿线，在鄂尔多斯市则以乌审召、珠和两个苏木为中心。沙漠年均降雨量从东南400~440毫米向西北递减为250毫米。境内有无定河、窟野河、秃尾河等，大小湖泊170多个，水域面积为2.4公顷，淡水湖可养鱼类，苦水湖多产碱、盐、石膏等。地下水一般深度在0.5~1.0米。天然植物有20种，总覆盖率40%~50%，构成当地特有的植被组群。丘间低地有沙漠绿洲——柳湾林。沙丘上分布有沙地柏，面积为0.47万公顷。

7. 科尔沁沙地

科尔沁沙地是位于赤峰市和通辽市附近的沙地，蜿蜒伸展如同一条巨大的沙龙，素称"八百里瀚海"。据史书记载，一千多年前的科尔沁沙地也曾绿草繁茂，林木葱茏，有"平地松林"之称。可叹天灾人祸，这里成为一片沙的世界。但八百里瀚海并非生命的禁区，沙丘与沙丘之间，不时有一片片绿色的湖泊，沙柳、沙蒿等沙生植物与风沙顽强地抗争着，呈现出一片盎然生机。骑着骆驼在沙海中漫游，别有一番情趣。

8. 呼伦贝尔沙地

呼伦贝尔沙地位于内蒙古自治区东北部呼伦贝尔高原。东部为大兴安岭西麓丘陵漫岗，西部有达赉湖和克鲁伦河，南与蒙古国相连，北达海拉尔河北岸，地势由东向西逐渐降低，且南部高于北部。东西长270千米，南北宽约170千米。

呼伦贝尔沙地的气候具有半湿润、半干旱的过渡特点，沙地境内的河流、湖泊、沼泽较多，水分条件优越，年平均气温较低，年降水量多集中于夏秋季。沙地土壤中含沙量较大，一般多为中、细沙。风沙主要分布在沙漠及其外围的沙质平原上，在固定的风沙土中，发育着有机质含量较高的黑沙土。近年来人们过度放牧，使得呼伦贝尔市陈巴尔虎旗草原开始退化，从而形成中国的第四个沙地，而且是四大沙地中唯一仍在扩展的沙地。

(五) 天然湖泊星罗棋布，盐湖、碱湖成为这里的一道风景

湖泊水域是旅游资源的主要类型。内蒙古自治区虽大部分处于干旱和半干旱地区，但由于特有的高平原地貌条件，本区湖泊从东到西星罗棋布，数量达到1 000多个，是我国湖泊的主要聚集地区之一。这些湖泊具有以下特点：

第一，多为内陆湖。本区降水量呈现自东南向西北的带状递减分布规律，因而使区内的河网水系造成了东多西少、南多北少的分布特点。除在黄河沿岸有少数的湖泊属外流湖外，广大地区的湖泊都为内陆湖区。注入湖中的河流短而小，同时由于气候干旱、湖面蒸发剧烈，湖水矿化度高，多成盐湖，蕴藏丰富的盐矿资源。

第二，湖泊的分布明显地受两个构造线所控制，沿第一条华夏或新华夏沉降带构造线分布的湖泊最多，它们呈北东方向，如呼伦湖、贝尔湖等。此外，还有沿着乌拉盖沉降带分布的乌拉盖流域的湖群，沿着二连—哲斯沉降带分布的达布斯诺尔、呼和诺尔、腾格诺尔等湖泊；沿第二条断裂线分布的是东西向，如浑善达克沙地北缘从东向西断续分布着的30余个大小湖泊，就是沿乌日根塔拉(二道井)—西拉木伦的东西向断裂带发育的，较大的有查干诺尔和达里诺尔等。另外在集宁一带，因地处多个构造体系的复合部位，所以湖泊的分布亦鲜明地反映出构造线的复合关系，方向多变。

第三，盐湖众多。盐湖占本区湖泊总数的80%以上，盐湖中除天然碱、芒硝及食盐外，有些盐池还储藏有钾、锂、硼、溴、碘等稀有元素。

第四，湖泊浅小成群分布。由于区内长期处于干旱的气候条件之下，湖水蒸发旺盛、补给来源欠缺以及渗透和本身淤积等，造成湖泊一般较小，而且很浅。湖面在1000平方千米以上的，仅有呼伦湖，面积500~1000平方千米的有贝尔湖(中蒙界湖)，面积在100~500平方千米的有乌梁素海、达里诺尔、库勒查干诺尔、岱海、黄旗海5个。可以看出，面积在100平方千米以上的湖泊只有9个，湖水平均深度在1.5~4米，浅者不及1米。在沙漠和高平原上，成群的小湖泊很多，平均深度多在0.3~0.5米。湖泊往往有长满芨芨草平坦的盐渍湖岸，湖内形成浓密的草丛，在旱季常呈盐漠景观。

内蒙古自治区湖泊的主要类型有：

森林湖：主要分布在呼伦贝尔市、兴安盟、赤峰市的大兴安岭地区。多数为火山湖和火山堰塞湖。地处深山峻岭之中，山水相映，林草茂密，常有水禽栖息。

草原湖：主要分布在呼伦贝尔草原、科尔沁草原、锡林郭勒草原、乌兰察布草原上。湖泊水量补给主要依靠大气降水，地下水补给较小，河流补水也靠大气降水，季节变化明显。草原湖四周水草丰美，常有牛羊在湖边饮水，野生鸟类栖息。

沙漠湖：主要分布在鄂尔多斯、阿拉善沙漠地区。多数为风蚀洼地形成的浅水小湖。面积不足1平方千米者居多，少数面积4~6平方千米。水深一般为0.5~1.0米。形状一般为碟形、月亮形。沙漠湖泊多为咸水、微咸水湖。淡水湖常有鸟类栖息。特别是成群分布的小湖犹如在黄金闪闪的沙漠中镶入了一个个小镜子，在阳光下闪闪发亮。

人工湖(水库)：主要是1949年之后，拦河筑坝修建的水库和水利设施。全区各地均有分布。多处深山、峡谷之中，两岸风景如画，盛产各种鱼类，并有专人管理。

内蒙古自治区主要湖泊和水库分布(表2-13和表2-14)。

表2-13 内蒙古自治区主要湖泊分布

序号	湖泊名称	位置
1	呼伦湖	呼伦贝尔市新巴尔虎左旗、新巴尔虎右旗和满洲里市
2	贝尔湖	呼伦贝尔草原的西南部
3	乌兰泡	呼伦湖与贝尔湖之间
4	二子湖	呼伦贝尔市满洲里市东湖区境内
5	小河口	呼伦贝尔市满洲里市扎赉诺尔区
6	大兴安岭天池	兴安盟阿尔山市东北70千米的林海之中的天池岭上
7	松叶湖	兴安盟阿尔山市光安林场东侧12千米处
8	仙鹤湖	兴安盟阿尔山市天池林场东北6千米处
9	兴安湖	兴安盟阿尔山市兴安林场西侧1千米处
10	杜鹃湖	兴安盟阿尔山市兴安林场东1.5千米
11	小西湖	通辽市奈曼旗大沁他拉镇西北5千米的沙漠之中
12	荷花湖	通辽市科尔沁左翼中旗白音塔拉农场境内
13	达里诺尔	赤峰市克什克腾旗境内
14	其甘诺尔	赤峰市翁牛特旗巴嘎塔拉苏木境内
15	阿日善湖	赤峰市翁牛特旗西拉木伦河南岸胡日哈山西南麓
16	浑尼图诺尔	赤峰市阿鲁科尔沁旗东北部
17	扎嘎斯台诺尔	赤峰市阿鲁科尔沁旗扎嘎斯台苏木境内

第二章　内蒙古旅游资源调查与评价

续表

序号	湖泊名称	位置
18	呼日查干诺尔	锡林郭勒盟阿巴嘎旗西南部
19	呼和诺尔	锡林郭勒盟多伦县城东北40千米
20	黄旗海	乌兰察布市察哈尔右翼前旗旗政府东北3千米处
21	九十九泉	乌兰察布市察哈尔右翼中旗灰腾锡勒
22	岱海	乌兰察布市凉城县境内岱海盆地
23	哈素海	呼和浩特市土默特左旗察素齐镇西南13千米处
24	阿拉善湾海子	鄂尔多斯市东胜区泊尔江海子乡南端
25	红碱淖尔	鄂尔多斯市伊金霍洛旗新街镇东与陕西省神木县交界处
26	红海子	鄂尔多斯市伊金霍洛旗阿勒腾席热镇红海子乡境内
27	七星湖	鄂尔多斯市杭锦旗境内库布齐沙漠
28	乌梁素海	巴彦淖尔市乌拉特前旗境内
29	居延海	阿拉善盟额济纳旗北部居延草原的最低处
30	月亮湖(盐湖)	呼伦贝尔市扎兰屯市柴河镇40千米处
31	额吉盐池(盐湖)	锡林郭勒盟东乌珠穆沁旗额吉淖尔苏木境内
32	吉兰泰盐湖(盐湖)	阿拉善盟阿拉善左旗境内
33	雅布赖盐湖(盐湖)	阿拉善盟阿拉善右旗雅布赖镇境内

(资料来源：牧寒.内蒙古湖泊[M].呼和浩特：内蒙古人民出版社，2003.)

表2-14　内蒙古自治区主要水库分布(截至2007年底)

序号	水库名称	位置
1	向阳峪水库	呼伦贝尔市阿荣旗向阳峪乡
2	图木吉水库	兴安盟扎赉特旗图木吉苏木
3	察尔森水库	兴安盟科右前旗
4	永丰水库	兴安盟科右前旗大石寨镇
5	双城水库	兴安盟突泉县宝石镇
6	明星水库	兴安盟突泉县宝石镇
7	九龙水库	兴安盟突泉县九龙乡
8	孟家段水库	通辽市奈曼旗八仙筒乡
9	莫力庙水库	通辽市科尔沁区
10	红山水库	赤峰市翁牛特旗红山乡
11	打虎石水库	赤峰市宁城县
12	二道河子水库	赤峰市松山区老府镇

续表

序号	水库名称	位置
13	他拉干水库	通辽市开鲁县
14	胡力斯台水库	通辽市科尔沁左翼中旗
15	苏吐水库	通辽市科尔沁左翼中旗
16	乃门他拉水库	通辽市科尔沁左翼中旗
17	都西庙水库	通辽市科尔沁左翼中旗
18	沙那水库	赤峰市巴林左旗浩尔吐乡
19	白音花水库	赤峰市阿鲁科尔沁旗巴颜花乡
20	小河西水库	通辽市扎鲁特旗
21	山湾子水库	赤峰市敖汉旗
22	舍力虎水库	通辽市奈曼旗太和乡
23	西湖水库	通辽市奈曼旗
24	小塔子水库	通辽市科尔沁区
25	吐尔基山水库	通辽市科尔沁区
26	漠河沟水库	通辽市库伦旗
27	石碑水库	通辽市奈曼旗
28	岗岗水库	通辽市奈曼旗
29	九龙湾水库	乌兰察布市丰镇市九龙湾
30	巨宝庄水库	乌兰察布市丰镇市巨宝庄
31	三盛公水库	巴彦淖尔市磴口县
32	昆都仑水库	包头市昆都仑区
33	红领巾水库	呼和浩特市土默特左旗
34	二道洼水库	呼和浩特市土默特左旗
35	挡阳桥水库	呼和浩特市清水河县
36	永兴水库	乌兰察布市凉城县
37	石峡口水库	呼和浩特市清水河县
38	翰嘎利水库	兴安盟科右中旗巴彦呼顺镇
39	锡林河水库	锡林郭勒盟阿巴嘎旗
40	黄花滩水库	包头市达尔罕茂明安联合旗
41	泉玉林水库	乌兰察布市察哈尔右翼前旗
42	双古城水库	乌兰察布市凉城县
43	石门子水库	乌兰察布市凉城县
44	白音希勒水库	乌兰察布市四子王旗

续表

序号	水库名称	位置
45	八股地水库	乌兰察布市商都县
46	五一水库	乌兰察布市兴和县
47	石门口水库	乌兰察布市察哈尔右翼后旗

(资料来源：内蒙古区情网)

(六) 河流众多，水系发达，河段旅游资源丰富

内蒙古自治区共有大小河流 1000 余条。主要大河有：黄河、永定河、滦河、西辽河、嫩江和额尔古纳河水系。流域面积大于 300 平方千米的有 258 条。主要河流皆发源于大兴安岭和阴山山地南北两侧。山地南侧和额尔古纳河水系河流上游，一般处于山地丘陵区，河道多呈"V"型，穿越森林山谷，两岸风景秀丽；山地北侧河流因地处高原，干旱少雨，河段较小，蜿蜒弯曲地飘散在绿色草原和沙漠戈壁中；发源于鄂尔多斯高原和乌兰察布市南部土石丘陵地区的河流水流强烈、沟深岸陡、河谷狭窄，独具北方峡谷风韵。内蒙古自治区主要河段风光如下(表 2-15)。

表 2-15 内蒙古自治区主要河段风光

序号	河段名称	河段位置
1	额尔古纳河风光	呼伦贝尔市额尔古纳界河段
2	海拉尔河风光	呼伦贝尔市白音哈达河段
3	雅鲁河风光	呼伦贝尔市扎兰屯段
4	诺敏河风光	呼伦贝尔市河源至小二沟段
5	根河风光	呼伦贝尔市根河上游段
6	归流河风光	兴安盟科尔沁右翼前旗段
7	绰尔河风光	兴安盟扎赉特旗段
8	洮儿河风光	兴安盟科尔沁右翼前旗段
9	哈拉哈河风光	兴安盟阿尔河段
10	霍林河风光	兴安盟科尔沁右翼中旗段
11	老哈河风光	赤峰市翁牛特旗段
12	西拉木伦河风光	赤峰市克什克腾旗段
13	西辽河风光	通辽市段
14	乌力吉木伦河风光	赤峰市巴林左旗段
15	海哈尔河风光	赤峰市阿鲁科尔沁旗段

续表

序号	河段名称	河段位置
16	锡林郭勒河风光	锡林郭勒盟锡林河九曲湾段
17	高格斯台河风光	锡林郭勒盟阿巴嘎旗段
18	大黑河风光	呼和浩特市段
19	黄河三峡风光	鄂尔多斯市准格尔旗黄河三峡段
20	黄河冰凌风光	乌海市、巴彦淖尔市、包头市、鄂尔多斯市、呼和浩特市
21	额济纳河风光	阿拉善盟额济纳旗段
22	克鲁伦河风光	呼伦贝尔市新巴尔虎右旗段
23	滦河风光	锡林郭勒盟正蓝旗多伦县段

(资料来源：内蒙古区情网)

四、旅游资源在一定区域范围内具有良好的空间组合性

从自然旅游资源组合来看，以森林、草原、沙漠戈壁及其过渡类型构成的大地域(内蒙古自治区东部、西部)自然旅游环境差异和以沙漠、草原、湖泊、河流、温泉、森林、山地旅游资源在小区域范围内的多元化组合，不仅对旅游市场有很强的吸引力，而且为内蒙古自治区开发丰富多彩的旅游产品和旅游活动提供了广阔空间。

从自然旅游资源与人文旅游资源的组合来看，内蒙古自治区草原、森林、沙漠、湖泊、河流等多样的自然旅游资源，以及各具特色的蒙古族、鄂伦春族、鄂温克族、达斡尔族等少数民族文化在地域上的组合，在很大程度上改变了自然旅游资源单一性与同质性给旅游产品多样性开发造成的约束，使得不同地域上开发的旅游产品可以保持鲜明的特色。

五、与我国东部发达地区的市场具有互补性

内蒙古自治区旅游资源与其周边省区及我国东部地区具有很强的互补性。内蒙古自治区原生态的草原、沙漠、森林、冰雪等自然旅游资源与蒙古族为代表的北方少数民族风情旅游资源及其小空间范围内的组合都是周边省区、东部各省所不具备的。同时，现代旅游需求日益多样化和多层次性，寻求原生态、古朴，追求回归自然的旅游体验成为时尚和潮流，内蒙古自治区所拥有的森林、沙漠、草原、原始、纯朴的民族风情、历史古迹等特色优势旅游资源，恰好符合现代旅游需求的取向和发展趋势，从而使内蒙古自治区与我国东部发达地区具有了资源和

市场上的双重互补。

六、民族历史遗存旅游资源种类丰富，价值较高

内蒙古自治区是49个民族共同聚居的地区，每个民族都创造出了自己的文化，留下了种类丰富的历史遗存，这些遗存都可以衍生出很有特色的旅游资源。

(一) 早期人类活动历史为保持历史遗存的质量准备了条件

内蒙古自治区历史悠久，早在距今70万年前就有人类活动，1973年在呼和浩特市的大窑遗址内发现过旧石器时代的石器制造工场，被定名为大窑文化。此后又相继发现了包头市阿善文化、凉城县老虎山文化、乌审旗河套文化和赤峰市红山文化。主要有敖汉旗南台地文化遗址、三道湾子文化遗址、四楞山文化遗址、小河沿文化遗址、兴隆洼聚落遗址、巴林左旗富河文化遗址，赤峰市蜘蛛山遗址，林西县大井古铜矿遗址、锅撑子山细石器文化遗址，翁牛特旗三星他拉遗址，乌审旗河套文化遗址，呼和浩特市大窑文化遗址、鄂温克族自治旗辉河水坝细石器遗址、苏格尔嘎特山下遗址，海拉尔区海拉尔西山细石器遗址，扎赉诺尔人类化石点，库伦旗额布斯台契丹文化遗址、哈达图夏家店文化遗址，奈曼旗胜利庙红山文化遗址等。此外，还有一些人类原始聚落或活动地，如阿拉善右旗新石器遗址、乌拉特后旗达日盖遗址、达拉特旗阿善文化遗存、乌审旗萨拉乌苏遗址、伊金霍洛旗庙子沟文化遗存。一处洞居遗址，即鄂伦春旗鲜卑旧墟石室(嘎仙洞)。

有史以来的蒙古族历史更是辉煌，源于大约7世纪的今额尔古纳河东岸的古老部落。9世纪，蒙古部落西迁到蒙古高原，到12世纪时分布在鄂嫩河、克鲁伦河、土拉河的上游肯特山一带，且分化出许多部落，与居住在那里的突厥语族的居民融合、繁衍。13世纪，以铁木真为首的蒙古部落逐渐强大起来，凭其军事才能，削平各部，统一草原，并于1206年被选为蒙古大汗，号成吉思汗。随后成吉思汗展开大规模的军事行动，把势力扩大到中亚和南俄罗斯。横跨欧亚的汗国，对东西方文化的交流起到了积极的作用。

1260年，成吉思汗的孙子忽必烈自立为汗，1271年改国号为"元"，后灭南宋，统一中国。1368年，明朝建立，元朝灭亡，蒙古统治集团退回蒙古高原，为争夺汗权，战争不断，人民饱受战乱之苦。

明朝末年，女真贵族努尔哈赤统一女真各部，势力逐渐强大，建后金国。漠南、漠北、漠西及新疆、青海等地的蒙古各部先后归顺金国(清朝)。

蒙古族人民在长期的历史发展进程中，为开发和保卫北部边疆做出重要贡献。1947年5月1日，内蒙古自治区建立。1949年10月1日，中华人民共和国成立，

内蒙古自治区是新中国第一个民族自治区。蒙古族开拓的这块土地，留下了大量遗存，为今天旅游开发奠定了丰厚的物质基础。

(二) 境内各类文物，类型丰富，数量很多

内蒙古自治区的历史文物主类很多，主要有以下种类。

军事与战场遗址有乌拉特中旗唐代西受降城、五原县五原誓师台、克什克腾旗乌兰布统古战场、应昌路古战场、鄂托克前旗杨九娃寨子、海拉尔区海拉尔北山日伪地下工事、新巴尔虎左旗诺门罕战争遗址、察哈尔右翼中旗窝阔台点将台、凉城县杀虎口。

内蒙古自治区古城遗址较多，包括属于国家文保单位的有巴林左旗辽上京遗址、额济纳旗居延海古城、宁城县辽中京遗址、正蓝旗元上都遗址，属于内蒙古自治区文保单位的有托克托县云中城古城遗址、包头市麻池古城遗址、准格尔旗十二连城遗址、额济纳旗黑城子古城、正蓝旗四郎城遗址、宁城县黑城遗址等。还有乌拉特前旗增隆昌故城、五原县五份桥古城、巴林右旗怀州古城遗址、巴林左旗祖州古城遗址、乌审旗统万城遗址、额尔古纳市黑山头古城遗址等。此外，还有一些居民聚落遗址，如额济纳旗额济纳商周文化遗址、甲渠侯官遗址、磴口县鸡鹿塞遗址、乌拉特前旗光录寨、敖汉旗赵宝沟聚落遗址、巴林右旗那斯台聚落遗址、南杨家营子聚落遗址、赤峰市红山聚落遗址、宁城县宁城南山根聚落遗址、鄂托克旗城川民族学院旧址、伊金霍洛旗朱开沟聚落遗址、清水河县白泥窑子聚落遗址、凉城县老虎山聚落遗址等。

内蒙古自治区的宗教与祭祀活动场所很多，这些建筑主要是喇嘛教寺院（召庙），部分是清真寺和教堂。召庙建筑及其内部佛像造型和壁画是我国古建筑的精华。主要有呼和浩特市大召、席力图召，包头市五当召，土默特右旗美岱召，巴林右旗荟福寺，喀喇沁旗龙泉寺，翁牛特旗梵宗寺，库伦旗兴源寺、福禄寺，准格尔旗准格尔召，阿拉善左旗延福寺等，这些都是内蒙古自治区所属的文保单位。清真寺主要分布在呼和浩特市、包头市、临河区、开鲁县、锡林浩特市等地。佛塔分布在额济纳旗、敖汉旗、巴林右旗、巴林左旗、宁城县、翁牛特旗、呼和浩特市、开鲁县、科尔沁左翼后旗、奈曼旗等地。其中重要的有巴林右旗庆州白塔、宁城县中京大塔、呼和浩特市万部华严经塔、五塔寺等。

摩崖字画主要是岩画，此类型旅游资源在内蒙古自治区占有重要地位，很引人注目。广泛见于阴山、贺兰山山地中，反映了草原民族自石器时代以来各个时期猎牧人群的生产、生活、崇拜、信仰的场景。主要有乌拉特后旗大巴沟岩画、乌海市召烧沟桌子山岩画，其他还在阿拉善右旗、阿拉善左旗、额济纳旗、磴口县、乌拉特中旗、达尔罕茂明安联合旗、克什克腾旗、鄂托克旗、扎鲁特旗、察

第二章　内蒙古旅游资源调查与评价

哈尔右翼后旗、苏尼特左旗等地可以见到。

长城段落在内蒙古自治区见到很多，从时代上看，有战国长城、金代长城、汉长城、明长城。战国长城中的秦长城分布在鄂尔多斯市东部伊金霍洛旗和准格尔旗的交界处，赵长城见于乌兰察布市东南部，燕长城见于乌兰察布市和锡林郭勒盟交界处的南部。这个时期的长城有用石、土砌夯筑成，石砌长城保存较好，完整的段落高达4~5米，底厚4米。沿长城有屏障、烽燧、塞围等遗迹。金代长城又称金界边墙、金界壕，由金代女真族修筑，距今800多年。在全区分布很广，主要起自呼伦贝尔市莫力达瓦达斡尔族自治旗，经兴安盟突泉县，赤峰市阿鲁科尔沁旗、巴林左旗、巴林右旗、林西县、克什克腾旗，到锡林郭勒盟镶黄旗，全长近5000千米。金代长城保存不好，一般仅存土、壕沟、方城遗迹。汉长城距今2000多年，仅见于赤峰市宁城县和喀喇沁旗，有烽燧、城堡等遗存。明长城在内蒙古自治区有3条，其中外长城(外边、武明大边)，在区内长度990千米，见于乌兰察布市兴和县和鄂尔多斯市准格尔旗；内长城(内边)见于呼和浩特市清水河县，只有5千米；次边保存最好，沿边内外、墩台、城堡齐全，见于呼和浩特市清水河县、和林格尔县，乌兰察布市凉城县、丰镇市、兴和县，全长700千米。其中，属于战国长城的有托克托县、乌拉特前旗、乌拉特旗、包头市、固阳县、赤峰市、准格尔旗、武川县、通辽市、乌海市等境内的段落；属于金界壕的有达尔罕茂明安联合旗、巴林右旗、克什克腾旗、武川县、莫力达瓦达斡尔族自治旗、扎兰屯市、苏尼特右旗等境内的段落；属于汉长城的有额济纳旗、乌拉特后旗、乌拉特中旗、达尔罕茂明安联合旗、喀喇沁旗、宁城县等境内的段落；属于明长城的有准格尔旗、清水河县、凉城县等境内的段落。

墓(群)因墓主的声望而确定其价值。内蒙古自治区的古墓很多，其中有呼和浩特市昭君墓(青冢)、托克托县东汉闵氏墓、奈曼旗辽代陈国公主墓、和林格尔汉墓、呼伦贝尔市扎赉诺尔鲜卑墓、乌兰浩特市前公主陵墓、库伦旗奈林稿辽墓等。这些墓保存较好，不少出土了文物。昭君墓体量巨大，是内蒙古自治区古墓的代表。奈林稿辽墓、和林格尔墓、扎赉诺尔鲜卑墓有许多表现北方游牧民族的壁画。其他古墓还广泛见于阿拉善右旗、阿拉善左旗、额济纳旗、磴口县、达尔罕茂明安联合旗、阿鲁科尔沁旗、巴林右旗、巴林左旗、喀喇沁旗、克什克腾旗、宁城县、翁牛特旗、达拉特旗、东胜区、鄂托克旗、杭锦旗、伊金霍洛旗、准格尔旗、陈巴尔虎旗、海拉尔区、满洲里市、新巴尔虎右旗、科尔沁左翼中旗、库伦旗、扎鲁特旗、察哈尔右翼后旗、东乌珠穆沁旗等地。

纪念性建筑主要是一些重要人士活动过的场所，包括历代人物故居，如阿拉善左旗阿拉善王府，额济纳旗土尔扈特王府，巴林右旗贝子王府、多罗郡王府，伊金霍洛旗郡王旗王府，喀喇沁旗喀喇沁王府，土默特左旗贾力更烈士故居、万家沟革命遗址，奈曼旗奈曼王府，四子王旗王爷府，苏尼特右旗德王府，准格尔旗准格尔贝勒府，林格尔县大都护府，呼和浩特市公主府、清将军衙署；历史事件活动场所，如鄂托克旗桃力民工委旧址、鄂托克前旗三段地革命旧址、乌审旗嘎鲁图革命活动旧址、新三师政治部旧址、中共绥远地区工作委员会旧址、乌兰浩特市"五一"会址、内蒙古自治政府办公楼旧址、乌兰夫办公室旧址等。

(三) 民族文化类型丰富，悠久灿烂

内蒙古自治区是多民族聚居区，其中长期生存在这里的少数民族有蒙古族、达斡尔族、鄂温克族、鄂伦春族。蒙古族分布在各地，其他三个民族主要居住在内蒙古自治区东部呼伦贝尔市。居住地域如此分配有其历史原因，10-13世纪，蒙古高原少数民族各部大致可以分为两类：草原游牧部落和森林狩猎部落。时至今日，这些民族的社会经济关系发生了很大变化，但他们长期形成的传统生产生活方式仍有很多保留了下来，其中特别是一些民族习俗和某些非物质文化等依然存在于整个民族的日常活动中，与现代生活形成鲜明的反差，对旅游者产生很大的吸引力。这表现在他们的传统生产方式、待人接物的礼仪、祭祀神灵与祭拜祖先程序、民间演艺等许多方面。

第三章　内蒙古旅游资源区划分

第一节　中部历史与民俗文化都市圈旅游资源区

一、中国乳都——呼和浩特市

呼和浩特系蒙语，是"青色的城"的意思，故简称"青城"。呼和浩特市是内蒙古自治区首府和政治、经济、文化中心，同时是国家历史文化名城和中国优秀旅游城市，是我国北方沿边开放地区重要的中心城市。呼和浩特市自2000年确立"奶业兴市"发展战略以来，乳业得到飞速发展，成为呼和浩特市的支柱产业，培育出伊利、蒙牛中国两大乳业龙头企业。2005年，呼和浩特市被中国轻工业协会和中国乳制品工业协会命名为"中国乳都"。呼和浩特市地处我国北部边疆，内蒙古自治区中西部，北与包头市达尔罕茂明安联合旗、乌兰察布市四子王旗接壤，东与乌兰察布市卓资县、凉城县相连，西与包头市土默特右旗、固阳县毗邻，南与山西省交界，西南与鄂尔多斯市准格尔旗隔黄河相望。地处北纬39°35′~41°25′、东经110°31′~112°20′之间。土地总面积17224平方千米。呼和浩特市辖4市辖区(回民区、玉泉区、新城区、赛罕区)、4县(托克托县、清水河县、武川县、和林格尔县)、1旗(土默特左旗)。

这座城市由明代土默特部阿勒坦汗，于隆庆六年(1572)开工兴建，万历三年(1575)建成，名为呼和浩特。其原址即在现在的玉泉区内。呼和浩特是蒙古语，呼和意思为蓝色，浩特意思为城市，意为蓝色的城市。在古代，北方游牧民族盛行祭天，天为蔚蓝色，因此蒙古族崇尚蓝色。北方人又称蓝天为青天，而青象征繁荣茂盛，万古长青，故汉译为"青色的城市"。中华人民共和国成立后又以"青城"闻名中外。

万历三年(1575)，明朝曾赐名为归化城，清初译为"胡胡河屯"，康熙年间译为"库库和屯"。清雍正十三年(1735)又在"归化城东北5里处，新建绥远城"。此后"归化城"俗称"旧城"，绥远城则称之为"新城"，并设有土默特旗衙门。

1913年设绥远特别行政区，并将绥远、归化两城合并为归绥县。1929年改绥远特别行政区为绥远省，省会设在归绥县。1937年归绥沦陷，日本侵略者将归绥县改称厚和特别市。1945年抗日战争结束后，厚和特别市改称归绥市。1949年绥远省和平解放，1950年成立归绥市人民政府，1954年撤销绥远省建制，划归内蒙古自治区管辖，取消了歧视少数民族的旧称，正式恢复呼和浩特名称。

(一) 旅游资源分类

呼和浩特市旅游资源突出的表现为"山(大青山)、城(青城)、河(黄河河套地区)、草原(敕勒川)、民族风情(以蒙古族为主的多民族风情)、边(祖国北部边疆地区)、历史文化(古城遗址等文物古迹)"的融合，形成了神秘、博大、独特、多元的自然景观和人文景观。以《旅游资源分类、调查与评价》(GB/T18972-2003)为依据，呼和浩特市拥有全部8种旅游资源主类，各类旅游资源的特色如下。

1. 地文景观类旅游资源

全市地文景观类旅游资源单体较少，共调查了10处，占所调查的全部旅游资源单体的2.9%，包括2个亚类3个基本类型，单体数量不多，但其中6处综合自然景观区资源品位较高，全部属于优良级。如大青山(阴山)、土默特等景观区反映了呼和浩特市所在的土默特川及其相邻山地地区的整体自然风貌。大青山属于阴山中段，东西长125千米，南坡地势陡峭，与黄河土默特河套平原之间有大型断裂通过，地质构造上很有价值。山中沟谷内植被茂盛，许多段落风光很好，是本区许多旅游资源的主要载体。

2. 水域风光类旅游资源

全市水域风光类旅游资源单体数量最少，只调查了3处，占所调查的全部旅游资源单体的0.9%，说明此类旅游资源在本市处于劣势。这些类型包括2个亚类3个基本类型，涉及2个旗县，其中有2处天然湖泊与池沼和1处冷泉。其中位于土默特左旗西部的哈素海水深在1.5~3米之间，芦苇水草丛生，栖息鸟类很多，是一处典型的湖泊湿地，有较高旅游价值。

3. 生物景观类旅游资源

全市生物景观类旅游资源共调查了6处单体，占所调查的全部旅游资源单体的1.8%。从整体看，此类型在本市处于劣势。这些类型中包括1个亚类2个基本类型，有4处树林，2株独木，涉及市区及和林格尔县。这些林地虽然都属于优良级范围，但档次较低，与内蒙古自治区其他地方的林地无法比拟。其中能提到的只有位于呼和浩特市区及和林格尔县东部山区的南天门森林，占地面积2万多公顷，树种为针叶阔叶落叶混交林，景观较好。

4. 遗址遗迹类旅游资源

全市遗址类旅游资源单体共调查了77处，占所调查的全部340处旅游资源单

第三章　内蒙古旅游资源区划分

体的 22.1%，包括 3 个亚类 8 个基本类型，涉及全部 6 个旗县区。旅游资源单体中，数量最多的是废弃居住地(53 处)，其次是原始聚落或活动地(18 处)，文化层(2 处)和废弃寺庙(1 处)很少。

从这些情况看出本区此类旅游资源有以下特点：

其一，本区拥有的旅游资源单体数量较多，但拥有它们的旅游资源基本类型数量却较少，而且主要是集中在个别类型中。总数达到 71、比例达到 92%的废弃居住地和原始聚落或活动地都属于反映历史文化的人文旅游资源，是呼和浩特市历史文化类旅游资源具有较大优势的一种表现。

其二，这些旅游资源单体在地域上的分布状况是：和林格尔县(19 处)、土默特左旗(15 处)、清水河县(15 处)、武川县(11 处)、托克托县(11 处)、市区(6 处)。由此可以看出，此类旅游资源主要分布在市区外围各旗县。

其三，之所以有这么多的历史文化遗址类旅游资源，主要原因在于本区是历史上有名的土默特地区核心地带。这里史前人类和历史上的人类活动频繁，遗留下来的历史遗存遗物很多，主要有以下形式：第一，史前人类文化遗址，如旧石器时代早期在土默特左旗的大窑村遗址，晚期在大窑村南山、南水泉、马鬃山南坡、二道瓦村等遗址，发现各种打制石器数百件，命名为"大窑文化"。新石器时代遗址分布更加广泛，在大青山南麓的阿善、转龙藏、古城湾、姚家湾、大窑南山等地，黄河沿岸的海生不浪、白泥窑子、冯雁、苗家窑等地，大黑河上游的美岱脑包山、二十家子、石人湾白塔村等地遗址中出土了大量磨制石器、骨器、陶器、饰品等，属于"阿善文化"。第二，历史上，遗留下来的大量古城和古聚落，如清水河县的桐过、桢陵、宁边、古城坡等古城遗址；市区的东盛州、丰州、库库和屯、绥远等古城遗址；和林格尔县的盛乐、云阳、武城险、大利城、柴河镇城等古城遗址；托克托县的城圐圙、古城村、云中城、阳寿、沙陵、蒲滩拐、东胜州(大荒城)、双墙村、东胜卫城(黄城)等古城遗址；和林格尔县的三眼井、圪洞坪、南沙圪旦、西梁瓦罐、七墓圪塔等古村落遗址；清水河县的白泥窑子、岔河口、马路塔、棋子峁、常家河、台子梁等聚落遗址；武川县的韩赵坡、魏帝"行宫"、北沟子、白沙泉村、乌兰窑子梁前、得令不浪、东达乌素、黑脑包、庆兴广等村落遗址。第三，还有一些古代生产地遗址，如和林格尔县的羊群沟古牧场、马场古牧场、兰其峁瓦片坡窑遗址、二墓嘴古窑遗址、二道凹石器制造场等。

其四，这些单体虽然数量较多，但由于时代久远而受到自然和人为的破坏，大部分已成废址，景观特征不是很明显，因此旅游质量等级不高，其中优良级旅游资源单体有 8 处，普通级只有 6 处，其余都属于档外。不过在为数不多的优良级旅游资源单体中，有些仍然可以成为内蒙古自治区优势旅游资源的代表，依此构成旅游开发的重要文化依托。在大量古城遗址中，托克托县的古城时代齐全，规模较大，遗址保存得较好，其中有战国时赵国始建的云中古城，周长 8 千米，城墙残高 4.5 米，宽 6.5 米；位于城关镇的东胜州辽代古城(大荒城)遗址，呈长方形，四墙仍耸立，周长 2229 米，残高 5~8 米，此城兴于辽盛于元；明代修建的城圐圙古城遗址，周长 12.5 千米，是目前呼和浩特市规模最大的古城；另外还有位于呼和浩特市东郊的安陶古城，分内外二城，北城墙西段外侧高 3.3 米，顶宽 6.5 米，为汉代定襄郡安陶县城故址；位于和林格尔县上土城子村的盛乐古城，东西长 1550 米，南北长 2250 米，为汉代盛乐古城遗址等。

5. 建筑与设施类旅游资源

全市建筑与设施类旅游资源共调查了 104 处单体，占所调查的全部旅游资源单体的 30.6%。其中单体数量超过 10 处(含)的有墓(群)(18 处)、宗教与祭祀活动场所(10 处)、长城段落(10 处)、园林(10 处)，5 处(含)~9 处的有文化场所(8 处)、摩崖字画(6 处)、纪念性建筑(6 处)、祭拜场馆(5 处)、碑碣(5 处)，不足 5 处(不含)的有教学科研实验场所(4 处)、人工水域观光游憩区(4 处)、佛塔(4 处)、展示演示场馆(3 处)、建设工程与生产地(2 处)、体育健身场馆(2 处)、戏台(2 处)、烽燧(2 处)、歌舞游乐场所(1 处)。

从这些情况看出本区此类旅游资源有以下特点：

其一，本区拥有的景观建筑类旅游资源基本类型较多(18 种)，是人文旅游资源具有较大优势的另一种表现。它和遗址类旅游资源结合在一起，可以成为呼和浩特市旅游资源的主导。

其二，本区历史文化范畴的旅游资源所占比例很大，有 65 处，占本类旅游资源单体的 61%。这些单体的质量等级，属于优良级的有 33 处，属于普通级的有 14 处，属于档外的有 57 处。这些单体散布在全市各地，市区 39 处，和林格尔县 19 处，土默特左旗 18 处，清水河县 16 处，托克托县 9 处，武川县 3 处，可见分布在呼和浩特市区的最多。其中特别是优良级的旅游资源单体，市区达到了 28 处，占本区全部 33 处的 84.85%。

其三，本区有这么多的历史文化类旅游资源单体，同样是起因于土默特地区的文化传统。历史上归化城的召寺多达 40 多处，多数在明代万历年间及以后建立，其余建于清代。现在这些召寺大部分已经被毁坏消失，但仍然有一些被保留了下来，如本市规模最大、建筑年代较早、最著名的召庙之首的大召，建筑宏伟、风格独特的席力图召，以及位于土默特左旗毕克齐村大青山中的喇嘛洞召(广化寺)等，都是本区依然保存较好的著名召庙。过去这些召寺经常开展佛事活动，以农历正月十四、十五、十六为第一会，六月十四、十五、十六为第二会，其仪式除诵经外，还有佛事活动跳查玛、请乃琼、迈达尔出巡、送八令等。

其四，在优良级旅游资源单体中，除了召庙外，还有一些景观建筑类旅游资源可以成为内蒙古自治区优势旅游资源的代表，如成了民族团结象征和呼和浩特旅游标志物的昭君墓园；古代建筑精华的万部华严经塔和五塔寺；历史久远(始建于 1692 年)、占地面积很大(4000 平方米)的清真大寺；内蒙古自治区最高学府的内蒙古大学校园文化区；拥有 3500 平方米展室的内蒙古博物院等。

6. 旅游商品类旅游资源

呼和浩特市是内蒙古自治区的首府、物流中心，有条件集中内蒙古自治区有特色的旅游商品。此次调查了以下反映蒙古民族的有代表性的地方工农业产品，共有 5 类 91 种：菜系肴馔 42 种，水产山珍 12 种，药材补品 15 种，编织刺绣 1 种，工艺制品 11 种。

7. 人文活动类旅游资源

蒙古族民族豪爽、骠勇，草原培育了他们固有的生产生活方式和礼仪，构成一种具有地域特色的人文活动类旅游资源，这在呼和浩特市能够得到充分的体现。此类资源有 7 种基本类型 51 项单体：民间礼仪 2 种，民间演艺 29 种，地方风俗 9 种，特色服饰 1 种，民间节日 4 种，民间健身活动与赛事 3 种，民间集会 3 种。

(二) 旅游资源的特征与等级

1. 旅游资源总体特征

呼和浩特市旅游资源分布的总体特征是：①种类齐全，数量较多；②分布广泛，极不均衡；③特色鲜明，互补性强；④新型社会旅游资源潜力巨大。

《内蒙古自治区呼和浩特市旅游发展总体规划(2012－2020)》的调查结果显示，呼和浩特市中心城区的旅游资源等级分值在全市范围内遥遥领先，在内蒙古自治区范围内位列第二；呼和浩特市旅游资源在内蒙古自治区各盟市中排名第三，位于赤峰市和呼伦贝尔市之后；在全区范围内，蒙中中段，即环呼和浩特城市群旅游吸引力得分位居内蒙古自治区首位。

根据《内蒙古自治区呼和浩特市旅游资源分类、普查与评价报告》，呼和浩特市旅游资源的总体特征是：旅游资源种类多，实体数量大，此次调查得到的实体数有 340 个；地域组合好，主要集中在呼和浩特市市区，土默特左旗、托克托县、和林格尔县也有少量分布；档次高，部分旅游资源的垄断性强，比较优势突出；主体旅游资源及其赋存的生态环境脆弱，主要旅游区间的空间分布相当分散。

此次调查的旅游资源类型中，主类 7 个，亚类 20 类，基本类型 46 种，单体 340 处，分别占内蒙古自治区和全国相同类型的比例如下(表 3-1)。从表 3-1 可知，呼和浩特市的旅游资源亚类数量，占全国和内蒙古自治区的比例都超过50%，相对较丰富。旅游资源基本类型的比例较小，属于中等水平。

表3-1　呼和浩特市调查的旅游资源数量占内蒙古自治区和全国的比例

区域		主类	亚类	基本类型
全国		8	31	155
内蒙古		8	29	108
呼和浩特市		7	21	39
呼和浩特市所占比例(%)	占全国的比例(%)	87.5	67.7	25.2
	占内蒙古自治区的比例(%)	87.5	72.4	36.1

[资料来源：内蒙古自治区呼和浩特市旅游发展总体规划(2012－2020)]

2. 旅游资源综合评价

以旅游资源吸引向性、开发潜力级别、旅游开发限制条件为指标，分别对呼和浩特市的自然、人文和城市社会旅游资源做出综合评价与分析。

在自然旅游资源中，哈素海湖泊湿地具有较高的开发潜力，旅游资源开发限制性条件较小，并能够开发具有国际吸引向性的旅游产品。

在人文旅游资源中，草原文化及民族风情具有较高的开发潜力，旅游资源开发限制性条件小，是具有国际吸引向性的旅游资源。地方民俗、产业园区等是具有国内吸引向性的旅游资源，同样具有较高的开发潜力。

在城市社会资源中，现代城市风貌、会展与节事活动是同时具有国际吸引向性和较高开发潜力的旅游资源，旅游开发制约因素较少。其他城市社会资源，如休闲娱乐中心、户外游憩中心、城市风景道等均属于开发潜力较高的国内吸引向性旅游资源。

呼和浩特市旅游资源的区域分布极不均衡，四级旅游资源集中在呼和浩特市市区和土默特左旗，三级旅游资源相对较分散(表3-2)。

表3-2　呼和浩特市旅游资源等级的区域构成

区域	旅游资源等级
新城区	【三级】小井沟景观区、小井沟树林、大窑文化遗址、内蒙古博物院、内蒙古赛马场、呼和浩特市城市广场
玉泉区	【四级】大召、五塔寺、昭君墓(青冢) 【三级】席力图召、观音庙
回民区	【四级】大青山乌素图景观区 【三级】呼和浩特清真大寺、乌素图召、伊利乳业生产线、乌兰夫纪念馆

第三章 内蒙古旅游资源区划分

续表

区域	旅游资源等级
赛罕区	【三级】内蒙古大学、万部华严经塔
和林格尔县	【三级】白二爷沙坝、盛乐古城遗址、南山百亭园、蒙牛乳业生产线、盛乐工业园区、蒙丰锦绣园、小板升汉墓壁画
土默特左旗	【四级】土默特敕勒川景观区、哈素海 【三级】霍尤沟、喇嘛洞
托克托县	【三级】黄河托克托河口段、云中城古城遗址
武川县	【三级】哈达门森林

[资料来源：内蒙古自治区呼和浩特市旅游发展总体规划(2012-2020)]

从表 3-2 可知，这些旅游资源类型数量很不平衡，自然旅游资源中的类型数量和单体数量很少，如地文景观、水域风光和生物景观类旅游资源基本类型数量只有 9 种，单体数量只有 22 处，人文旅游资源中的类型数量和单体数量较多，分别有 37 种和 318 处(项)，完全不成比例，说明呼和浩特市人文旅游资源占绝对优势。

(三) 旅游资源的吸引力类型

在综合评价各类旅游资源开发价值的基础上，呼和浩特市旅游资源的吸引力类型主要包括自然吸引力、文化吸引力、游憩吸引力、娱乐吸引力、事件吸引力五个大类(表 3-3)。

表 3-3 呼和浩特市旅游资源的吸引力类型

吸引力类型	代表性旅游资源
自然吸引力	高原山地自然景观、山地平原自然景观、草原自然景观、沟谷自然景观、湖泊湿地自然景观、河流及河岸自然景观、风景道等
文化吸引力	历史文化遗迹、古代城池及建筑、现代建筑及建筑群、地方美食与民族餐饮、宗教建筑及活动、产业园区、博物馆/剧院等文化艺术中心、民族文化集聚区等
游憩吸引力	城市观光、户外运动、山地休闲、水上休闲等
娱乐吸引力	主题公园/游园、休闲娱乐中心、体育中心、大型购物中心等
事件吸引力	大型节庆活动、城市庆典活动、宗教活动、体育赛事及活动、展览会/交易会等

[资料来源：内蒙古自治区呼和浩特市旅游发展总体规划(2012-2020)]

(四) 旅游资源的整合

呼和浩特市旅游资源整合主要分为四个方面。

(1) 大青山沿线旅游资源整合：以大青山为依托，整合大青山前冲积扇区域及沟谷旅游资源，建设资源类型丰富、旅游功能齐全的大青山前生态旅游带和风景廊道。

(2) 黄河沿线旅游资源整合：以黄河呼和浩特流经段为依托，整合沿黄河各旗县的旅游资源，形成集蒙晋民俗体验、峡谷山水观光、沿岸生态农业、沙漠风情娱乐为一体的沿黄风情旅游带。

(3) 历史文化旅游资源整合：以蒙古族风情、藏传佛教文化和明清晋商文化为依托，以重点旅游景区为节点，形成对呼和浩特市民族、宗教、商业、历史文化旅游资源的集聚式、全方位开发，建设综合性的历史文化旅游区。

(4) 城市休闲游憩资源整合：以呼和浩特市中心城区为依托，通过整合各类休闲娱乐旅游资源，形成城市游憩商业区、游憩中心、主题旅游街区等。

(五) 主要旅游景区

1. 昭君墓

呼和浩特市南郊大黑河南岸的桃花乡境内，一片平川沃野之中，有一个高达33米的大土丘巍然屹立，这就是距今2000年前西汉时期的昭君墓，2006年已被国务院确认为中国古代的重要墓葬，成为国家级的重点保护文物。

来到昭君墓前，一座4米高的大型铜铸雕像映入眼中，只见英姿威武的呼韩邪单于和光彩照人的王昭君，双双骑马并驾而行，低声细语娓娓叙谈。雕像后面，耸立着一块高大的汉白玉石碑，上面用蒙汉两种文字镌刻着1963年时任国家副主席董必武亲临昭君墓时题写的《谒昭君墓》七绝一首：昭君自有千秋在，胡汉和亲识见高。词客各抒胸臆懑，舞文弄墨总徒劳。

昭君墓园占地百亩，园内松青柳绿、景色宜人，建有仿汉阙、娘娘宫、酒花廊、昭君泉、蒙古包、书画艺术博物馆等各种景观和场所，特别是位于呼韩邪单于和王昭君雕像西侧的历史文物陈列室中，展出了许多有关王昭君的历史文献和出土文物。展厅中央的王昭君汉白玉塑像更是引人注目，只见她蛾眉秀发，明眸皓齿，怀抱琵琶，笑颜微启，可谓"琵琶一曲传千古，昭君精神永世存"。

封建时代，大部分的名人辞赋都把王昭君描述得凄惨可怜，极尽哀怨，唯有荣祥先生的《青冢》一词立意颇新，而董必武的《谒昭君墓》一诗，更是高度概括了王昭君献身中华民族友好团结的高贵品格和伟大意义。正如现代著名史学家翦伯赞在散文《内蒙访古》中所说："在大青山脚下，只有一个古迹是永远不会废弃的，那就是被称为青冢的昭君墓。因为在内蒙古人民的心中，王昭君已经不是一个人物，而是一个象征，一个民族团结友好的象征；昭君墓也不是一个坟墓，而是一座民族友好的历史纪念塔。"

2. 大窑文化遗址

旧石器时代的遗址主要分布在呼和浩特市东北郊背山面川的山丘地带，以及托克托县黄河沿岸的高台地上。1976年命名为"大窑文化"的郊区大窑村二道沟和前乃莫板东山坡，是旧石器晚期的两处大规模石器制造场遗址。1978年，在大窑村南山四道沟，又发现一处旧石器时代早期的石器制造场，相当于"北京人"时期。1979年秋，经过大规模发掘，又发现了500多件人工打制的石片、石块，其年代亦属旧石器时代初期，进一步证明此遗址是旧石器时代初期的石器制造场。1979年，大窑遗址被中央文化部正式命名为"大窑文化"。

围绕着大窑村，先后还发现了好几处旧石器时代的遗址，如水泉村附近、杨四窑子一带，以及榆林乡的马鬃山南坡等处。另外，在托克托县的河口东梁、碱池、中滩、一溜湾和辛家火盘南梁等地都发现有打制石器和古脊椎动物化石。

大窑文化遗址是呼和浩特市两处旧石器时代文化遗址的总称，一处是保合少乡大窑村南山，另一处是榆林乡前乃莫板村脑包梁。

3. 最早的黄教寺庙——大召

在呼和浩特市旧城，有一座最负盛名和最早兴建的黄教寺庙——大召。大召，汉名"无量寺"。蒙古语称"伊克召"，为"大庙"之意。

明万历六年(1578)，蒙古土默特部落首领阿勒坦汗迎接西藏达赖三世索南嘉措于青海地方，许愿在呼和浩特将"生灵依庇昭释迦牟尼佛像用宝石金银庄严"，从这时候起便开始兴建大召。

明万历七年(1579)，大召建成，明万历皇帝赐名为"弘慈寺"，因寺中供奉银制释迦牟尼像，所以当时又称大召为"银佛寺"。

明万历十四年(1586)，应阿勒坦汗之子僧格都棱汗的邀请，达赖三世索南嘉措来到呼和浩特，亲临大召，主持了银佛的"开光法会"，从此大召在蒙古地区成为有名的寺院。当时的蒙古右翼诸部，左翼察哈尔部、漠北喀尔喀部以及天山以北的卫拉特部都纷纷派人到呼和浩特顶礼膜拜，请僧取经。万历十四年在漠北喀尔喀蒙古鄂尔坤河中游右岸建立的额尔德尼召，就是采用呼和浩特大召的样式建造的。

明崇祯五年(1632)，后金汗皇太极追击蒙古察哈尔部林丹汗到达呼和浩特。当时，由于后金统治者了解到大召对蒙古群众影响大，皇太极曾宣布："归化城格根汗庙(即大召)理宜虔奉，毋许拆毁，如有擅敢拆毁，并擅取器物者……察出，决不轻贷。"借此扩大政治影响，安定蒙古人心。

清崇德五年(1640)，土默特都统古禄格·楚库尔接受皇太极的命令，对大召进行重修和扩建。后由皇太极亲自赐给满、蒙、汉三种文的寺额，改原来的汉名"弘慈寺"为"无量寺"。这便是今天大召汉名"无量寺"的来源。清顺治九年

(1652)，西藏达赖五世赴京时曾路过呼和浩特，驻锡在大召，因此在大召内至今还供有达赖五世的铜像，这无疑在宗教上又提高了大召寺的身价。

清代的呼和浩特札萨克达喇嘛印务处设在大召。清康熙二十四年(1685)，清廷任命朋苏克召(崇寿寺)的伊拉古克三呼图克图为呼和浩特札萨克达喇嘛。康熙三十一年(1692)，清廷查明伊拉古克三呼图克图背叛清廷的事实，于是康熙改命呼和浩特小召寺的内齐托因二世为掌印札萨克达喇嘛。

康熙三十七年(1698)，康熙又任命内齐托因二世为呼和浩特八大寺的掌印喇嘛，并将大召印玺交付给他。这年，内齐托因二世呈请康熙帝，动用自己的庙仓财产修葺大召。当时因大召正年久失修，琉璃瓦俱已破损不堪。据蒙文《内齐托因二世传》记载："当时修葺之所用琉璃瓦价格昂贵，每块按三钱计算，共计用白银五千两。"大召修葺竣工后，设置"皇帝万岁"牌位，交给大召供奉，于是，每年正月初一，呼和浩特的将军、都统等官员都要到大召参拜"皇帝万岁"牌位，平时官吏路经大召，文官下轿，武将下马，此规矩沿袭至民国。今天这一牌位仍在大召。从这次修建后，大召的主要建筑物再没有发生多大变化。

大召是明清时期内蒙古地区最著名的寺院。作为经历了四百余年历史的、有着丰富的珍贵文物古迹的大召，对了解内蒙古自治区及呼和浩特市社会经济、政治和文化，都有着重要价值。

4．藏汉艺术的结晶——席力图召

席力图召，汉名"延寿寺"，是呼和浩特市最精美的一座寺庙，在中国古代的建筑史上享有盛名，被誉为"召城瑰宝"。

席力图召，又称舍力图召。席力图，是蒙语"首席"或"法座"的意思。

席力图召，坐落于呼和浩特市玉泉区石头巷北端。始建于明代万历十三年(1585)。据史料记载：明代蒙古土默特部落的首领阿拉坦汗去世后，其子僧格都棱汗继承父业。后效仿父法、皈依佛教。并于明万历年间主持修建了席力图召。寺庙因本寺的第一世活佛而得名。一世活佛希迪图噶布齐，来自西藏。由于他熟悉经典，并通晓蒙、藏、汉三种语言、文字，而深受来内蒙古传教的三世达赖索南嘉措的信任和尊敬。索南嘉措临终时曾嘱托，由他代替自己坐床，主持传教和负责寻访转世灵童等事宜。以后，他又成为四世达赖云丹嘉措的启蒙老师，并于明万历三十年(1602)亲自护送云丹嘉措入藏坐床。他的地位也由此而更加尊荣。当时宗教界尊称他为席力图呼图克图(意为首席活佛)。同时将他主持的寺庙称作席力图召，那是呼和浩特有名的寺院。

席力图召，最初只是一座小庙，在经过明代万历年间和清代康熙年间两次大的重修、扩建后，才形成了今天这样规模较大的建筑群体。

席力图召，是呼和浩特市建筑年代较早、规模较大、最著名的召庙之一。中华人民共和国成立后,各级政府曾多次拨出巨款进行维修,并于1986年将它列为内蒙古自治区的重点文物保护单位。

5. 金刚座舍利宝塔

呼和浩特市有一座古代的宝塔,因其造型独特、秀丽端庄而闻名于中外。

宝塔名"金刚座舍利宝塔",俗称"五塔",蒙语称"塔奔索搏尔嘎",位于呼和浩特市五塔寺后街,原是喇嘛教召庙慈灯寺内的一座建筑。

慈灯寺,是清代归化城内小召(即呼和浩特市旧城的崇福寺)的属召。由著名的活佛阳察尔济喇嘛于清雍正五年(1727)奉敕建造,雍正十年(1732)竣工。寺庙建成后,清廷赐名"慈灯寺"。寺院采用了传统的汉式建筑形式。寺院占地面积很大,在宝塔之前,原有三重大殿和东西配殿以及各种厢房、耳房等建筑。在寺院的山门之前有宽阔的广场和三间四柱式的木牌楼。慈灯寺是当时呼和浩特最著名的召庙之一。

清光绪十二年(1886)后,慈灯寺因没有寻到转世活佛而失去了往日的繁华,随着岁月的流逝,寺院最终荒芜,仅存宝塔至今。

中华人民共和国成立以后,人民政府先后将宝塔列为自治区和国家级的重点文物保护单位。并多次拨出巨款、选派古建专家,调集能工巧匠,分期对宝塔进行了全面修缮。

6. 阴山古刹——喇嘛洞召

喇嘛洞召,汉名"广化寺",位于呼和浩特市土默特左旗毕克齐镇北的深山内。

喇嘛洞召,因"喇嘛洞"而得名。喇嘛洞,也称"银洞",原本是一个普通的天然山洞,后因有一位喇嘛教僧人常在洞内修行和居住,人们就将这一山洞称作"喇嘛洞"。以后又把洞前修建的寺庙称为"喇嘛洞召"。

喇嘛洞召,是呼和浩特市最著名的召庙之一,也是呼和浩特市最早兴建的一座喇嘛教召庙。

明代隆庆年间,最早在内蒙古地区修行传播黄教的博格达·察罕(即圣人,最高级的活佛之一)喇嘛,曾在银洞修行。明代万历初年时,他在银洞前修建了一座小庙,向外传播喇嘛教。这座小庙就是最初的喇嘛洞召。明天启年间,博格达·察罕喇嘛在喇嘛洞逝世后,他的三个弟子又在此处重修了小庙,并向南扩建了新寺。以后又经历代不断重修、扩建,逐渐形成了一处殿宇众多、规模宏大的喇嘛教寺院。清代乾隆四十八年(1783),清廷正式命名为"广化寺"。

喇嘛洞召历史悠久,影响深远,是呼和浩特市喇嘛教的发源地,对于呼和浩特市喇嘛教的发展起过重要的推动作用。

7. 杏坞翻红的乌素图召

呼和浩特市西北郊10千米处的大青山南麓，有一个依山傍水、杏林遍野的自然村落，叫乌素图村。"乌素图"蒙语为"有水"的意思。这里山清水秀、杏柳成荫，素以"红杏遮村"引人注目。因环境幽雅，清末时，被文人冠以"杏坞翻红"之美称。

在乌素图村西，有一片规模宏大、错落有致的寺庙建筑群，这就是著名的"乌素图召"。

乌素图召，实际上是指当地旧有的7座寺庙的总称。因它们相距不远，又地处乌素图村旁，所以都统称为乌素图召。这里过去曾有的7座召庙是：以庆缘寺为中心，东有长寿寺，西有茶坊庙，东北有法禧寺，西北有药王庙，正北有罗汉寺，再往北还有一座法成广寿寺。

随着朝代更替、岁月流逝，只有庆缘寺、法禧寺、长寿寺和罗汉寺被完整地保存下来。这四座寺庙中，以庆缘寺最为著名，规模也最大，成为乌素图诸召的主寺，也是呼和浩特市著名的"八小召"之一。

乌素图召，以其独特的庆缘寺壁画、法禧寺的"经板"和三世活佛的医术而闻名于世，现为内蒙古自治区级重点文物保护单位。

8. 清真大寺

呼和浩特市旧城北门外，有一条笔直宽阔的通道南街。虽然，在街道的两旁盖起了鳞次栉比的高楼大厦，但这现代化市井中车嚣人喧的城市景观仍掩隐不住它那斑斑点点的历史陈迹。坐落在这条街道路东南侧的伊斯兰教的清真大寺原貌依旧。

清真大寺约建于清乾隆五十四年(1789)，历经二百年间的重修、增建后，其规模得以不断扩大，整体布局严谨，高低错落有序。特别是中华人民共和国成立后又几经修缮，致使一切设施木石、雕琢彩绘备极灿烂，更具典型的中国传统式建筑气派，又带有浓厚的伊斯兰风格，成为呼和浩特市最大的伊斯兰教活动中心。

呼和浩特市这座清真大寺，不仅是穆斯林进行宗教活动的场所，而且也是进行各种社会活动的场所。每当回族的"开斋节""古尔邦节""圣纪节"这三大节日之时，回族穆斯林们都要沐浴盛装，来清真寺举行会礼和庆祝娱乐活动。回族婚丧嫁娶活动也离不开清真大寺。

清真大寺现为内蒙古自治区重点文物保护单位。寺内现存有石碑六通和阿拉伯文的《古兰经》33册，都是极为珍贵的文物资料。

9. 万部华严经塔

万部华严经塔又称白塔，位于呼和浩特市东郊太平庄乡白塔村西南，因其通体青白，耀眼夺目，俗称白塔。在白塔一层南门的门楣上刻有"万部华严经塔"汉白玉匾额一块，由此看来，白塔应该是佛教华严宗用来珍藏一万部经书的塔楼。

据考证，白塔始建于1000多年前的辽代，而佛教华严宗在辽代契丹族中最为盛行，禅宗却在汉族地区广为流传。辽代的道宗皇帝是个非常虔诚的佛教信徒，他不但亲笔抄写华严经送与群臣，而且下令在北方各地大量修建佛塔寺庙，并先后建起了山西应县的佛宫寺木塔、河北涿州市的云居寺佛塔和辽宁锦州的广济寺佛塔等，白塔就是在这一时期建起来的。近年来，从白塔周围发掘出一座大殿的建筑遗址，并从白塔中的题记上得知，白塔原来就是这座寺院中的一座塔，这座寺院也是辽代所建，名为宣教寺。

10. 满蒙联姻的府第——公主府

呼和浩特市西北有一处典雅幽静、豪华威严的清代宫廷式群体建筑，这便是清朝康熙皇帝的女儿——和硕恪靖公主下嫁清代蒙古喀尔喀部土谢图汗之孙敦多布多尔济婚后曾经居住过的府邸。

康熙皇帝一生致力于国家的统一。他赐女下嫁喀尔喀郡王敦多布多尔济，是与他统一国家的抱负有关的。康熙在位期间，发生了准噶尔部噶尔丹勾结沙俄叛乱的事件。康熙二十七年(1688)，噶尔丹率兵东侵喀尔喀，喀尔喀部大败，连地盘也丢了。在这种情况下，清廷对土谢图汗给予了很多关心，发送归化城的仓米让他们食用，又遣送一部分人到张家口就食。这些措施在喀尔喀部产生强烈的反响，到康熙三十年(1691)，就出现了"喀尔喀部全部内附"的局面。康熙三十五年(1696)，康熙帝御驾亲征噶尔丹，喀尔喀部要求"从征效力"。又过了一年，即康熙三十六年(1697)，康熙就将自己的女儿恪靖公主赐嫁敦多布多尔济。恪靖公主下嫁喀尔喀部以后，外蒙古喀尔喀四部一直服从清政府，保持了200多年的和平安定，这和公主下嫁，满蒙联姻有很大的关系。正如《公主府志》所说："内蒙古二百余年，潜心内附者，亦此公主。"公主下嫁后，本应回到外蒙古库伦的王府中去，但由于噶尔丹的残余兵力尚有力量，漠北烽烟还未完全熄灭，康熙帝不放心，于是赐公主住归化城(今呼和浩特市旧城)。据《公主府志》记载，公主曾三次迁居，第一次在清水河县，第二次在归化城的扎达海北岸。由于当时归化城已相当繁华，公主留恋归化城，不愿北归库伦，于是又在城北大兴土木，修建了这座颇具气派的公主府。

11. 清代将军衙署

呼和浩特市新城鼓楼旧址的西侧，有一座古代建筑——将军衙署。将军衙署始建于清乾隆元年(1736)，是清代建筑的军事驻防城——绥远城中规模宏伟、声望最高的建筑。整个衙署的格局，是按照清朝一品封疆大吏的衙署制度建立的。

将军衙署坐落于新城西街东端的路北，共有五进院，130间房屋。衙署坐北朝南。和府门遥相对应的是它南面的一座至今保存完好的大照壁。这座照壁的形状属一字壁，是砖瓦结构，外涂青灰。照壁中央上方嵌有"屏藩朔漠"石刻字碑一块。照壁北面是两根旗杆，上悬龙旗。旗杆北侧，和大照壁两端用鹿角栅(即在1.5米高的平台式墙基上设有木栅栏)相连接的，是两座形似牌楼的辕门。辕门北侧，各有一座房基很高的鼓手房。从衙署府门到大照壁，是一个呈四方形的小广场。它属衙署的外院，主要对衙署起保护作用。

衙署府门前有一对精雕细刻的巨型石狮镇守。狮子的左右两边各有一座钟亭和鼓亭。府门共有三间，两小一大，大门居中。进入府门是将军衙署的内院。这是一处呈东西窄、南北长的长方形五进院落。进入衙署头门后，紧接着的是仪门。过了仪门，在同一中轴线上，由南向北，依次坐落着大堂、二堂、三堂、四堂、后宅。大堂、二堂是将军决议军机大事、接受参拜的地方，后面为将军及其眷属居住之所。由这条中轴线再向左右方向辐射，依次建有印房、兵部司、左右司、户部司等各办事机构的房舍。在府院内，相应地建有隔墙和通道。东北隅还建有一处小花园。

清代的这座将军衙署，从其一建置到中华人民共和国诞生，历经210年，曾七次易名八次换牌，迄今为止衙署虽历经多次修葺，但仍保持了原有格局。人们在外只能看到它的府门、石狮及府门南面的照壁。在石狮子前和大照壁之间已是一条行人车辆可以穿行的宽阔街道了。

清代的将军衙署，这座规模宏伟的建筑物是各族劳动人民勤劳智慧的结晶，现已定为内蒙古自治区级重点文物保护单位。

12. 盛乐古城

盛乐古城是拓跋鲜卑代政权时期的北都，今呼和浩特市和林格尔县北土城子，西汉时期为定襄郡成乐县，东汉归云中郡。曹魏时期，定襄、云中被乔迁至今山西省境内，成乐地区被"弃之荒外"。拓跋鲜卑始祖力微率部进驻这一地区。

古城南接东西摩天岭群山，北连土默川平原，西南有宝贝河(古称金河)环绕，依山傍水，是连接关内至阴山南北的要冲之地，历代王朝在此驻兵设治，历经沧桑。古城遗址平面呈不规则的多边形。东西约1550米，南北约2250米，面积达439万平方米。虽经上千年风雨侵蚀，但古城遗址墙体保存基本完好。墙体系用灰黄色夹有细砂的黏土夯筑而成，夯土层厚15~20厘米。墙体最低处留存1.2米，中段、北段最高处约达7米，并设有马面。现今，城内不同区域的轮廓仍依稀可辨。

鲜卑人原本生活于兴安岭(大鲜卑山、鲜卑山)地区。汉代向南迁徙，随后向西扩展。3世纪中叶，鲜卑族拓跋部在首领力微的统帅下强盛起来，拥有"控弦士马二十余万"，并迁至土默川平原。号令所至，诸部归服。拓跋力微遂在呼和浩特市南45千米的盛乐(今和林格尔县土城子)举行了一次部落酋长祭天大会，并建都盛乐。西晋建兴三年(315)，拓跋猗卢自称"代王"，建立"代"政权，并以盛乐为北都，以平城(今山西省大同市东)为南都。东晋咸康四年(338)，什翼犍即代王位，并于东晋咸康七年(341)在盛乐故城南筑盛乐新城。东晋永和二年(346)迁都盛乐。呼和浩特地区成为拓跋鲜卑比较稳定的政治中心。什翼犍拥有部众数十万人，统治地区主要为今内蒙古自治区中部、山西省北部。东晋太元十一年(386)年春正月，什翼犍的孙子拓跋珪在呼和浩特市南部的牛川召开部落大会，即代王位，年号为"登国"，定都盛乐。不久又改称魏王。拓跋珪四处征伐，节节胜利，扩疆拓土，征服了许多部落，势力日益强大，成为塞北的强大政权。东晋太元二十一年(396)，拓跋珪建天子旗号，改元"皇始"。随后迁都平城，即皇帝位，改元"天兴"，成为北魏的开国皇帝大道武帝。

13. 哈素海度假村

蒙古人一向把草原上的湖泊称作"海子"。在呼和浩特市以西70千米的土默川平原上，连绵起伏的大青山和滚滚东流的黄河水之间，有一片碧波荡漾、鳞光闪闪的湖水，那就是素有"塞外西湖"之称的哈素海，它像一块洁净的水晶悬挂在蓝天白云之下，又像一面清澈的银镜镶嵌在青山绿野怀中。

哈素海，原名"哈拉乌素"，蒙古语的意思是"黑水湖"。清朝乾隆年间，大批山西汉族人迁居过来，由于他们的口音习惯，逐渐把哈拉乌素简称为哈素海，一直沿用到现在。

哈素海是呼和浩特地区之内唯一的一个内陆湖，位于土默特左旗境内，面积32平方千米，相当于5个杭州西湖，平面形状像一只鸭梨。哈素海一带是土默川地势较为低洼的地方，因此，一些季节性的河流和夏季的雨水常常汇集在这里，形成了湖泊，过去天旱少雨时，湖水经常干涸，1962年从包头引来了黄河水，后来建起了拦河坝和扬水站，才形成了稳定的人工淡水湖。哈素海大部分水域深度在1米以上，最深处可达3米，湖底水草茂盛，因而水质优良，水产资源十分丰富，盛产鲤鱼、鲢鱼、草鱼、鲫鱼、团头鲂、河蟹、青虾等，都是无污染的绿色食品，年产鲜鱼40多万斤，是土默川地区最大的水产养殖基地。哈素海还有1万多亩的芦苇丛，年产芦苇数千吨。每年的4-10月，有大量的水鸟栖居在芦苇丛中，种类有红嘴鸭、红嘴鸥、银鸥、灰雁、沙鸡、大天鹅等，颇有南国水乡的情景。

14. 乌素图森林旅游娱乐开发区

乌素图森林旅游娱乐开发区位于呼和浩特市北部大青山前山中段的乌素图村附近，紧靠110国道，距呼和浩特市火车站8千米，距呼和浩特市白塔机场20千米。是森林型自然风景旅游区，1995年对游客开放。

乌素图森林旅游娱乐开发区环境优雅，山上松柏常青，林涛阵阵；沟中杨柳叠翠，溪水潺潺；山下果树成林，碧波倒影。一年四季景色宜人。春季有花，桃红杏白香气袭人，"杏坞翻红"历来是呼市"旧八景"之一；夏季有荫，各种树木遮天蔽日，有热无暑；秋季有果，尤以乌素图大杏闻名遐迩；冬季有绿有白，特别是在雪后，松林如海连雪原，极具银装素裹、"原驰蜡象"之壮景。乌素图森林旅游娱乐开发区占地近40平方千米，开发区内空气清新，气候宜人，年平均气温5.8℃，年降水量400毫米左右，无霜期130天。

15. 哈达门国家森林公园

哈达门国家森林公园位于呼和浩特市武川县境内的大青山北麓，与呼和浩特市区相距27千米，呼和浩特至武川、四子王旗的公路从旅游区旁经过，交通十分便利。

哈达门国家森林公园拥有森林、草甸草原11.7万亩，森林覆盖率达82.5%。景区内有大面积的次生林，主要有桦树、山榆、河柳和人工松林等，植物种类繁多，各种植物有700多种，是呼和浩特市附近植物种属最多、保护最好的森林和高山草甸草原。草原和森林相间分布，不同季节植被有不同的变化，观赏性极强。

16. 蒙牛工业旅游区

蒙牛工业旅游区位于呼和浩特市和林格尔县盛乐经济园区，距呼和浩特市区37千米。蒙牛乳业(集团)公司是中国乳制品行业的巨头，也是中国发展速度最快的乳制品企业。蒙牛工业旅游区是集乳制品生产观光、生态园区特色体验于一体的工业旅游景区。

蒙牛工业园区占地面积55万平方米，建筑面积14万平方米。2004年6月10日，蒙牛公司正式在香港联交所上市，成为第一家在香港上市的中国大陆乳制品企业。蒙牛工业园区，是以传播蒙牛文化、展示蒙牛产品科学先进的生产工艺流程、引导现代健康饮食方式、打造内蒙古草原蒙牛品牌形象为主导方向，以现代管理模式、可参观的一尘不染的生产管理办公环境、随处可见的可感受的蒙牛文化、规范的旅游接待质量等为特色产品，以关心蒙牛的各级各界领导、热爱蒙牛的忠实消费者、健康饮食的追随者(蒙牛的潜在消费者)等为核心客源市场的国际性、国家级旅游景区。为方便游览，蒙牛工业园区专门建成了全封闭的游览通道，有专职导游负责游客的接待、讲解和管理工作，将干净卫生、技术先进的鲜奶、雪糕、冰淇淋生产过程用通俗易懂的形式展示给游客，使游客在很短的时间内了解牛奶制品产生的全过程。

17. 伊利集团·乳都科技示范园

作为国家AAAA级旅游景区、全国工业旅游示范点，伊利集团总部以伊利集团·乳都科技示范园为依托，以乳制品的现代化生产车间、先进的生产工艺、心灵的天然牧场和乳文化博物馆为资源，大力开发工业旅游项目，打造多样化工业旅游产品的同时设计了多条精品参观线路，游客可依据不同需求进行选择。同时，伊利集团开发了参观考察、商务交流、学子实践、健康体验、文化品鉴、休闲观光等各具特色的旅游产品，并为游客提供齐备的旅游设施和完善的服务。

伊利集团·乳都科技示范园包含乳文化博物馆、液态奶生产基地、奶粉全球样板工厂、敕勒川精品奶源基地等多个景点，从青贮、牧草种植、原奶品质把控到现代化乳品生产线，全方位展示伊利乳制品生产流程和健康的伊利文化。参观者在目睹伊利绿色、健康产品的生产全过程的同时，还可以切身感受草原乳文化的深厚底蕴，品鉴民族乳业的爱国情怀。

二、草原鹿城——包头市

包头市地处渤海经济区与黄河上游资源富集区交汇处，北部与蒙古国东戈壁省接壤，南临黄河，东、西分别接土默川平原和河套平原，阴山山脉横贯中部。地处北纬40°15′~42°43′、东经109°15′~110°26′之间，海拔1 067.2米，面积为27 691平方千米。包头市城市建成区面积360平方千米，市中心区面积315平方千米。

包头市辖6个市辖区、1个县、2个旗及1个国家级稀土高新技术产业开发区，即昆都仑区、青山区、东河区、九原区、石拐区、白云鄂博矿区、固阳县、土默特右旗、达尔罕茂明安联合旗和包头稀土高新技术产业开发区(包括滨河新区)。

有关包头的含义，最普通的解释是：包头为蒙语"包克图"的谐音，意为"有鹿的地方"。这个说法已通过1982年12月21日包头市人民政府第40次市长常务会认定。

我们可以想象，多少年以前，阴山前后，水草丰茂，动物出没，鸟雀高翔，鹿也肯定在这里生长繁息，所以人们也把包头称为"鹿城"。但也有另一种说法，认为包头曾经是西部地区重要的皮毛集散地，从19世纪中叶以后，包头逐渐成为"水旱码头"，当地人称"泊头"，后演变为今天的"包头"。还有人认为与东河原称"博托河"有关系。随着包钢的建设，包头又被称为"草原钢城"。

(一) 旅游资源的主要类型

1. 主要历史遗迹景点

黄河流经包头的地段是原始人类较早活动的地方，留有大量的文化遗存，有多种长城类型，如赵长城、秦长城、金长城等均属国家级重点保护文物。在阴山南北分布着历朝历代的古城、古堡和墓葬等遗迹，其中要属秦汉时期的麻池古城、麻池汉墓、北魏的怀朔古镇和元朝的敖伦苏木古城最为有名。还有著名的阴山古刹五当召和坐落在雄伟的九峰山下的美岱召等召庙。

2. 草原景区

包头市有着"草原中最大的城市、城市中最大的草原"之美誉：①赛汗塔拉是包头市中心保留的唯一一块原生态草原，面积有近万亩，目前已形成了融蒙古族文化风情和现代化气息为一体的城市草原旅游景区。②希拉穆仁草原位于达尔罕茂明安联合旗南部，面积达 350 平方千米，具有浓厚的蒙古族民俗文化风情。景区内分布着颇为壮观的洁白蒙古包，独具特色。③龙梅玉荣草原位于白云鄂博以东 20 千米，以其肥沃的水草、辽阔的草原和成群的牛羊等形象，给全国人民留下了深刻的印象。汉长城、岩画、突厥石人墓等人文景观也带动草原旅游的文化氛围。④春坤山草原位于阴山山麓，海拔 2340 米，属于内蒙古自治区西部地区罕见的高原草甸草原。春坤山地域开阔，物种繁多，原始树林、泉水、沟谷等自然风光自成一派。

3. 著名山水景观

阴山山脉和黄河横穿包头，呈现出独特的山水景观：①九峰山地处阴山山脉，具有西北高原地区独有的自然风景，是阴山山脉的瀑布群、奇峰谷、森林岛和动物园；②花果山位于白云鄂博区与百灵庙镇中间，是草原上独特的山水奇观；③梅力更旅游风景区位于乌拉山麓，山下保存有我国唯一用蒙语诵经的藏汉结合式的古庙；④大仙山山势陡峭、造型奇特，主峰看上去像一座山神，山间巨石上面布满了梵文，充满了神秘的色彩；⑤南海湿地位于东河区南侧，属于省级自然保护区，水面面积 480 公顷，宽阔的水面使得湿地水草茂盛、鸟类繁多；⑥昆都仑河水库位于包头市郊 12 千米，水库中的水来自郦道元在《水经注》所说的石门水，水库周边重峦叠嶂，风光秀丽。

4. 文化艺术资源

包头市文化的地域特点和民族特色鲜明：①岩画是古代草原文化的独特宝库，在包头市丘陵地带裸露地表的岩石上，发现了大量的岩画，从多方面反映出古代草原生活与文化的独特风韵；②蒙古族人民向来以能歌善舞著称，按照传统习俗，牧民每逢婚嫁、祭典、宗教活动和那达慕大会时，会举行歌舞、射箭、赛马、摔跤等娱乐文化活动；③融合了蒙汉两族文艺精髓的地方剧种二人台，具有典型的民族地域特征。

5. 现代化工业旅游资源

包头市是新兴的工业城市：①包头钢铁公司、包钢稀土、北方重汽生产线、北方奔驰生产线等企业的新工业产品、新材料设备和现代化的生产环境是开发商务旅游、工业观光旅游的新的增长点；②依托包头兵器工业旅游资源，打造兵器工业旅游的新亮点，打响工业旅游的特色旅游品牌。

6. 餐饮食品旅游

包头市的食品和饮品工业涵盖了制糖、酿造、制酒、粮油加工、肉制品、豆制品、乳制品等20多个门类：①小肥羊火锅主业为特色火锅及特许食品的经营，经过十多年的发展，小肥羊火锅已经成为包头以至内蒙古自治区工业旅游的典范。②全鹿宴是以鹿的具有食用、药用功能部分所烹制而成的菜肴。包头市自古以来称为"鹿城"，拥有圣鹿源等以鹿为主产业的知名企业。③手扒肉：肉食在蒙古族又被叫作红食或"乌兰伊德"(蒙语)。手扒肉是红食中的一种，其中的肉指的是羊肉，是蒙古族千百年来的传统食品，也是牧民们的日常主食之一。④烤全羊是蒙古族传统名菜，为举行重大庆典或招待尊贵客人时的特制佳肴。烤熟以后，羊形完整，羊皮酥脆且呈金红色，肉质嫩香可口。⑤拔丝奶豆腐：以奶豆腐为主要材料烹制而成的独具内蒙古自治区风味的美食。⑥羊肉烧卖是内蒙古自治区特色的烧卖，以羊肉和葱为原料，是极具内蒙古自治区特色的早餐。⑦焖面是内蒙古自治区特色美食，将面条放到炒好的菜上焖，焖好后飘香四溢。⑧饸饹面是包头的传统美食。⑨莜面是内蒙古自治区"三件宝"之一。

(二) 旅游资源分类

按照中华人民共和国标准《旅游资源分类、调查与评价》(GB/T18972-2003)，对包头市旅游资源进行分类。由表3-4可知，包头市旅游资源分为8个主类、24个亚类和61个基本类型，分别占到全部主类、亚类和基本类型的100%、77.42%和39.35%(表3-4)。

表3-4 包头市旅游资源分类

主类	类别		资源单体
	亚类	基本类型	
A 地文景观	AA 综合自然旅游地	AAC 山丘型旅游地	九峰山、梅力更、老爷庙山、沙尔沁大青山
	AB 沉积与构造	ABF 矿点矿脉与矿石聚积地	白云鄂博铁矿采矿区
	AC 地质地貌过程形迹	ACE 奇特与象形山石	大仙山、花果山
B 水域风光	BA 河段	BAA 观光游憩河段	黄河包头段、艾不盖河、昆都仑河
	BB 天然湖泊与池沼	BBA 观光游憩湖区	南海公园、昭君岛、圣水泉
		BBB 沼泽与湿地	南海湿地
	BD 泉	BDB 地热与温泉	麻池到小白河的地热温泉带

内蒙古旅游资源分析

续表

类别 主类	亚类	基本类型	资源单体
C 生物景观	CA 树木	CAA 林地	大青山森林
		CAB 丛树	大海榆树林
	CB 草原与草地	CBA 草地	希拉穆仁草原、新宝力格草原、红花脑包草原、春坤山草原、赛汗塔拉湿地草原
	CD 野生动物栖息地	CDA 水生动物栖息地	黄河、黄河湿地、南海湿地
		CDB 陆地动物栖息地	阴山、后山草原
		CDC 鸟类栖息地	小白河湿地
D 天象与气候景观	DB 天气与气候现象	DBB 避暑气候地	沿黄河湿地、阴山地区、后山草原
E 遗址遗迹	EA 史前人类活动场所	EAA 人类活动遗址	阿善遗址
	EB 社会经济文化活动遗址遗迹	EBA 历史事件发生地	赵武灵王胡服骑射、花木兰、孟姜女、百灵庙起义
		EBB 军事遗址与古战场	国防工程
		EBC 废弃寺庙	推喇嘛庙
		EBE 交通遗迹	秦直道、草原丝绸之路
		EBF 废城与聚落遗址	赵王城、怀朔古城、麻池古城
		EBG 长城遗迹	魏长城、北魏长城、秦长城、赵长城、汉长城、金界壕
F 建筑与设施	FA 综合人文旅游地	FAA 教学科研实验场所	内蒙古农业大学教学实验基地
		FAB 康体游乐休闲度假地	希拉穆仁孙氏旅游中心、蒙古人度假村
		FAC 宗教与祭祀活动场所	五当召、美岱召、梅力更召、昆都仑召、妙法寺、广福寺、龙泉寺、福徽寺、清真大寺、哈萨尔祭奠堂

第三章　内蒙古旅游资源区划分

续表

主类	亚类	基本类型	资源单体
F 建筑与设施	FA 综合人文旅游地	FAD 园林游憩区域	八一公园、劳动公园、人民公园、河西公园、包头游乐园
		FAE 文化活动场所	一宫、二宫、红星影院、黄河影院、恰特影院、一机影院、二机影院、神化会展中心、锡华俱乐部
		FAF 建筑工程与生产地	内蒙古一机集团、北方重工集团、包钢集团、鹿王羊绒集团、燕京雪鹿啤酒公司、骆驼酒业公司、小肥羊调味品公司、内蒙古圣鹿源生物科技公司、草原风电观光区、萨如拉渔业养殖、希拉穆仁牧家游、甲尔坝花卉种植基地、兴丰度假村、青鸟养生庄园、掌生谷粒生态园、东坝湿地度假村、沙图沟农家乐、阿嘎如泰生态园、天佑生态农业园、天养生态农业示范园、万科农业示范园、水泉湾生态园
		FAG 社会与商贸活动场所	包百商贸区、娜琳商贸区、环西商贸区、万达广场
		FAI 军事观光地	北方兵器城
		FAJ 边境口岸	满都拉口岸
	FB 单体活动场馆	FBA 展示演示场馆	国际会展中心
		FBD 体育健身场馆	包头体育场、银河游泳馆、满都拉游泳馆、金海岸游泳馆、海德俱乐部、兵器工业俱乐部
		FBE 歌舞游乐场馆	锡华夜总会、荣资夜总会、神华夜总会、金驼夜总会
	FC 景观建筑与附属型建筑	FCE 长城段落	六道长城
		FCG 摩崖岩画摩崖字画	阴山岩画、喇嘛庙岩画、墙盘岩画、秦长城岩画、阴山岩画
		FCI 广场	阿尔丁广场、银河广场、友谊广场、团结广场、迎宾广场
		FCJ 人工洞穴	国防工事

内蒙古旅游资源分析

续表

类别 主类	亚类	基本类型	资源单体
F 建筑与设施	FD 居住地与社区	FDA 传统与乡土建筑	东河老城民居建筑
		FDB 特色街巷	钢铁大街、东河复古街、白云奇石街
		FDC 特色社区	锦林花园、丽日花园、大连新型居住区
		FDE 名人故居与历史纪念性建筑	乌兰夫革命活动地、王若飞纪念馆、草原英雄小姐妹龙梅玉荣旧居、百灵庙抗日武装暴动纪念碑、包头市博物馆
	FE 归葬地	FEA 陵区陵园	转龙藏烈士陵园、烈士陵园
		FEB 墓(群)	成吉思汗三公主石棺墓、麻池古墓、突厥石人墓、北魏古墓
	FF 交通建筑	FFA 桥	黄河公路大桥、黄河铁路大桥
		FFB 车站	包头火车站、包头火车东站
		FFD 航空港	包头机场
	FG 水工建筑	FGA 水库观光游憩区段	昆都仑水库(石门风景区)、杨油房水库、美岱水库、黄花滩水库、阿塔山水库
		FGD 堤坝段落	沿黄大坝
G 旅游商品	GA 地方旅游商品	GAB 农林畜产品与制品	牛羊肉、土豆及莜面系列产品、牛奶及系列产品、小肥羊制品、羊绒制品
		GAD 中草药材及制品	黄芪、甘草、鹿制品
		GAE 传统手工产品与工艺	蒙古族民族工艺品、军工产品模型
H 人文活动	HB 艺术	HBA 文艺团体	内蒙古话剧团、包头市歌舞团、包头市漫瀚剧团、包头市青年晋剧团、乌兰牧骑
	HC 民间习俗	HCA 地方风俗与民间礼仪	西口风俗、移民习俗、包头本土习俗
		HCC 民间演艺	二人台、漫瀚调
		HCE 宗教活动	五当召嘛呢会、梅力更召嘛呢会
		HCF 庙会与民间集会	交流会、美岱召庙会、那达慕大会
		HCG 饮食习俗	莜面系列、荞面系列、奶茶、炒米、手扒肉、烤全羊、牛、羊肉火锅系列
		HCH 特色服饰	蒙古族民族服饰

续表

类别			资源单体
主类	亚类	基本类型	
H 人文活动	HD 现代节庆	HDA 旅游节	老包头风情旅游节、秦长城旅游文化节、包头黄河鲤鱼节、金杏节、土右旗三娘子旅游文化节、包头冰雪节、五当召旅游文化节、九原区草莓采摘旅游节
		HDB 文化节	包头市消夏文化节、包头市鹿城文化艺术节

(资料来源：包头市旅游发展委员会)

(三) 旅游资源评价

参照中华人民共和国标准《旅游资源分类、调查与评价》GB/T18972-2003对包头市旅游区旅游资源进行定性评价，评价系统分为"评价项目"和"评价因子"两个层次，评价项目有"资源要素价值""资源影响评价"和"附加值"。

将包头市旅游资源分为五级：五级(90~100)、四级(75~90)、三级(60~75)、二级(45~60)、一级(30~45)。从评价结果情况上看，包头市主要的旅游资源中五级旅游资源4处(五当召、希拉穆仁草原、南海湿地、小白河湿地)，四级旅游资源10处(赵长城及胡服骑射、美岱召、敖伦苏木古城、赛汗塔拉城中草原、秦长城、秦直道、新宝力格草原、九峰山森林公园、昆都仑召、北方兵器城)，三级旅游资源12处(麻池古城，花木兰，哈萨尔祭奠堂，百灵庙，妙法寺，金界壕，阿善遗址，草原丝绸之路，汉、魏、北魏长城，石门风景区，梅力更风景区，大海榆树林)。资源品质普遍较高，具有很强的游憩观赏价值。

(四) 旅游资源的特征

1. 旅游资源不仅数量多，而且类型丰富

包头市的旅游资源数量众多、类型丰富，以黄河湿地、秦长城、后山草原、阴山森林、五当召等最为突出，为开展丰富多样的旅游活动奠定了基础。

2. 资源特色鲜明

包头市的旅游资源呈现出明显的特色。在"呼包鄂"区域，希拉穆仁草原具有独特的区位优势，赛汗塔拉生态园是世界上最大的城中草原，小白河湿地和南海湿地是城市与湿地完美的结合，特色十分鲜明。

3. 旅游资源代表性强、级别高

黄河文化、敕勒川文化、阴山文化、召庙文化、草原文化、西口文化、军工文化等积淀深厚，极具代表性。五当召、六道长城、小白河湿地、北方兵器城等资源不但绝无仅有，而且资源的品质与档次都非常高，具有极大的观赏游览价值。

4. 空间分布较广

包头市的旅游资源遍布各旗县区，这为整个包头市旅游业的全面开发提供了极佳的基础条件，也便于各旗县区旅游的联合营销与推广。

（五）主要旅游景区

1. 美岱召

美岱召，蒙古语称为"迈达尔召"，明廷赏寺额"灵觉寺"，乾隆帝赐名"寿灵寺"。蒙古地方最初兴建的黄教寺庙之一，也是清代呼和浩特 15 座闻名寺庙之一。它位于呼和浩特市西 100 余千米的包头市土默特右旗大青山九峰岩脚下美岱召镇。据称原为蒙古呼和浩特土默特阿勒坦汗及其后裔居住的府邸"福化城"。

三世达赖喇嘛索南嘉措前来蒙古地方，曾驻锡此处。1602 年，四世达赖喇嘛云丹嘉措从土默特赴藏坐床以后，派遣迈达尔呼图克图执掌蒙古地方佛教。1604 年，迈达尔呼图克图抵达呼和浩特，坐于达赖三世在蒙古地方所设之法座，主持宗教，成为达赖喇嘛在蒙古地方之全权代表。由于迈达尔呼图克图为福化城召内的迈达尔佛像开光,广传黄教,于是把土默特阿勒坦汗及其后裔所居宫殿统称"美岱召"。美岱召城门上方镶嵌的一块石匾记载：1606 年，阿勒坦汗孙媳五兰妣吉(别乞)玛沁夫人修建灵觉寺泰和门的事实，是美岱召当前留存的唯一文字根据。美岱召是明代呼和浩特地区留存下来的著名古迹之一，对研究 16 世纪土默特部以至整个蒙古族历史具有重要意义。

2. 五当召

内蒙古自治区最大藏传佛教寺院，属于格鲁派(黄教)。蒙语"五当"意为柳树，"召"为藏语"寺庙"之意。五当召于 1996 年经国务院确认为全国重点文物保护单位。五当召位于包头市东北约 70 千米的五当沟内。山峦重叠、苍松翠柏的大青山深处，坐落着一处气势宏伟、建筑规模盛大的召庙，即为五当召。五当召原名巴达嘎尔庙，藏语巴达嘎尔意为"白莲花"。

五当召的活佛是清代驻京八大呼图克图之一，称为"额尔德尼·莫日根·洞科尔·班智达"，名望及地位均相当之高。第一世活佛本名罗桑坚赞，法名阿旺曲日莫，诞生于土默特部。自幼聪慧过人，酷爱各种书籍。他曾去多伦诺尔汇宗寺向甘珠尔瓦呼图克图学经，几年后，呼图克图又送他入藏深造。他在西藏留学期间，以优异成绩获得了哲蚌寺拉然巴学位。从西藏返回蒙古后，他的经师甘珠尔瓦呼图克图将他升为多伦汇宗寺达喇嘛。康熙五十九年(1720)，他应聘进京参加蒙文《甘珠尔经》的编译工作。

乾隆十四年(1749)，经章嘉、锡埒图、济隆等驻京呼图克图们的许可，在五当沟动工修建了一座寺庙，即洞科尔殿，也就是时轮大殿。这是五当召有据可考的最早的大型建筑，也是五当召四大学部之一的洞科尔扎仓(时轮学部大殿)。因为第一代活佛学问最深，通达五明，对时轮学尤为擅长，清廷封他为"洞科尔·班智达"，即"时轮学大学者"的意思，时轮学部以专门研究天文、历法、数学和占卜为主。

乾隆十五年(1750)，在洞科尔殿的西侧建造了一座两层楼的殿堂称为"当圪希德殿"，供奉众金刚，故亦称金刚殿。乾隆十九年(1754)，章嘉国师若比多吉(1717-1786年)转呈清廷理藩院请赐寺名,清廷钦赐满、蒙、汉、藏四种文字的"广觉寺"匾额。第二年(1755)建造了五当召最主要的建筑——苏古沁殿(大经堂)。

乾隆二十八年(1763)，第一代活佛阿旺曲日莫在五当召圆寂。五当召的活佛共转世七代，第七代活佛于1955年病故。此后五当召长期没有活佛，直到2006年，才寻到了第八世活佛。

3. 梅力更召

梅力更召坐落在包头市昆都仑区西约30千米处，北靠乌拉山南麓山脚，南距包兰铁路约1千米，有山有水，风景幽雅。

梅力更召，汉名"广法寺"，为清代乌兰察布盟乌拉特西公旗旗庙。该庙第三世活佛名叫墨尔根，故俗称"墨尔根召"，今写成"梅力更召"。

梅力更召庙有24座。1960年，因行政区划变更，归属包头市郊区(现九原区)。中华人民共和国成立初期，梅力更召占地面积2.4万平方米，建筑面积4520平方米，共有五座殿堂。大独宫"迈达尔"内的加来佛像身高27米。喇嘛最多时曾有500人以上，内固定俸禄100多人。在"文化大革命"中，殿堂、佛像、经书和供器遭到破坏。十一届三中全会以后，落实宗教政策，召庙逐步恢复了正常的宗教活动。

4. 普会寺

普会寺，是席力图召的避暑庙,位于希拉穆仁草原。清高宗乾隆二十九年(1764)席力图召第六世活佛阿旺罗桑达瓦，掌握了席力图召僧教之权后，为答谢皇恩，于清高宗乾隆三十四年(1769)自筹资金，在希拉穆仁河畔修建一座召庙，报请皇室命名时，皇帝赠送一匾，命名为"普会寺"。

200余年来，普会寺几经修葺扩建，形成今日规模。这座寺庙，造型精巧别致，宏伟壮观，主要殿宇有"四大天王"过殿、大雄宝殿、后殿、西院正殿等。西院正殿为锡埒图六世阿旺罗桑达瓦"坐化"圆寂之地。此"坐化"真人容颜与手臂镀金，似如有寂魂之人坐于经堂首席，直到1966年"文革"时遭破坏之前仍保存完好。近几年来，经政府拨款整修，普会寺已成为一处法事活动场所和旅游胜地。

5. 昆都仑召

昆都仑召，原名"法禧寺"，位于包头市昆都仑区北乌拉山脚下，因濒临昆都仑河，故俗称"昆都仑召"。

昆都仑召原为乌拉特中公旗旗庙，始建于雍正七年(1729)。据说最早建筑的是一座小庙，后来在这个基础上扩建，经过20多年的修建，才逐步形成一座规模较大的寺庙。其建筑大部分为藏式建筑。原有殿宇楼阁23座、僧房60余栋，占地110亩。该寺最大建筑物为苏克沁殿(大经堂)，占地1161平方米，有明柱64根，建筑气势宏伟，金碧辉煌，正门两侧彩绘着四大天王及法轮，殿内四壁上绘着五彩缤纷的佛教故事壁画。苏克沁殿的两侧是活佛府邸。其后面是天王殿和建庙初期的小庙。寺院内除有四座造型关观的藏经白塔外，还有观音庙、小经堂和八角过亭等建筑。

昆都仑召的活佛分为东活佛和西活佛，而以东活佛为大，共传七代。昔日金碧辉煌的昆都仑召，在"文革"中大部分殿宇被拆毁，现存殿宇有中轴线上的天王殿、大经堂、小黄庙，中轴线以西有西活佛府、汗萨尔殿，以东有东活佛府和公殿，另有僧房数座。现有喇嘛6人。今包头市"昆都仑召文物保管所"在此。

6. 百灵庙

百灵庙，又名"巴吐哈拉嘎庙"，汉名"广福寺"，位于包头市达尔罕茂明安联合旗政府所在地。建于康熙四十二年(1702)。百灵庙系达尔罕贝勒庙的转音，亦称乌力吉套海(吉祥湾)召庙群。庙宇由5座大殿、9顶佛塔和36处藏式结构的院落组成，总占地面积8000多平方米。各处殿塔雕梁画栋、廊柱林立，墙壁上彩绘着佛经里的人物故事，造型生动，构图细腻。清康熙皇帝御赐"广福寺"牌匾悬挂于大佛殿正门上方。

百灵庙，是"贝勒因庙"的转音异写而来的。现在的达尔罕茂明安联合旗是清代的喀尔喀右翼旗和茂明安札萨克旗两旗合并组成的。喀尔喀右翼旗，清代俗称达尔罕贝勒旗，故称贝勒因庙(贝勒，清代封爵，位在亲王、郡王下；"因"为助词，相当于汉语的"的")。该庙一度曾写作"白庙"，后改取汉文"百灵"二字。又因该庙建于巴吐哈拉嘎地方，所以又称它为"巴吐哈拉嘎庙"。

百灵庙在内蒙古近代史上成为人们注意的地方，曾经历了多次重大事变。其中第一次是 1913 年北洋军阀与蒙古军交战中,驻守归化城(今呼和浩特市)的齐胜武军队攻占百灵庙,将大部分庙宇烧毁,并劫走了大量珍贵文物。后于 1914－1927 年的 14 年中,进行几次修葺,基本上保证了原有的面貌。另一次是 1936 年,百灵庙"蒙古地方政务委员会"保安队一千多名官兵举行武装暴动,反对德王,宣布武装抗日。其他事变不赘。百灵庙为内蒙古自治区重点文物保护单位之一。近年来人民政府对它进行修缮,油漆一新,蔚为壮观。

7. 吕祖庙

包头市东河区吕祖街有一座汉佛教寺院,当地人称其为吕祖庙,寺名"妙法禅寺"。这座庙是内蒙古地区规模较大的清代汉地佛寺。富丽堂皇的清代佛寺,为这座钢花飞溅、景色宜人的现代城市又增添了一幅绚丽而神秘的彩画。民间相传,清乾隆 1736－1795 年间,从山西五台山来了一位云游和尚,名叫续洲。当时从大青山北来包头的道路失修,但无人过问。这位和尚为众生积善积德,仅凭个人之力,在前口子(今水库北,又名和尚湾)常年修路。路旁置一柳条筐,接纳过路人的施舍文钱和食物。年复一年,如此坚持了数年。有一天,乌拉特西公旗公爷赴包头办理旗务时,途经前口子时看到和尚修路的情景,深受感动。于是将西公旗管辖的前口子这块地施舍给和尚作为庙产。传说,清乾隆年间,续洲和尚曾住在关帝庙,为建庙化缘。又传说,大约清咸丰末年间时有一个姓王的施主,为弘扬佛法施舍建庙。吕祖庙建成,取名妙法禅寺。

8. 希拉穆仁草原

希拉穆仁草原位于包头市达尔罕茂明安联合旗。希拉穆仁蒙古语意为"黄河",希拉穆仁俗称"召河",因在希拉穆仁河畔有一座清代喇嘛召庙"普会寺"而得名。

寺院原为呼和浩特席力图召六世活佛的避暑行宫,建于乾隆三十四年(1769)。寺内二重殿洞,颇为壮观。普会寺背后环绕着希拉穆仁河,跨过河上大桥可达阿勒宾包山上观赏草原风光。希拉穆仁草原是典型的高原草场,每当夏秋时节绿草如茵,鲜花遍地。当地政府不断地投资建设,接待设施相当完善,成为内蒙古自治区著名的草原旅游景区。

9. 包头清真大寺

包头清真大寺坐落于包头市东河区清真寺巷内,始建于清乾隆年间,是伊斯兰教传入包头后建立的第一座清真寺。包头清真大寺占地约 1200 平方米,建筑物有礼拜大殿、沐浴室等 70 余间共 800 平方米,是内蒙古自治区西部地区有影响的一座清真寺,中国伊斯兰教会已将其列为重要清真寺。殿内装饰彩白、绿、金黄色描绘的《古兰经》经典文字,具有浓郁的宗教色彩。大寺既是穆斯林举行宗教仪式的地方，又是包头市名胜古迹之一。许多来自国外和其他各地的穆斯林游客，都要到清真大寺参观或礼拜。大寺建在东河区的北梁东端，这里回族居民比较集中，又是老包头的起源地，古迹甚多，道路畅通，就业谋生方便，水源条件也好。

10. 黄河水源地——包头段

黄河进入包头地段流势平缓，从大青山脚下的台地上居高眺望，犹如金色的缎带，经市区蜿蜒向东飘去，给草原钢城增添了无限的魅力和活力，适合航运，是理想的水上旅游之地。黄河水源地段黄河河床宽，水流缓，犹如一个湖泊，游人可乘船畅游。另外，2000年新引进了"天下第一漂"所使用的工具即西部地区独有的羊皮筏子，使该项目更显神威，游人在饱览大自然的旖旎风光后，还可以进行骑马、钓鱼等娱乐活动。

11. 南海湿地景区

南海湿地景区位于包头市东河区南侧，昔日这里曾是九曲黄河的一段故道，河水改道南移后形成水面和滩头草地，开发区总面积2000公顷，其中水面480公顷，分为水上活动区和湖滨游览区。南海北有青山朦胧辉映，南有黄河玉带环绕，湖中碧波荡漾，湖滨水草丰美，天空鸥鸟翱翔，风景独秀。1985年，这里被辟为旅游开发区。经过近几年的精心规划和开发建设，已初具规模。开发区把这里的自然美与人工美融为一体，使其既具有塞外浑厚、粗犷的特点，又有江南水乡的妩媚灵气，成为草原钢城独具特色的旅游风景区之一。

12. 九峰山

九峰山位于阴山山脉中段，包头市土默特右旗萨拉齐镇北约10千米处，总面积480多平方千米，主峰海拔2338米，漫山遍野奇花异草，在左右山峰、谷、瀑布、溪流的映衬下，显得更加巍峨雄奇，九峰山是西北高原地区少有的自然风景区。这里不仅大小山峰峭壁屹立，雄奇伟岸，就是峡谷沟壑、溪流瀑布也很有特点。每当夏秋之际，这里有满山遍野的奇花异草，争香斗艳，翠绿欲滴。特别是以东亚阔叶林为主的原始"森林岛"有着十分丰富的野生动物资源，种类保护完好，具有重要的科研价值。这里的溪流泉水，甘甜明净，是一块鲜有的未被现代化工业污染的自然水源地。

三、天骄圣地——鄂尔多斯市

鄂尔多斯(Ordos)为蒙古语，意为"众多的宫殿"。是内蒙古自治区下辖地级市，位于黄河几字弯河套腹地，地处内蒙古自治区西南部，西、北、东三面为黄

第三章 内蒙古旅游资源区划分

河环绕，南临古长城，毗邻晋、陕、宁三省区。东部、北部和西部分别与呼和浩特市、山西省忻州市、包头市、巴彦淖尔市、宁夏回族自治区、阿拉善盟隔黄河相望，与乌海市隔甘德尔山接壤；南部隔长城与陕西省榆林市接壤。地处北纬37°35′~40°51′、东经106°42′~111°27′之间。东西长约400千米，南北宽约340千米，总面积86752平方千米。

鄂尔多斯市辖2个市辖区和7个旗。2个市辖区：东胜区、康巴什区。7个旗：达拉特旗、准格尔旗、鄂托克前旗、鄂托克旗、杭锦旗、乌审旗、伊金霍洛旗。

东胜区取辽代东胜州为名，五代梁贞明二年，契丹阿保机破振武军。皆取河东，固置东胜州于河东，后改为鄂尔多斯市。鄂尔多斯在历史上有过许多名称，诸如"河南地""新秦中"等，比较典型的称谓是"河套"。15世纪中叶以后，蒙古族鄂尔多斯部入居于此，始称"鄂尔多斯"。

（一）旅游资源分类与等级

根据野外调研与资料分析，并主要参考《内蒙古自治区鄂尔多斯市旅游发展总体规划(2004-2020年)》(上海师范大学旅游学院与内蒙古自治区鄂尔多斯市旅游局编)建立鄂尔多斯市旅游资源体系表(表3-5)，确定鄂尔多斯市境内旅游资源共涉及7个主类、21个亚类和42个基本类型，旅游资源丰度较高。旅游资源主类分别为地文景观、水域风光、生物景观、遗址遗迹、建筑与设施、旅游商品和人文活动。

表3-5 鄂尔多斯市旅游资源体系表

主类	亚类	基本类型	单体名称	地理位置	所属级别
A 地文景观	AA 综合自然旅游地	AAA 山岳型旅游地	乌仁都西山	鄂托克旗	一级
		AAE 奇异自然现象	响沙湾	达拉特旗	四级
			库布齐响沙带	杭锦旗	三级
	AB 沉积与构造	ABG 生物化石点	恐龙足迹化石	鄂托克旗	三级
	AC 地质地貌过程形迹	ACI 丹霞	西鄂尔多斯丹霞地貌	鄂托克旗	二级
		ACM 沙丘地	恩格贝生态示范基地	达拉特旗	四级
			大沙头	鄂托克前旗	二级
B 水域风光	BA 河段	BAA 观光游憩河段	转龙湾	伊金霍洛旗	三级

113

续表

主类	亚类	基本类型	单体名称	地理位置	所属级别
B 水域风光	BB 天然湖泊与池沼	BBA 观光游憩湖区	红碱淖	伊金霍洛旗	三级
			柴盖淖	伊金霍洛旗	二级
			泊江海子	伊金霍洛旗	二级
			红海子	伊金霍洛旗	二级
			刀图海	杭锦旗	三级
			布龙湖	鄂托克旗	二级
			和义生海子	达拉特旗	二级
	BD 泉	BDB 地热与温泉	包乐浩晓温泉	鄂托克旗	三级
			伊克乌素温泉	杭锦旗	二级
C 生物景观	CA 树木	CAA 林地	沙地柏原始森林	乌审旗	二级
		CAC 独树	中国油松王	准格尔旗	三级
	CB 草原与草地	CBC 干草原	阿尔巴斯草原	鄂托克旗	三级
			西鄂尔多斯草原	鄂托克旗	四级
			包乐浩晓草原	鄂托克旗	二级
			伊克乌素草原	杭锦旗	二级
			展旦召草原	达拉特旗	二级
			鄂尔多斯(杭锦)草原	杭锦旗	二级
	CD 野生动物栖息地	CDC 鸟类栖息地	鄂尔多斯遗鸥自然保护区	东胜区	三级
E 遗址遗迹	EA 史前人类活动场所	EAA 人类活动遗址	萨拉乌苏文化遗址	乌审旗、鄂托克前旗	三级
			朱开沟文化遗址	伊金霍洛旗	二级
	EB 社会经济文化活动遗址遗迹	EBD 废弃生产地	百眼井	鄂托克旗	二级
			王震井	鄂托克前旗	未获等级
		EBE 交通遗址	秦直道	东胜区	二级
			金津古渡	达拉特旗	一级
		EBF 废城与聚落遗址	统万城遗址	乌审旗	二级
			十二连城遗址	准格尔旗	二级
			宥州古城	鄂托克前旗	一级
			霍洛柴登古城	杭锦旗	二级
			扎尔庙古城	杭锦旗	二级
			三岔河古城	乌审旗	二级
		EBG 长城遗址	明长城遗址	鄂托克前旗	二级
			纳林塔秦长城	伊金霍洛旗	二级

第三章　内蒙古旅游资源区划分

续表

主类	亚类	基本类型	单体名称	地理位置	所属级别
F 建筑与设施	FA 综合人文旅游地	FAC 宗教与祭祀活动场所	准格尔召	准格尔旗	二级
			吉祥福慧寺	伊金霍洛旗	一级
			乌审召	乌审旗	一级
			王爱召	达拉特旗	未获等级
			吉尔庙	杭锦旗	未获等级
			哈木汗庙	杭锦旗	未获等级
			沙日尔庙	杭锦旗	未获等级
			乌拉尔庙	杭锦旗	未获等级
			苏里格庙	鄂托克旗	未获等级
			迪延阿贵庙	鄂托克旗	未获等级
			展旦召庙	达拉特旗	未获等级
			噶庆喇嘛庙	鄂托克前旗	未获等级
			阿日勒庙	鄂托克前旗	未获等级
	FAE 文化活动场所		鄂尔多斯博物馆	东胜区	二级
		FAF 建设工程与生产地	达拉特电厂	达拉特旗	二级
			准格尔露天矿	准格尔旗	三级
			神东煤田	伊金霍洛旗	三级
			万家寨水电站	准格尔旗	三级
			鄂尔多斯羊绒衫厂	东胜区	三级
			苏里格天然气田	乌审旗	三级
	FC 景观建筑与附属型建筑	FCA 佛塔	席尼喇嘛纪念塔	乌审旗	一级
		FCD 石窟	阿尔寨石窟	鄂托克旗	三级
		FCG 摩崖字画	西鄂尔多斯岩画群	鄂托克旗	三级
		FCI 广场	鄂尔多斯广场	东胜区	一级
	FD 居住地与社区	FDD 名人故居与历史纪念建筑	郡王府	伊金霍洛旗	二级
			清代王府	鄂托克旗	未获等级
			准格尔旗王府	准格尔旗	未获等级
			席尼喇嘛故居	乌审旗	未获等级
		FDH 特色市场	民生广场	东胜区	未获等级
	FE 归葬地	FEA 陵区陵园	成吉思汗陵	伊金霍洛旗	五级
			东胜烈士陵园	东胜区	一级
		FEB 墓(群)	汉代古墓群	达拉特旗	二级
			汉代古墓葬群	鄂托克前旗	二级
			昭君坟	达拉特旗	二级
			文贡梁古墓群	乌审旗	二级

内蒙古旅游资源分析

续表

主类	亚类	基本类型	单体名称	地理位置	所属级别
F 建筑与设施	FG 水工建筑	FGA 水库观光游憩区段	万家寨库区	准格尔旗	三级
			巴图湾水库	乌审旗	三级
			大沟湾水库	鄂托克前旗	三级
G 旅游商品	GA 地方旅游商品	GAA 菜品饮食	蒙古族饮食	鄂尔多斯市	二级
			元代宫廷宴——诈马宴	鄂尔多斯市	二级
			地方风味食品	鄂尔多斯市	四级
		GAB 农林畜产品与制品	羊绒制品	鄂尔多斯市	二级
		GAE 传统手工产品与工艺品	蒙古民族工艺品	鄂尔多斯市	三级
H 人文活动	HA 人事记录	HAB 事件	与成吉思汗有关事件	鄂尔多斯市	三级
	HB 艺术	HBA 文艺团体	乌兰牧骑	鄂尔多斯市	四级
			歌舞团	鄂尔多斯市	二级
		HBB 文学艺术作品	鄂尔多斯歌舞	鄂尔多斯市	二级
			鄂尔多斯婚礼	鄂尔多斯市	四级
	HC 民间习俗	HCA 地方风俗与民间礼仪	蒙古族日常礼俗	鄂尔多斯市	二级
			蒙古族年俗	鄂尔多斯市	二级
		HCB 民间节庆	那达慕大会	鄂尔多斯市	三级
		HCC 民间演艺	漫瀚调	鄂尔多斯市	三级
		HCF 庙会与民间集会	成吉思汗陵四时大祭	伊金霍洛旗	三级
			苏勒德大祭	伊金霍洛旗	二级
			敖包祭祀	鄂尔多斯市	二级
		HCG 饮食习俗	蒙古族饮食习俗	鄂尔多斯市	二级
			鄂尔多斯地方饮食习俗	鄂尔多斯市	二级
		HCH 特色服饰	鄂尔多斯服饰	鄂尔多斯市	三级
	HD 现代节庆	HDB 文化节	鄂尔多斯文化节	鄂尔多斯市	二级

(资料来源：丁雪.鄂尔多斯地区旅游资源评价与 GIS 辅助分析研究[D].北京：中国地质大学(北京)硕士学位论文，2006.)

第三章　内蒙古旅游资源区划分

(二) 旅游资源评价

根据旅游资源评价的一般标准与共识，上述的第五级旅游资源称为"特品级旅游资源"，第五级、四级、三级旅游资源统称为"优良级旅游资源"，第二级、一级旅游资源统称为"普通级旅游资源"。由此，鄂尔多斯市旅游资源情况如下：优良级旅游资源，共33项，占资源总量的33.3%；普通级旅游资源，共51项，占资源总量的51.5%。

鄂尔多斯市优良级旅游资源的比例达到1/3，入级旅游资源的总比例达到近九成，按照《旅游资源分类、调查与评价》(GB/T18972-2003)，说明鄂尔多斯市旅游资源总体品质较为优秀，旅游资源开发的潜质较好。

(三) 主要旅游景区

1. 成吉思汗陵

位于鄂尔多斯市伊金霍洛旗境内，距市政府所在地30千米，距包头市185千米。

成吉思汗陵于1985年正式对外开放，年接待人数由最初的几千人次(不包括参加传统祭祀者)发展到现在的年接待近50万人次、年营业额达3000万元的大型旅游景区。成吉思汗陵主体建筑由三座蒙古包式的大殿和与之相连的廊房组成，陵宫由正殿、后殿(寝宫)、东殿、西殿、东过厅、西过厅六部分组成。成吉思汗陵园由肩负神圣职责的达尔扈特人世代守护和祭祀，使蒙古族宫廷祭祀文化在鄂尔多斯得到完整的保留、传承。成吉思汗陵每年要举行四时大典(农历三月二十一、五月十五、八月十二和十月初三举行隆重的大型祭祀活动)和月祭、日祭、专项祭祀等。每当祭奠之日，众多的拜谒者怀着虔诚的心情，不辞辛苦地长途跋涉而来，向这位伟人献上洁白的哈达、芬芳的香烛、肥壮的整羊、乳黄的酥油、醇香的马奶酒等祭品，追忆他的雄才伟略，表达对他的无限敬仰与缅怀之情。

2. 响沙湾

位于鄂尔多斯市达拉特旗中部。包茂高速(210国道)可直达景区，北距包头市区50千米，南距鄂尔多斯市东胜区48千米。响沙湾旅游景区于1984年正式对外开放，现已建成年接待量在40万人次、年营业额达2000万元的大型旅游景区。

响沙湾背依库布齐沙漠，面临罕台大川，又名"银肯"响沙。沙高110米，宽200米，坡度为45度、呈弯月状的巨大沙山回音壁缀在大漠边缘，是一处珍稀、罕见、宝贵的自然旅游资源。

一年一度的"中国·鄂尔多斯响沙湾旅游节"，于每年的9月举行，举办丰富多彩的活动："沙漠文化服装大赛及服装展""蒙古民族服饰魅力秀""沙漠摄影大赛及摄影展"等多种文化活动及赛事以及为游客安排的大型主题晚会、焰火晚会,"沙漠寻宝"乐翻天、沙漠狂欢夜等活动精彩连连。响沙湾不仅是神秘的自然奇观,更是一个融汇欢乐的沙漠世界。

3. 恩格贝生态旅游区

位于鄂尔多斯市达拉特旗乌兰乡境内,地处黄河南岸的库布齐沙漠中段。北距包头市 60 千米,距鄂尔多斯市东胜区 110 千米。东距 210 国道 30 千米,南距 109 国道 60 千米,北距 110 国道 30 千米。

恩格贝旅游区,被相关部门命名为全国生态建设示范基地、环境教育基地、爱国主义教育基地、中日友好示范基地、沙漠生态旅游示范基地。

旅游区内建成五大区域二十多个旅游景点,游乐项目有森林氧吧浴、矿泉水浴、冲沙运动、热气球沙漠高空旅行、乘电瓶车沙漠游、滑板溜沙、沙漠梭道、骑骆驼、赛马、沙地卡丁车、摩托车、越野车、水上游艇、沙漠徒步探险、沙漠篝火之夜。主要景观有沙漠生态休闲俱乐部、沙漠珍禽观赏园、沙漠绿洲、沙漠峡谷、抗日将士纪念塔、神泉、恩格贝展览馆、生物科技馆、远山正瑛铜像、远山正瑛纪念馆、半月湖、功勋墙、葡萄园等。

4. 鄂尔多斯遗鸥国家级自然保护区

位于鄂尔多斯市东胜区泊江海镇南 3.5 千米,距东胜区 55 千米。109 国道直达景区。是集自然保护区、遗鸥科研与观赏、湿地景观为一体的湿地景观旅游区。

鄂尔多斯市遗鸥国家级自然保护区是典型的高原荒漠、半荒漠湿地生态系统。保护区栖息着世界珍稀鸟类、国家一级保护动物遗鸥和国家二级保护动物白天鹅、鸿雁、棕头鸥等 83 种候鸟,遗鸥数量达 6000 多只,占世界总数的 60%以上,其中繁殖鸟类 17 种,夏候鸟 15 种,旅鸟 41 种,占鄂尔多斯市已知湿地鸟种的 90%以上。

5. 七星湖沙漠生态旅游区

位于鄂尔多斯市杭锦旗境内库布齐沙漠腹地,距包头市区 140 千米。是以沙漠生态观光为主,集休闲、度假、探险为一体的沙漠生态型旅游区。

景区总占地面积 9.2 平方千米,区内有湖泊、芦苇湿地、草原、沙漠。七星湖是黄河故道残留的冲击湖,由于七个湖泊分布呈北斗七星状,故得名"七星湖",因此有"天上北斗星,地上七星湖"一说。湖泊之间以沙山相隔,空气洁净,湖水清澈,犹如七颗蓝宝石镶嵌在库布齐大漠中,被誉为"人间仙境,世外桃源",湖内水产资源丰富,并有几十种鸟类在此栖息,其中白天鹅、遗鸥、鸳鸯等为国家珍稀保护鸟类。景区只将其中的一个湖进行重点开发,其余六个湖泊保持了原始的自然状态。

6. 鄂尔多斯草原旅游区

位于鄂尔多斯市杭锦旗锡尼镇西 10 千米处，距鄂尔多斯市东胜区 120 千米。是集草原观光、体验民俗风情为一体的草原风景旅游区，总投资 3000 万元。

景区总控制面积 30 平方千米，核心区是由一个特大蒙古包和 200 个蒙古包组成的蒙古大营，设计独特，别具一格，是鄂尔多斯市典型的草原旅游区。鄂尔多斯草原旅游区按功能划分为歌舞表演区、餐饮娱乐区、骑马射箭运动区、体验民族风情区、庙宇敖包祭祀区。主要活动项目有：骑马、射箭、摔跤、观赏鄂尔多斯婚礼、举办草原篝火晚会、访牧户、祭拜敖包等。景区每年 7—8 月举办鄂尔多斯草原那达慕大会及甘草节，每年 5-6 月举办敖包庙会。

杭锦旗盛产著名的"梁外甘草"，每年一度的"甘草节"既是一种经贸活动，又是吸引国内外游客了解名贵药材"甘草"的极好机会，也是杭锦旗旅游业的一大亮点，通过"甘草节"不仅推动了当地经济发展，又提高了杭锦旗知名度。

7. 鄂尔多斯文化旅游村

位于鄂尔多斯市鄂托克前旗西部，距鄂托克前旗政府所在地敖勒召其镇 60 千米，距宁夏回族自治区银川市 68 千米，距宁夏河东机场 38 千米，214 省道、敖银公路直达景区。是内蒙古自治区西部集草原观光、游览、蒙古族民俗体验、休闲、度假为一体的综合型旅游度假景区。

旅游村占地面积 15.3 平方千米，景区从北向南，草原、沙漠、明长城，形成了鲜明的草原风光、历史文化景观。旅游村建立以来，始终把握了"回归自然、休闲度假、体验民俗"的开发思路，环境保护和建设成绩斐然，注重民族传统文化和历史文化资源的发掘，突出展示了鄂尔多斯以祭祀文化为代表的地域文化特色。

8. 萨拉乌苏遗址

位于鄂尔多斯市乌审旗境内，鄂尔多斯高原最南端的萨拉乌苏河流域，距达布察克镇 110 千米，215 省道转专线公路可达。2005 年对游客开放。遗址是著名的"萨拉乌苏动物群"和"河套人"的命名地。遗址主要由 8 个沟湾组成，分布在萨拉乌苏河沿岸 34 千米的狭长范围内，迄今为止共发现了人类化石、石器化石等文化遗物 380 多种和大量的更新世晚期的哺乳动物化石及鸟类化石等 45 个种类。1922 年，由法国天主教神父、地质及古生物学家桑志华首次发现。1923 年，桑志华和另外一位古代生物学家德日进在萨拉乌苏河沿岸，发现一枚"河套人"(鄂尔多斯人)牙齿化石。中国科学院研究员董光荣采用同位素方法所测结果为距今 7 万-15 万年。中国地震局地震研究所尹功明用更加先进的光释方法测定，也证明萨拉乌苏遗址的年代不晚于距今 7 万年。景区主要景观有动物模型、田园风光、古人类化石、石器化石、萨拉乌苏历史博物馆等。

9. 阿尔寨石窟百眼井旅游区

位于鄂尔多斯市鄂托克旗棋盘井镇境内,距旗政府所在地乌兰镇 130 千米,距乌海市 50 千米,距 109 国道 100 千米,距宁夏回族自治区银川市 220 千米,有旅游专线公路直达。属历史文化、草原观光旅游区。

阿尔寨石窟所在地为低缓丘陵地貌中的一座孤立突起的平顶红砂岩小山,平面形制不大规整,东西长约 200 米,南北宽约 70~90 米,山顶海拔高度 1460 米,与周围的高差约 40 米。阿尔寨石窟是内蒙古自治区境内发现的规模最大的石窟寺建筑群。到目前为止,在阿尔寨石窟所在山体的四周山壁上,共发现 65 座石窟、22 座浮雕石塔,在其山顶还发现 6 座建筑基址,许多石窟内绘有壁画,壁画除大量宗教内容外,还有许多珍贵的世俗壁画。在宗教内容中,保存有密宗早期的本教画,以及萨迦派、宁玛派、格鲁派代表之作。世俗壁画中,保存大量反映当时社会生活的场景,尤以"成吉思汗与夫人及四子受祭图""各族僧众礼佛图"等最为珍贵。另外,还发现大量的早期回鹘蒙古文榜题,其内容涉及佛经及世俗生活,是目前世界上发现回鹘蒙古文榜题最多的一处遗址。

据专家学者们研究考证,阿尔寨石窟始凿于北魏中期,以西夏、蒙元时期最盛,明末清初停止开凿和佛事活动。它不仅是内蒙古自治区境内规模最大、内容最丰富的石窟寺,也是我国规模较大的西夏至蒙元时期的石窟寺。阿尔寨石窟保存的大量珍贵壁画和回鹘蒙古文榜题,已引起国内外学者的高度重视。这不仅是一处重要而罕见的宗教艺术宝库,同时更是研究蒙古历史、文化和生活习俗等难得的珍贵形象史料,具有很高的历史、宗教文化和艺术价值。

百眼井,古称"敖楞瑙海音其日嘎"(蒙语,汉意为"众狗之井"),位于阿尔寨石窟东 20 千米处。它是鄂尔多斯高原独一无二、享有盛名的古井群。在一望无际的大平梁上,从东北向西南延伸至凹形石盘湾。走到湾中向四处望去,便看见密密麻麻的井口星罗棋布。当你兴致勃勃,曲指去数井口时,你将会陷入先人巧造的迷宫。因为不规则的水井布局,使你数了这眼丢了那眼,翻来覆去,你也数不清有多少,只好默认有百眼之多。

10. 准格尔召

准格尔召位于鄂尔多斯市准格尔旗准格尔召镇,距鄂尔多斯市东胜区 35 千米。是以宗教文化为主的观光旅游区。

召庙群始建于明朝天启三年(1623),清政府赐名"宝堂寺",历经明、清、民国数次续修扩建,渐集僧侣,鼎盛时召内喇嘛 2000 余众。庙区占地 2000 余亩,有经堂、佛殿、四大天王庙、讲经殿、佛爷商、诺彦商、白塔、红塔等宗教设施

30余处。其建筑风格各异，布局严整，融蒙、汉、藏建筑艺术，设计精致、气势不凡，木刻、砖雕、绘画均以花鸟、人物、神佛故事为主，细致逼真，栩栩如生。佛殿和经堂合称"大独瓜"，为召庙主体建筑，占地约3000平方米，殿宇全部用黄绿两色琉璃瓦覆盖，庙顶为五脊四坡形，并堆砌各式图案花纹。寺内绘彩色壁画。殿内明柱全都用蛟龙柱毯围罩。佛殿正面供释迦牟尼银质鎏坐像，高4米。佛爷商和诺彦商以明代庭院建筑格局组建而成。

每年农历四月二十三至二十五和七月初七至初九分别定期举办玛尼会和雅尼会，为鄂尔多斯市最大的佛事活动盛会，为整个佛教界所瞩目。

11. 黄河峡谷

黄河峡谷景区位于鄂尔多斯市准格尔旗龙口镇，距准格尔旗政府所在地薛家湾60千米。万家寨水利枢纽工程将奔腾的黄河锁住，形成黄河流域上独具特色的峡谷风光。黄河峡谷是以峡谷自然风光、两岸文化风情为主要特色的观光休闲旅游区。

黄河峡谷景区水域长达70千米，峡谷幽深，时阔时窄，九曲回肠。两岸苍松翠柏各抱地势，奇峰怪石形态各异。峡谷内有一古城筑于西夏，由地理位置推测，为金肃州军事重镇。此处地势险绝，遗址文物颇多，据城堡不远之处的大沙塔西夏古墓群皆绘有壁画，为黄河流域绝无仅有的西夏壁画墓。古老的石头寨包子塔，位于万家寨库区中心，四面临水，一线通陆。因其形似镶嵌在黄河边上的一个大包子而得名。包子塔被黄河曲折环抱，近于360度圆形湾，此湾堪称天下黄河第一湾，为整个景区最摄人魂魄之处。寨子里石窟洞、石院墙、石桌、石凳、石碾、石磨，构成了天然的新旧石器文化博物馆。

12. 大汗行宫旅游区

大汗行宫生态旅游区位于蒙、宁交界处的西鄂尔多斯草原，距宁夏回族自治区银川市58千米，距鄂托克前旗旗政府所在地敖勒召其镇70千米，西靠美丽富饶的宁夏平原，东依古老的鄂尔多斯高原。大汗行宫是依据蒙古历史记载和鄂尔多斯民俗文化仿建而成的。"大汗"指成吉思汗，"行宫"就是行进中的宫殿，因为成吉思汗征战时代的宫殿是搭建在勒勒车上的大蒙古包，故此得名。

13. 油松王旅游区

油松王在鄂尔多斯高原东部准格尔旗羊市塔镇的山梁上，它是北宋英宗三年(1089)天然落种而生，至今已有900多年树龄。经测定，此树高25米，胸径1.34米，是鄂尔多斯高原的一棵活化石，为考察研究鄂尔多斯市森林、植被、气候、水文、地质的演变提供了极为珍贵的资料。

历经近千年，曾经森林茂密、水草丰美的地方已失去了原来的面貌，而油松王却奇迹般地生存下来,屹立在沟壑纵横的黄土高岗上,依然苍翠挺拔。因此,人们称它为神树,并筹资兴建了松王庙。后几经修建,这里已建起三皇殿、龙王庙、药王庙、经堂等建筑,并被列为旗重点文物保护单位。

14. 昭君城旅游区

昭君城旅游区位于鄂尔多斯市达拉特旗昭君坟乡境内,占地 1000 亩,紧靠我们的母亲河——黄河,与著名的钢铁基地——包钢隔河相望。

昭君城的主体是一座高 70 米、直径 210 米的自然山丘,山上绿草青青,怪石突兀,一石一景,"金蟾望月""遥望长安""金猴戏狮"等景观惟妙惟肖。无毒的菜花蛇缠绕山上,山顶有古汉墓一座。相传王昭君出塞北上匈奴单于庭,渡河时把绣花鞋掉进了河里,被船工收藏。后来,人们为了纪念昭君为民族团结做出的历史贡献,把她的鞋子埋在山中,形成了这座久负盛名的昭君坟。

昭君城旅游区中除昭君坟外,河阴古城、落雁崖、白粉坡、秦直道、金津古渡等景点距今也有两千多年的历史。

15. 鄂尔多斯羊绒集团工业旅游区

鄂尔多斯羊绒集团工业旅游区,位于鄂尔多斯市东胜区,鄂尔多斯羊绒集团是 1981 年通过补偿贸易方式建立起来的羊绒制品加工企业。现已发展成为拥有成员企业 75 家、员工 2 万多人、总资产逾 105 亿元、年销售收入近 43 亿元,同时经营羊绒、商贸、电力、冶金等多种产业的大型现代企业集团。"鄂尔多斯"则是中国羊绒纺织行业第一个获得中国驰名商标称号的品牌,品牌价值达 50.58 亿元。

四、草原暑都——乌兰察布市

乌兰察布市地处中国正北方,位于内蒙古自治区中部,地处北纬 39°37′~43°28′,东经 109°16′~114°49′之间。东部与河北省接壤,东北部与锡林郭勒盟相邻,南部与山西省相连,西南部与首府呼和浩特市毗邻,西北部与包头相接,北部与蒙古国交界,国境线长 100 多千米。乌兰察布系蒙古语,意为"红山口"。

乌兰察布市地理位置优越,内蒙古自治区所辖 12 个盟市中,乌兰察布市是距首都北京最近的城市,是内蒙古自治区东进西出的"桥头堡",北开南联的交汇点,是进入东北、华北、西北三大经济圈的交通枢纽,也是中国通往蒙古国、俄罗斯和东欧的重要国际通道。

乌兰察布市辖 1 区(集宁区)、1 市(丰镇市)、4 旗(察哈尔右翼前旗、察哈尔右翼中旗、察哈尔右翼后旗、四子王旗)、5 县(商都县、化德县、卓资县、凉城县、兴和县),共 11 个旗县市区。

第三章 内蒙古旅游资源区划分

乌兰察布市的前身是乌兰察布盟，为内蒙古中部地级行政区域的专用名称。这一名称起源于清朝初期的会盟制度。清代乌兰察布盟属理藩院统辖，绥远将军衙署节制，对所属四部(四子部、乌拉特部、茂明安部、喀尔喀右翼部)六旗[四子部落旗，乌拉特前、中、后三旗，茂明安旗，喀尔喀右翼(达尔罕贝勒旗)]进行监督和调节。这一名称从清代康熙年间一直沿用到今。

"乌兰"蒙古语为"红色"之意，"察布"蒙古语为"山的两翼高地"之意，"盟"是蒙古语"楚古拉干"(聚会)的汉译词。

《绥远通志稿》(卷1下册)称："四子王旗、喀尔喀右翼旗、茂明安旗、乌拉特前、中、后三旗，六旗共组一盟，并由清廷指定以乌兰察布为每年会盟之地。盖其地有河，名乌兰察布，因以河名呼其地，以地名呼其盟。实则河名乌兰察布，而地名乌湖克图也。"

乌兰察布盟会盟之地是在归绥(今呼和浩特市)以北60千米处的乌兰察布河畔，属四子王旗境，今四子王旗东八号乡白彦敖包行政村一带，与《绥远通志稿》"地名乌湖克图"的记载非常吻合。乌湖克图系蒙古语，意为"有油脂"，蒙古语称石英石为乌湖克朝鲁(直译：油脂石)，因白彦敖包山坡上至今还有两块乳白色巨石(石英石)，所以当地人就称该地为乌湖克图(汉译为"有石英石的地方")。登上耸立的白彦敖包山顶，向南眺望，蜿蜒流淌的乌兰察布河依然如旧，数十里外的七座山峰(当年六旗和盟府各有一祭祀的敖包)挺立在杜尔伯特草原南端。

(一) 旅游资源分类调查

根据《旅游资源分类、调查与评价》(GB/T18972-2003)的评价体系，对乌兰察布市主要旅游资源单体进行调查分析，共计调查8大主类、25个亚类、60个基本类型，调查统计得出有一定价值的旅游资源单体共228处(表3-6)。

表3-6 乌兰察布市主体旅游资源分类表

主类	亚类	基本类型	单体名称
A 地文景观	AA 综合自然旅游地	AAA 山丘型旅游地	大青山、蛮汉山、苏木山、白泉山、老虎山
		AAB 谷地型旅游地	黄花沟、御泉沟、水泉沟、神葱沟
	AB 沉积与构造	ABG 生物化石点	犀牛化石遗址、恐龙化石遗址
		ABH 山石堆与蚀余景观	察哈尔右翼后旗玄武岩台地、对九沟敖特其沟
	AC 地质地貌过程形迹	ACA 凸峰	黄石崖山
		ACE 奇特与象形山石	洞金山卧佛、蛤蟆沟、谷力脑包玄武岩石林观赏区
		ACL 岩石洞与岩穴	平安洞

内蒙古旅游资源分析

续表

主类	亚类	基本类型	单体名称
A 地文景观	AD 自然变动遗迹	ADE 火山与熔岩	察哈尔火山群、集宁火山群
B 水域风光	BA 河段	BAA 观光游憩河段	灞王河、泉玉林河、红召—九龙湾、饮马河、塔布河
	BB 天然湖泊与池沼	BBA 观光游憩湖区	岱海、涝沥海、察汗淖、天鹅湖、大淖尔海、小淖尔海、永兴湖
		BBB 沼泽与湿地	黄旗海、咸海子
		BBC 潭池	咸子海、东岸海、莫石盖海、韩盖淖尔还、西子海、阎家海
	BD 泉	BDB 地热与温泉	岱海温泉、察哈尔火山温泉
C 生物景观	CA 树木	CAA 林地	二龙什台森林、苏木山林场、红山林场
		CAC 独树	卓资大榆树村古树
	CB 草原与草地	CBA 草地	格根塔拉草原、辉腾锡勒草原、白音查干草原、黄羊滩、巴音锡勒草原
	CC 花卉地	CCA 草场花卉地	黄花沟
	CD 野生动物栖息地	CDC 鸟类栖息地	泉玉林鸟类停歇地
D 天象与气候景观	DA 光现象	DAA 日月星辰观察地	大王庙月夜胜景、灵岩寺朝霞
	DB 天气与气候现象	DBA 云雾多发区	蛮汉山绕山云雾
		DBB 避暑气候地	乌兰察布国家避暑气候区(全市大部分地区)
		DBE 物候景观	辉腾锡勒为代表的草原花卉物候景观
E 遗址遗迹	EA 史前人类活动场所	EAA 人类活动遗址	庙子沟遗址、岱海遗址群、火石沟里石器场、坤兑沟石器场、老虎山遗址、园子沟遗址
		EAD 原始聚落	庙子沟古聚落、大坝沟古聚落
	EB 社会经济文化活动遗址遗迹	EBA 历史事件发生地	贺龙在乌兰察布的革命事件、大青山革命斗争区域、神舟(一号、五号、八号等)系列飞船安全着陆地
		EBB 军事遗址与古战场	马射台、参合陂古战场(有争议)、虎山革命遗址、乌兰察布抗日斗争战斗及惨案遗址
		EBC 废弃寺庙	佑安寺、大榆树庙

第三章 内蒙古旅游资源区划分

续表

主类	亚类	基本类型	单体名称
E 遗址遗迹	EB 社会经济文化活动遗址遗迹	EBD 废弃生产地	石碾加工场遗址
		EBF 废城与聚落遗迹	净州路故城、砂井路总管府故城、克里孟城址、元代集宁路古城遗址、头道湾古城、韩元店古城、北魏柔玄镇、石门口古村落、阿不达尔营子古村落、延陵故城、且如故城、长川城故城、咸宁故城、长青镇故城、土城子古堡、新堡村古堡、薛刚山寨、四美庄堡、朱儿崖古城堡、兴盛村古堡、上高台村落遗址、不浪沟古城、六苏木城卜子古城、大卜子古城、大土城古城、城卜子古城、呼和乌素古遗址、庙沟聚落、土城东古聚落
		EBG 长城遗迹	赵长城遗迹、秦长城遗迹、北魏长城遗址、金代长城遗址、乌兰察布明代长城
F 建筑与设施	FA 综合人文旅游地	FAB 康体游乐休闲度假地	岱海旅游度假区、卧佛湾旅游度假村、蓝天蒙古度假村、白银度假村、岱海民俗旅游度假村、永兴湖旅游度假村、御泉度假村
		FAC 宗教与祭祀活动场所	希拉穆仑庙、金龙大王庙、灵岩寺、阿贵庙、四子王旗元代敖包群、玻璃敖包遗址、穆尔固楚克庙、花庙、二十三号天主教堂、二十号地清真寺、回民五号清真寺、隆盛庄清真寺、旗下营清真寺、玫瑰营天主教堂
		FAD 园林游憩区域	霸王河景观带、二股泉游憩地、老虎山公园、白泉山公园、卧虎山生态公园、人民公园
		FAE 文化活动场所	乌兰察布博物馆、察哈尔民俗博物馆、四子王旗博物馆、化德县文化馆、卓资县文化馆
		FAF 建设工程与生产地	辉腾锡勒风电站、土牧尔台皮毛绒肉加工园区
	FC 景观建筑与附属型建筑	FCG 摩崖字画	半号地岩画、赛忽洞岩画、小当郎忽洞岩画、三井泉岩画、乌兰察布岩画、毕齐格图岩画、查干哈萨图岩画
		FCH 碑碣(林)	大青山摩崖石碑、集宁路文宣王庙碑
		FCI 广场	中心广场、新区广场、天恒广场、幸福广场
		FCJ 人工洞穴	大青山东西喇嘛洞

续表

主类	亚类	基本类型	单体名称
F 建筑与设施	FD 居住地与社区	FDA 传统与乡土建筑	乌兰察布蒙古包、蒙晋交融地带特色民居
		FDC 特色社区	隆盛庄古镇区
		FDD 名人故居与历史纪念建筑	集宁战役纪念馆、凉城贺龙纪念馆、德王府遗址、薛刚山革命烈士纪念碑、元山子革命纪念碑、绥南地委专署遗址
		FDH 特色市场	集宁皮革城、乌兰察布马铃薯专业市场
	FE 归葬地	FEA 陵区陵园	鞍子山革命烈士陵园、厂汉营烈士陵园
		FEB 墓(群)	三道弯古墓、二兰虎沟古墓、赵家房子古墓群、南二海古墓群、北陵、尖山子辽代古墓群、王公墓、清代额驸内廷大臣班第墓、元山子满洲窖古墓、忽洞坝古墓、锅底卜子古墓、王墓卜子古墓、呼和乌素汉代墓群、下黑沟鲜卑墓葬、豪欠营子辽代墓群
	FF 交通建筑	FFE 栈道	元山子古栈道
	FG 水工建筑	FGA 水库观光游憩区段	衙门号水库(察尔湖)、友谊水库、泉玉林水库、永丰湖
		FGB 水井	四道坝古井
G 旅游商品	GA 地方旅游商品	GAA 菜品饮食	精筱面、油炸糕、玻璃饺子、山药鱼子奶茶、手把肉、卓资山熏鸡、丰镇月饼、荞面饸饹、沙葱包子、鸿茅药酒、枸杞菜、红皮土豆
		GAB 农林畜产品与制品	四子王旗牛羊肉、察哈尔草原畜产品、四子王旗皮画、乌兰察布皮制品、乌兰察布土豆制品
		GAD 中草药材及制品	麻黄、黄花、甘草、紫胡、沙棘草马勃、银柴胡、远志、五味子、牛黄、鹿茸、刺猬皮、牛羊草结
		GAE 传统手工产品与工艺品	桦树皮工艺品、草编、角雕、丰镇墨玉、鼻烟壶
H 人文活动	HA 人事记录	HAA 人物	拓跋珪、窝阔台、法式善、贺龙
		HAB 事件	神舟系列飞船运作成功、集宁战役、走西口历史事件、大青山支队革命事件

续表

主类	亚类	基本类型	单体名称
H 人文活动	HC 民间习俗	HCB 民间节庆	祭火、春节等传统节日
		HCC 民间演艺	东路二人台、社火、跑旱船、高跷、狮子舞、龙灯、车灯
		HCD 民间健身活动与赛事	乌兰察布那达慕大会
		HCE 宗教活动	敖包祭祀
		HCG 饮食习俗	乌兰察布草原饮食、乌兰察布农区饮食
	HD 现代节庆	HGH 特色服饰	乌兰察布蒙古族服饰
		HAD 旅游节	内蒙古察哈尔草原民俗民风旅游节、集宁皮革购物节

[资料来源：乌兰察布市旅游发展总体规划(2013－2020)]

(二) 资源丰度与类别分析

1. 资源丰度

表3-7 乌兰察布市旅游资源类型统计表

系列	全国类型 标准数量	乌兰察布市旅游资源 数量	占全国比例(%)
主类	8	8	100
亚类	31	25	80.6
基本类型	155	61	39.3

[资料来源：乌兰察布市旅游发展总体规划(2013－2020)]

从表3-7可知，在全国旅游资源8大主类、31个亚类、155个基本类型中，乌兰察布市旅游资源具备全部8大主类；25个亚类，占全国亚类总数的80.6%；61个基本类型，占全国基本类型的39.3%。由此可见，乌兰察布市旅游资源类型比较丰富，资源禀赋良好，具备旅游业大发展的资源条件。

表3-8 乌兰察布市旅游资源类型分析表

资源类型	全国类型 标准数量	乌兰察布市旅游资源 数量	占全国比例(%)
地文景观	37	8	21.6
水域风光	15	5	33.3

续表

资源类型	全国类型标准数量	乌兰察布市旅游资源 数量	占全国比例(%)
生物景观	11	5	45.5
气象景观	8	4	50.0
遗迹遗址	12	8	66.7
建筑与设施	49	18	36.8
旅游商品	7	4	57.1
人文活动	16	9	56.3
合计	155	61	39.3

[资料来源：乌兰察布市旅游发展总体规划(2013—2020)]

从表 3-8 可知，地文景观类占全国基本类型的 21.6%。具有分布广泛，相对集中的特点。其中，犀牛化石遗址、乌兰哈达火山群、集宁火山资源珍稀奇特，开发价值较高。

水域风光类占全国基本类型的 33.3%，水体资源品级较高。岱海面积广大，生态保护良好，具有较高的开发价值；九龙湾山水相依，河道蜿蜒曲折，可观赏性强。

生物景观类占全国基本类型的 45.5%。资源整体数量规模较大，草原种类丰富，格根塔拉草原开发程度较好，辉腾锡勒草原景观优美。森林资源较多，但资源单体特色并不突出。

气象景观类比较突出，尤其是乌兰察布市拥有的国家级避暑气候，对于较近距离的北京市、天津市及河北省、山西省的大中城市，具有强烈吸引力。

遗迹遗址类占全国基本类型的 66.7%。资源类型覆盖古人类和社会经济文化，种类较多，但高品级资源较少。

建筑与设施类占全国基本类型的 36.8%。集宁皮革城最为突出，阿贵庙、四子王旗元代敖包群、辉腾锡勒风电站、乌兰察布岩画资源品级高，具有良好的开发利用前景。

旅游商品占全国基本类型的 57.1%。多数是具有地方特色的商品，资源吸引力强，发展潜力较大，部分商品应做重点开发。

人文活动类占全国基本类型的 56.3%。其中，神舟飞船事件、乌兰察布市红色革命事件意义重大，草原那达慕大会影响较大。

第三章　内蒙古旅游资源区划分

2．资源结构分析

从表 3-8 可知，建筑与设施类资源单体数量最多，占全市基本类型的 28.6%。元代敖包群历史悠久，祭祀文化典型，乌兰察布市岩画资源珍贵是良好的旅游观赏资源。

地文景观类和遗址遗迹类各占总体资源的 15%，是第二大资源类型，黄花沟、御泉度假村已经经过开发；乌兰哈达火山群、洞金山卧佛造型奇特，是良好的景观资源。其中，位于察哈尔右翼前旗巴音塔拉乡的元代集宁路古城遗址，历史年代久远，古城面积大，拥有众多的文物，是研究元代经济制度、文化生活的重要遗址，也是具有强烈旅游吸引力的遗址旅游地。另外，庙子沟遗址文物众多，是目前内蒙古自治区中南部地区发掘面积最大、遗迹保存最完整、出土遗物最为丰富的遗址，具有一定的资源开发潜力。

人文活动景观占总体资源的 13%，是第三大旅游资源且特色突出，神舟降落地、敖包祭祀、草原那达慕大会等都是核心的旅游资源，为旅游活动的举办提供了素材。

水域风光和生物景观资源占总体资源的 13%，资源种类多且组合性好，既有"草原-湖泊"组合，又有"河流-森林"组合，是观光旅游、休闲度假旅游的主体资源，开发潜力巨大。

商品类和气象类的资源比例较小，但潜力较大，在未来开发中应充分重视。

(三) 旅游资源质量分析

1．资源品级

选取乌兰察布市三大类旅游资源中的具有代表性的 24 处旅游资源点做详细定量评估(表 4-9)。根据《旅游资源分类、调查与评价》(GB/T18972-2003)的评价体系，将评价要素分为旅游资源要素价值、资源影响力价值和附加值三大评价项目、八项评价因子进行评价。根据旅游资源得分，把旅游资源分为 5 个级别，从高级到低级分别为：

五级旅游资源，得分值域≥90 分；
四级旅游资源，得分值域 75~89 分；
三级旅游资源，得分值域 60~74 分；
二级旅游资源，得分值域 45~59 分；
一级旅游资源，得分值域 30~44 分。

其中，五级旅游资源为"特品级旅游资源"，四级、三级旅游资源为"优良级旅游资源"，二级、一级旅游资源为"普通级旅游资源"。

内蒙古旅游资源分析

表3-9 乌兰察布市主要旅游资源质量评价表

评价因子 单体名称	观赏游憩使用价值(30分)	历史文化科学艺术价值(25分)	珍稀奇特程度(15分)	规模、丰度与概率(10分)	完整性(5分)	知名度和影响力(10分)	适游期或使用范围(5分)	环境保护与环境安全	总分
集宁皮革城	22	15	13	10	5	9	5	2	81
乌兰察布避暑气候	30	18	14	10	5	9	4	0	90
犀牛化石遗址	20	21	10	7	4	6	3	1	72
洞金山卧佛	21	17	10	9	4	5	3	0	70
察哈尔火山群	26	20	14	9	5	6	3	2	85
九龙湾	27	19	10	8	4	4	3	1	75
黄旗海	24	19	9	9	5	5	3	1	75
岱海湖泊	28	23	12	9	5	8	4	3	92
岱海温泉	27	20	11	9	5	8	5	0	85
二龙什台森林公园(蛮汗山)	25	21	12	8	5	6	4	1	82
苏木山	25	20	11	7	5	7	3	2	80
格根塔拉草原	27	23	13	9	5	8	5	1	91
辉腾锡勒草原	27	23	14	9	5	8	5	-1	91
庙子沟遗址	19	23	11	9	5	7	4	1	79
贺龙及大青山支队革命史迹	18	20	9	8	4	6	4	1	70
金龙大王庙	20	20	11	6	4	5	5	1	72
元集宁路古城遗址	23	24	12	9	3	5	4	0	80
阿贵庙	15	16	9	8	4	8	5	2	67
隆盛庄古镇区	21	21	9	8	4	6	4	2	75
希拉穆仁庙	22	20	11	8	5	6	3	0	75
四子王旗元代敖包群	23	23	11	9	5	8	4	1	84

续表

评价因子	资源要素价值(85分)					资源影响力(15分)		附加值	总分
单体名称	观赏游憩使用价值(30分)	历史文化科学艺术价值(25分)	珍稀奇特程度(15分)	规模、丰度与概率(10分)	完整性(5分)	知名度和影响力(10分)	适游期或使用范围(5分)	环境保护与环境安全	
辉腾锡勒风电站	21	21	9	10	5	6	3	-1	74
乌兰察布岩画	23	22	14	9	8	4	0		85
神舟飞船事件	26	25	14	8	5	10	2	-1	89
乌兰察布那达慕大会	28	24	12	5	8	4	-1		89
蒙古风情与地方民俗	25	23	11	8	4	6	5	0	82

[资料来源：乌兰察布市旅游发展总体规划(2013－2020)]

2．评价结果分析

从表3-9可知，乌兰察布市旅游资源类型丰度较高，在全国同类地区和内蒙古各盟市中属于优良地区，自然旅游资源类型和人文旅游资源类型及数量比较丰富，显示出乌兰察布市拥有旅游业大发展的资源保障。

乌兰察布市旅游资源特色比较明显，许多旅游资源进一步提升的潜力空间较大。尤其是神舟飞船事件、集宁皮革城等，如果开发得力，都有可能成为乌兰察布市的特品级旅游资源。

Ⅰ类重点资源：资源评价得分在90分以上，属于特品级旅游资源，主要以草原风光为主，涉及乌兰察布市避暑气候、岱海、格根塔拉草原、辉腾锡勒草原等四项。该类资源旅游品级高，影响力广泛，是乌兰察布市旅游的王牌，对整个城市经济、产业产生强大辐射带动作用。

Ⅱ类重点资源：资源评价得分在75~89分之间，属于优良级旅游资源，包括神舟飞船事件、岱海温泉、苏木山、那达慕大会、乌兰察布岩画、察哈尔火山群、庙子沟遗址、元集宁路古城遗址、隆盛庄古镇区、希拉穆仁庙、黄旗海、二龙什台国家森林公园、蒙古族风情与地方民俗等。该类资源具有较强价值，能够开发较重要的旅游景区，或成为区域组合资源的重要组成部分。

Ⅲ类旅游资源：资源评价在30~74分之间，属于三级、二级、一级旅游资源。该类资源较多，表3-9中列出了少量分值较高的资源，该类资源是乌兰察布市旅游产业的补充资源。

(四) 旅游资源综合评述

根据以上分析，将乌兰察布市常规旅游资源分为具有重大拉动价值的强势资源和具有体系完善及补充配合价值的补充资源。此外，还在常规旅游资源之外另行提出了对乌兰察布市意义重大的"市场认知资源"。

1. 强势资源

(1) 自然旅游资源。

乌兰察布市突出的自然旅游资源有三大草原：格根塔拉草原、辉腾锡勒草原、察哈尔火山草原；两大湖泊：岱海、黄旗海；一个温泉：岱海温泉；一大火山群：察哈尔火山群。

(2) 神舟着陆事件。

神舟着陆是特定重大事件，四子王旗的神舟飞船着陆场是独占性特殊优势资源。能挖掘特定的概念，如神秘、飞天、吉祥、空旷、广袤等。

(3) 乌兰察布市当地历史文化及遗存。

作为从长城到边境的地市，乌兰察布市拥有南农北牧的经济格局、大杂居小聚居的民族格局、过渡带交融的文化格局，展现出包容、开放的文化品质。

乌兰察布市的历史文化底蕴深厚，文化类型丰富，对于旅游发展有价值的文化主要有：蒙元文化、察哈尔文化、拓跋鲜卑文化、"草原丝路"商贸文化、走西口文化、乌兰察布红色文化(包括大青山抗日斗争、集宁战役、老虎山地下人防工事等资源)。

市域内文物及历史遗存很多，具有较高价值的有：乌兰察布古长城、集宁路古城遗址、希拉穆仁庙等古寺庙、德王府、四子王元代敖包遗址、绥蒙革命战争遗迹等。

(4) 避暑气候资源——国家避暑气候区。

我国气候地图中，有两处夏季显著低于周边地区及全国绝大部分地区的凉爽气候区，成为气候图上的"低温盆地"。一处在西南地区云贵两省交界处，涉及贵州毕节市、云南曲靖市及昆明市等地；还有一处在华北以乌兰察布市为核心的地区，西至包头市达尔罕茂名安联合旗，东至河北省围场县塞罕坝，呈东西长、南北窄的带状分布。该区域夏季气候比周边如二连浩特市、呼和浩特市、大同市都低，甚至低于哈尔滨市、佳木斯市等东北绝大部分地区，比北京市、天津市要低10℃左右，盛夏如秋，清爽宜人，是国家级避暑气候区。乌兰察布市城市群是该气候区的主体，集宁城区及10个县城均在其中，堪称北方避暑之都，周边的包头市、呼和浩特市、大同市、张家口市等城市均在该气候区之外，因此，避暑气候是乌兰察布市具有垄断性的强势旅游资源。

第三章　内蒙古旅游资源区划分

2. 补充资源

除了以上提出的强势资源，乌兰察布市还有大量具有重要价值的旅游资源，对于全市旅游发展能起到有益的丰富、补充和完善作用。主要包括：

(1) 南部农耕文化。市域南部农耕地区的地方文化、民俗。

(2) 其他山水风光资源，数量很多。如：苏木山、蛮汗山、察干淖、天鹅湖、衙门号、红山、涝沥海、九龙湾、集宁火山等。

(3) 休闲农业、休闲牧业、休闲渔业等休闲旅游资源。如卓资县草莓采摘、大榆树山村等。

(4) 历史文物及遗存。如净州路古城、砂井路总管府、克里孟城址、岱海遗址群、庙子沟遗址等全国重点文物，以及阴山古道、南北古商道、卧佛山、灵岩寺、古犀牛化石、金龙大王庙等重要遗存。

3. 市场认知资源

市场认知资源是指某一区域在长期的历史积淀中被市场广泛认可的某类概念性资源。乌兰察布市市场认知资源可以挖掘以下资源：

(1) 草原丝路、商贸集散的概念——北方皮货之都、草原特产之都。

乌兰察布市自古是以牧业为主的区域，清代曾分布有皇家牧场和多处王公牧场，也是草地丝绸之路的重要通道和中转站，是传统的皮毛集散地，外蒙古、内蒙古西部的物产都从这里进入北京、河北、山西等地。

皮毛产品集散地这一概念，非常有利于集宁皮革城的营销，为"北方皮货之都"的形象奠定了基础。今后，继续延伸商贸文化，建设类似"乌兰察布草原食品城""乌兰察布草原工艺品城"等扩展项目，使乌兰察布市成为草原特产购物的最佳城市。

(2) 清朝皇家肉食特供基地——"舌尖上的草原"。

这里有天然的草场，牛羊肥美，历史上曾是清朝内务府牛羊肉的特供基地。这一概念，非常有利于草原特色美食项目的开发，有可能使乌兰察布市成为草原美食之都，成为京呼游线上必须停留的美餐之地。

(3) 清朝皇家及王公牧场聚集地——私属牧场。

清代，这里曾有多处宗室王公的私家牧场，内务府牛羊群、大马群等，可引申出建设私属牧场的有利条件。

(4) 四子王神舟飞船着陆场、辉腾锡勒九十九泉——吉祥草原。

神舟着陆的地方位于四子王草原，蒙古语地名"吉尔嘎朗"，是"吉祥"之意；辉腾锡勒的九十九泉有王母娘娘九十九朵莲花的吉祥传说，是一片吉祥之地；还有卧佛山等吉祥山水的传说。这一切都昭示了这片土地是吉祥福地，再加上吉祥三宝这一蒙古族歌曲传唱全国，这些因素让规划明确提出了"吉祥草原"这一概念。

吉祥内蒙古、吉祥草原寓意美好和谐。吉祥草原尚无其他地区使用，完全可以用作乌兰察布草原区别于内蒙古其他草原的形象。

(5) 避暑的历史口碑效应。

除了自然地理的过硬条件以外，乌兰察布市一直在广域人群中有气候凉爽的口碑。辉腾锡勒，蒙语"寒冷的山梁"；凉城，字面即是清凉之城；集宁区以凉爽著称。这一认知概念，强化了乌兰察布市避暑度假旅游的优势，为做足夏季避暑旅游创造了无与伦比的条件。

4. 总结评述

(1) 乌兰察布市旅游资源条件良好，种类齐全，符合外地游客对内蒙古旅游的需求，能够支撑乌兰察布市旅游业的大发展。

(2) 乌兰察布市作为唯一从长城到边境的地级市，其南农北牧的格局很好地诠释了农牧文明过渡带的特征；资源种类丰富，组合度好，有利于建立自主目的地体系。

(3) 乌兰察布市拥有诸多市场认知的概念资源，拥有国家避暑气候区和草原丝路物流集散地概念，有利于避暑旅游和草原购物的深度挖掘，能够深度体现草原旅游特色内涵。

(五) 主要旅游资源区

1. 集宁战役革命遗址旅游资源区

位于集宁区南的老虎山，是集宁区的最高峰。老虎山被确定为乌兰察布市爱国主义教育基地之一，也是集宁区的著名旅游景区之一。在解放战争时期，中国人民解放军与国民党反动派争夺集宁区，曾多次展开激烈的战斗。在历次战斗中，老虎山作为军事制高点，有过激烈的战斗。老虎山至今保留着当年修筑的战壕坑道，还有四通八达的地下人防工程。许多革命先烈在老虎山一带英勇战斗，壮烈牺牲；解放军不少领导人曾亲临老虎山前沿指挥作战。集宁战役革命遗址是一处具有光荣革命战斗历史的纪念地，已列为内蒙古自治区第二批重点文物保护单位。老虎山顶建有高大的革命烈士纪念碑，从山脚至山顶砌有石阶276级，供人们登临瞻仰观光。

2. 凉城县综合性旅游资源

凉城县具有极为丰富的综合性旅游资源。已经开发或有较大开发潜力的旅游资源有自然风光类的蛮汉山国家森林公园、马头山风景区、石匣沟风景区、洞金山卧佛、岱海南岸草地及索力德绿色山庄等；水域风光类的岱海、中水塘温泉、岱海芦苇荡等；古人类文化遗址类的老虎山、园子沟、王墓山、杀虎口的古长城

第三章　内蒙古旅游资源区划分

遗址等；宗教寺庙类的汇祥寺、天成庙等；革命活动旧址类的贺龙纪念馆、鞍子山革命烈士纪念碑、厂汉营革命烈士陵园等。以蛮汉山国家森林公园、岱海、中水塘温泉、汇祥寺、贺龙纪念馆、园子沟古文化遗址为代表的凉城县旅游资源，可以同时体现观瞻性旅游、娱乐性旅游、健身性旅游、教育性旅游、专业性旅游的综合旅游功能。凉城县旅游资源的区位优势好，交通便捷。凉城县位于呼和浩特市、集宁区、大同市交汇地区的中心位置，距离都在100千米左右。

3. 四子王旗格根塔拉草原生态旅游资源区

格根塔拉草原旅游中心位于乌兰察布市四子王旗查干补力格苏木境内。格根塔拉开发区另一旅游资源优势是古寺庙建筑和犀牛、恐龙化石群。查干补力格苏木所在地的清代古建筑王爷府和喇嘛庙建筑艺术精湛，气势宏伟；乌兰花镇南梁公路边出土的犀牛、恐龙化石群实属国内罕见。这些都具有很高的观赏和研究价值。旅游景点还有元代敖包。其他旅游项目有访牧户、骑马、射箭、摔跤、吃手扒肉。

4. 察哈尔右翼中旗辉腾锡勒旅游资源区

辉腾锡勒(灰腾梁)位于阴山山脉东段，平均海拔2100米，面积约180平方千米。这里气候独特，冬季寒冷，夏季凉爽，年平均气温0℃~9℃，旅游旺季最低温度16.7℃，极端最高气温27.0℃。

辉腾锡勒由于特殊的地理位置和悠久的历史，以其独特的自然风貌、斑驳的历史古迹，构成了得天独厚的旅游资源。这里有一望无际、绿茵如毯、牛羊遍野、鲜花烂漫的大草原，有火山湖群——历史闻名的九十九泉，有山奇石秀、水清沟险的黄花沟风景区，有郁郁葱葱的天然白桦林和人造松树林，有丰富的矿产资源和动植物资源；这里有秦代长城两处，南长城和北长城，有汉代著名的边塞重镇——沃阳城遗址(黄花村沟南)，有元代开国大将窝阔台的两处点将台；有历代留下的许多烽火台、长城戍堡和议事台，有许多富有神秘传奇色彩和历史悠久的蒙古族敖包：玻璃敖包、脑包山敖包、白石头敖包、宝力恒图敖包、二架子双敖包等；这里有神葱沟、黄花滩、天然次生森林等景点，还有神葱岭、剑山崖、骆驼峰、洗心泉、一镜天、木鱼台、佛手山、神龟岭、卧虎峰、双羊泉、葫芦泉、吊脚泉、践约泉等景观，还有近年兴建的亚洲最大风力发电场。清新优美的自然环境融塞北风光与江南秀色，集自然资源、生态资源、文化资源和风电景观于一体，是中外游客旅游观光和避暑的绝佳境地，也是进行森林浴、日光浴的好地方。

5. 察哈尔右翼后旗旅游资源区

察哈尔右翼后旗旅游资源主要有火山岩群、阿贵庙、八号地岩画。

火山岩群旅游资源在乌兰哈达苏木境内，分布着6座形状各异的火山，据有关资料介绍，火山形成于6000万年前的一次火山喷发，火山岩浆冷却后形成了火山锥，有的是圆锥体，有的在山体底部形成锅底坑。火山东起东营子原军马场，西至乌兰格，首尾山大约距离7千米，其中集二铁路西的3号山最为壮观。

阿贵庙在哈彦忽洞苏木境内，始建于清康熙八年(1669)，由于坐落在阿贵山上，故称阿贵庙，康熙皇帝赐名《善福寺》，蒙古语为赛恩宝音图。阿贵庙是藏传黄教喇嘛庙，庙宇整体群落坐北朝南，依山傍水，鳞次栉比。山上山下错落有致，远远望去，金碧辉煌，十分壮观。盛夏季节，植被繁茂，溪水流淌，登山远眺，山岭相连，此起彼伏，沟壑纵横，气象万千。

八号地岩画分布在八号地乡境内，据内蒙古自治区考古专家考证，此处岩画早在1000多年前就见诸于世了。八号地岩画属阴山岩画，它反映了中国北方游牧民族的生活特点与精神境界。岩画分布较广，主要集中在赛忽洞、前榆树营子、毛驴沟、号半地、八号地等地。岩画内容多以动物为主，主要有马、羊、狗、鹿、羚羊、骆驼等，还有一些经文岩画。该地区自然景观也很迷人，有许多奇山怪石，石头形似动物的很多，比如：骆驼、青蛙、大象、河马、海豚等。景点距208国道仅10千米，距白音察干镇约80千米。

6. 察哈尔右翼前旗黄旗海旅游资源区

位于察哈尔右翼前旗境内的黄旗海，因其在清代属正黄旗辖境而得名。湖面呈不规则的三角形，东西长约20千米，南北宽6~9千米，湖水面积110平方千米，平均水深3~5米，最深达10米，蓄水量4亿立方米。湖水主要依靠灞王河、泉玉林河、磨子山河等19条河沟水补给。湖盆封闭，无泄水路。过去黄旗海是水草丰茂、水质良好的湖泊，以盛产官村鲫鱼闻名于区内外。70年代开始，湖水遭到污染，1973年鱼类全部死亡。近几年来积极进行治理净化工作，并引进青海湖裸鲤，在人工养殖方面做了大量工作，为恢复黄旗海渔业积累了一些经验。黄旗海水域辽阔，烟波浩渺，湖色十分秀丽。湖边沙滩沙粒细、绵软，可进行日光浴、沙浴和游泳，是游览观光的理想胜地。

7. 兴和县苏木山人造森林旅游资源区

苏木山人工林场，地处阴山山脉东端，是永定河系上游重点水土治理区，位于兴和县县城南部45千米处。距110国道(兴和县境内)40千米，距首都北京300千米。林区平均海拔高度2000米以上，最高峰2334.7米，是乌兰察布市境内的最高点。

苏木山人工林区东西长35千米，南北宽10千米，经营总面积16万亩，基础设施齐全。林场始建于1960年，经过40年的艰苦努力，几代林业工人硬是靠勤劳的双手，在16万亩宜林荒山上栽种出9.8万亩人工针叶林，森林覆盖率高达

68.8%，是内蒙古自治区中西部区最大的人工林场。

1996年，林场被确定为盟级自然保护区，被内蒙古自治区人民政府誉为内蒙古中西部区的"绿色明珠"。林区人工栽种树种有落叶松、樟子松、油松、云杉，天然乔木有白桦、山杨树，野生灌木有胡枝子、山杏、山榆、山柳、山樱桃、山槐、绣线茸、刺梅等。林区也是野生动物的乐园，梅花鹿、狍子、獾子、野兔以及老鹰、杜鹃、百灵、半雉、啄木鸟、黄鹂等飞禽在林区繁衍生息。

林区还有喇嘛洞、石人湾等其他自然景观。喇嘛洞是刚步入林区就可看到的近100立方米巨石下的一个石洞。相传在上古时代，洞里居住着两个传教喇嘛，"喇嘛洞"由此得名。喇嘛洞里聚满了清水，长年不断滴入地下。从此人们都到洞口接取"神水"，用来消灾祛病，而且每每应验，至今周边人们以及山西省大同市、锡林郭勒盟等地的人们仍然前去喇嘛洞敬香朝拜接取"神水"。石人湾，在一个开阔的峡谷内，有10多尊石人像。黄石崖，又名望天崖，在苏木山林区的顶峰。登临望天崖，山西省的阳高、天镇，内蒙古自治区的兴和3座县城尽收眼底，林区绿海也更显得开阔。地藏菩萨庙，位于林区南部和山西省阳高县的交界处，距主峰望天崖5千米左右。庙宇建有大殿、耳房等建筑，面积800平方米左右，塑有地藏菩萨、二郎神等神像20多尊，敬香朝拜者络绎不绝。

8．卓资县九龙湾旅游资源区

九龙湾旅游资源区位于卓资县红召乡境内，在旗下营镇西北16千米处。这里四面环山，以山、溪、瀑、泉组成系列景观，加上郁郁葱葱的桦树林、挺拔苍翠的云杉、争奇斗艳的山花以及出没于山林的珍禽异兽，构成一幅壮观美丽的生态旅游佳景。旅游景点多达20余处，其中以龙泉潭、青羊圈山、密叶洞、暖水泉、卧龙潭、榆树石、石壁岩、神水梁、松树背、钓鱼池、滴水岩、龙头山、召湾庙、骆驼峰、猴山、黄花梁、蕨菜沟、大神仙庙、红召宝化寺遗址等最为著名。

（六）主要旅游景区

1．格根塔拉草原旅游区

格根塔拉是蒙古语，意为"辽阔明亮的草原"。始建于1979年，1996年转制民营企业，近年来，经过大规模的新、扩、改建，现已形成集食、宿、行、游、购、娱为一体的，独具草原风情的旅游景区。格根塔拉也是内蒙古自治区规模最大、距呼和浩特最近的草原旅游景区，是内蒙古自治区唯一跨盟市经营的最大的旅游企业，是全国首批4A级旅游景区之一。举世瞩目的载人航天飞船主着陆场位于四子王旗草原，距格根塔拉仅50千米。格根塔拉也是通往口岸城市二连浩特的必经之地。

每年的8月份，是举办那达慕盛会的季节。格根塔拉旅游点每年8月15-8月

25 日,都要举办旅游那达慕,这个时候也是避暑的极好时光。这里每年定期举行一次隆重的大型庙会,每月一次小型庙会和一年一次的祭敖包活动。

2. 凉城岱海旅游区

古往今来,岱海吸引着无数游人。历代达官贵人、文人墨客前来观赏其"鸿鹭成群,风涛大作,浪高丈余,若林立,若云重"的自然美景。是内蒙古自治区中部地区最大的内陆湖,湖水面积 160 平方千米,有 29 种鱼类在此生长。岱海的四周滩川广阔,林木茂盛。

岱海南北长 10 千米,东西宽 35 千米。盛夏时节,略呈椭圆型的岱海宛如莲叶初露,翠色可人。岱海在历史上文字记载甚详。汉代称"诸闻泽",北魏叫"葫芦海",宋元时代称"鸳鸯泊",清代蒙古人称之为"岱根塔拉",后称岱海沿用至今。

3. 黄花沟旅游区

察哈尔右翼中旗黄花沟旅游区,位于乌兰察布市北部,阴山支脉的辉腾锡勒草原上,距呼和浩特市 100 千米,距集宁区 70 千米,距旗政府所在地科布尔镇 15 千米。由于它具有得天独厚的秀丽景色和便利的交通,吸引了大批的中外游人。50 多平方千米的辉腾锡勒草原,土地肥沃,降雨充沛,每到 5 月至 9 月间,整个草原水草丰盛,鲜花遍野,牛羊游动,牧歌嘹亮,绘织成一幅美丽的草原春画。

而被游人誉为"塞外江南"的黄花神葱沟,更有一番诗情画意,它集山水灵秀于一体,山势险峻,奇峰突兀,曲径通幽,鸟语花香,水流潺潺。"双驼峰""卧龙峰""剑门山""佛手山""神龟岭""挂瀑崖""仙人洞""三叠泉""一镜天""木鱼台"和"神葱岩",堪称塞外奇观。5000 余亩的独贵林区,森林茂密,古柏参天,那林间富有弹性的绿色草坪中,白蘑菇、黄花、百合花点缀其间,这更为大自然增添了美丽色彩。

黄花沟风景区有自然、人为、史迹等各类风景二十余处,为上新系第四纪冰川活动的典型地质遗存,地质构造复杂多元,地形地貌奇绝险胜,是大青山脉的地质博物馆。这里气候独特,平均气温只有 7℃,有"六月雪,三伏天"的天气奇观,是不可多得的塞上避暑胜地。

4. 辉腾锡勒草原

辉腾锡勒草原位于乌兰察布市察哈尔右翼中旗中南部,阴山北麓,距首都北京 430 千米,距呼和浩特市 135 千米,距集宁区 75 千米。"辉腾锡勒"一词,系蒙古语,意为"寒冷的高原"。海拔 1800 多米,东西长 100 千米。

美丽图沟有座天然洞府,山洞离地面垂直高度 100 多米,洞内可容纳近百人。怪石嶙峋的黑山,有大小岩洞 99 个,最大可容纳 200~300 人。

第三章　内蒙古旅游资源区划分

辉腾锡勒草原冬季寒冷，夏季凉爽，平均最高温度为18℃。每年5月至9月，这里鲜花遍地，成为花的海洋。景区主要分神葱沟和黄花滩两大去处，共有15大景观。唐代以后，很多道士、和尚隐遁于此。清康熙帝也曾到此游览。

辉腾锡勒草原是典型的高山草甸草原，平均海拔为2100米，面积为600平方千米，植被覆盖率达80%~95%。辉腾锡勒草原上天然湖泊星罗棋布，素有"九十九泉"之称。辉腾锡勒风能稳定性强，持续性好，品质高，是建设风电厂最理想的场所。辉腾锡勒草场是世界少有且保持完好的天然草甸草原，并确认18种草种为珍稀草种。

5．中水塘温泉

中水塘温泉位于乌兰察布市凉城县三苏木乡中水塘村，原名"马刨泉"，又因南临岱海，亦称岱海温泉。温热的矿泉水常年溢出，消痛祛病，名扬塞外。即使是地冻三尺的数九天，泉水也不结冰，反而放出腾腾热气，天气越冷，水蒸气越大，水温显得越高，以致使人感到微微烫手，堪称天赐神水、塞外宝泉。

中水塘温泉的形成，传说众多。一说清朝康熙皇帝于17世纪巡视塞外，当来到凉城县岱海北岸中水塘村时，正值炎炎夏季，烈日当头，骄阳似火，人困马乏。当人们正为无法解渴而发愁时，只见他的坐骑暴啸长嘶，前蹄腾空而起，用力猛刨地面，于是一股清泉喷涌而出。为纪念此事，称此泉为"马刨泉"，并建汇祥寺，砌成温泉池，流传至今。一说元世祖忽必烈在岱海北岸的一次征战中陷落深坑，忽然踩塌泉眼水涌溢头，部众看不见他，以为淹死了，就痛哭流涕，哪想不一会儿工夫，元世祖浑身冒着热气湿淋淋地上来了，含笑说："我今天踏脚成泉，热乎乎洗浴，你们不喜也罢，为何哭我早死?"这泉水即今中水塘温泉。野史传说，无从考证，但中水塘温泉最晚形成于清朝确切无疑。据史料记载，每到盛夏，周边各地王公贵族、名人雅士及佛寺僧众皆云集凉城，或朝山拜佛，或传经布施，或坐浴温泉，或观赏岱海，尽享山野情趣。20世纪70年代，由于村民爆破扩泉，结果泉水流量锐减，直至干枯。

1989年5月，内蒙古自治区地质勘探部门经详细勘察，在"马刨泉"附近开钻引泉，于1990年10月新泉竣工。泉水犹如碗口粗的银蛇从井口跃出，蔚为壮观。昔日的"马刨泉"不仅风姿依旧，而且水量大增。据测，泉水常温达38℃，日出水量达2 700吨，是内蒙古自治区罕见的地热资源。1991年夏，岱海温泉浴疗中心典礼开业。如今温泉浴疗中心楼舍重叠，游客如云，成为塞上一处浴疗游览圣地。泉水中含有锶、锂、锌、硒等多种微量元素，以及一定量的硅酸和微量放射元素，可治愈白癜风、牛皮癣、疥疮、静脉曲张、皮肤过敏、皮肤开裂等各种皮肤疾病，同时对风湿性腰腿疼痛、胃病等也有辅助疗效。它的开发利用前景十分广阔，除能供人们医用外，还能提供有用化学元素和化合物，应用到工业、文化、体育等方面，更可广泛应用到农业方面，如建设地热温室、育种育秧、种植蔬菜、培育菌种、孵化家禽、养殖暖水域鱼类和水生植物等。

6. 九龙湾旅游区

九龙湾位于乌兰察布市卓资县西北部，在旗下营镇和红如乡境内，南距京包铁路仅6千米，西距呼和浩特市30千米，东距集宁区110千米。九龙湾蜿蜒曲折，因其自然形态宛如九条龙横卧在大青山间而得名。

九龙湾全长15千米，宽约7千米，面积约100平方千米，属大青山分支。九龙湾旅游区以其山、溪、瀑、泉而著称。这里山崖陡峭，郁郁葱葱的桦树林将大山装点得分外妖娆。刚劲挺拔的松柏体现了大山的精神，清澈透明的泉水遍布山林，四季长流，汇成小河穿山而泻。良好的生态环境，使九龙湾水草丰茂，牛羊成群。同时也成为山禽野兽的栖息地，狐狸、狍子、獾子、青羊、羚羊、猞猁、鹿等名贵动物经常出没在山间。这里还有满山遍野的山杏、山桃、黄花、蕨菜、油苹苹、面果果、林檎檎、酸麻子、山黑枣等野菜野果。

九龙湾旅游区名胜景点多达20多处，其中最有名的是龙泉潭，最奇特的是榆树石，最陡峭的山是青羊圈山，最神秘的洞为密汁洞，最古老的庙为召庙。九龙湾以层层叠叠的森林为背景，以悬崖绝壁为屏障，以奇花、异草、泉水、瀑布、山溪为点缀，构成一幅优美的"塞外桂林"景色。其中，大青山五梁之一的神水梁上，有一神水暖泉坐落在桦林与松林间，每年农历五月十三，牧民们都要来此取水、祭敖包。相传喝了"神水"，可保四季平安，延年益寿。

7. 苏木山

坐落在乌兰察布市兴和县大南山深处的苏木山属阴山之尾，长达35千米，宽约25千米，平均海拔为1800米，沿蛇形山径攀援而行，直上景致迷人的最高点——望天涯。举目四望，但见群山叠翠，雾色缥缈，犹如一幅浓淡相宜的壁画垂挂天际。苏木山坐落在兴和县大南山深处的苏木山旅游区，以其险峻的山势、茂密的森林、纷呈的花卉以及浓郁的民族风情吸引着越来越多的贪享自然之美的旅行者，归者无不为其绝、其美所折服。

8. 老虎山生态公园

位于乌兰察布市集宁区，海拔1447.5米，园区面积31万平方米，是集休闲、娱乐、健身、旅游观光于一体的开放式综合性公园。由于城市环山而踞，成为特有的"城中山"。因其人文历史和园林风景成为乌兰察布市一处著名的风景区，闻名自治区内外。

老虎山西望卧龙山，北饮灞王河，因山形如猛虎静卧而得名。老虎山生态公园不仅是乌兰察布市民休闲娱乐的场所，也是游客观光的风景胜地。随着城市建设和旅游业发展的需要，乌兰察布市又投资对老虎山生态公园和白泉山生态公园进行改造建设。改造后的老虎山生态公园、白泉山生态公园占地共536.8公顷，建成集文化、休闲、娱乐为一体的综合性公园。

五、塞上江南——巴彦淖尔市

巴彦淖尔市位于内蒙古自治区西部，地处北纬40°13'~42°28'、东经105°12'~109°53'之间，东接包头市，西连阿拉善盟、乌海市，南隔黄河与鄂尔多斯市相望，北与蒙古国接壤，总面积6.4万平方千米。

巴彦淖尔市辖1个市辖区：临河区；2个县：五原县、磴口县；4个旗：杭锦后旗、乌拉特前旗、乌拉特中旗、乌拉特后旗，下设有59个苏木、镇及9个街道。市政府所在地为临河区。

巴彦淖尔得名于富饶的吉兰泰盐池(蒙古语"富饶"为"巴彦"，"湖泊"为"淖尔")。称其为"巴彦"，同时还由于巴彦淖尔地处"黄河百害，唯富一套"的河套地区，有我国"塞上谷仓"之称的缘故。巴彦淖尔盟是内蒙古自治区成立后的新建盟，是1956年4月国务院决定将甘肃省管辖的巴音浩特蒙古族自治州和额济纳自治旗划归内蒙古自治区后，同年6月1日正式成立的。巴彦淖尔原定管辖阿拉善两旗、额济纳旗、磴口县(三盛公)。盟府在巴彦浩特。后盟府迁临河，政区扩大，包括了原河套行政区各县和乌拉特前旗、乌拉特中后联合旗。

(一) 旅游资源分类

按照《旅游资源分类、调查与评价》(GB/T18972-2003)对巴彦淖尔市调查的238个旅游资源单体进行分类(表3-10)。

表3-10 巴彦淖尔市旅游资源类型数量统计

主类名称	亚类名称	基本类型名称	各类单体数量统计		
			基本类型	亚类	主类
A 地文景观	AA 综合自然旅游地	AAA 山岳型旅游地	4	13	26
		AAB 谷地型旅游地	2		
		AAC 沙砾石地型旅游地	6		
		AAG 垂直自然地带	1		
	AB 沉积与构造	ABB 褶曲景观	1	5	
		ABF 矿点矿脉与矿石积聚地	2		
		ABG 生物化石点	2		

续表

主类名称	亚类名称	基本类型名称	各类单体数量统计		
			基本类型	亚类	主类
A 地文景观	AC 地质地貌过程形迹	ACD 石(土)林	1	5	
		ACE 奇特与象形山石	1		
		ACG 峡谷段落	1		
		ACJ 雅丹	1		
		ACL 岩石与岩穴	1		
	AD 自然变动遗迹	ADE 火山与熔岩	1	1	
	AE 岛礁	AEA 岛区	2	2	
B 水域风光	BA 河段	BAA 观光游憩河段	1	1	13
	BB 天然湖泊与池沼	BBA 观光游憩湖区	6	7	
		BBB 沼泽与湿地	1		
	BC 瀑布	BCA 悬瀑	1	2	
		BCB 跌水	1		
	BD 泉	BDA 冷泉	2	3	
		BDB 地热与温泉	1		
C 生物景观	CA 树木	CAA 林地	4	7	15
		CAB 丛树	2		
		CAC 独树	1		
	CB 草原与草地	CBA 草地	4	4	
	CD 野生动物栖息地	CDB 陆地动物栖息地	1	4	
		CDC 鸟类栖息地	3		
D 天象与气候景观	DB 天象与气候现象	DBB 避暑气候地	1	3	3
		DBD 极端与特殊气候显示地	2		
E 遗址遗迹	EA 史前人类活动场所	EAA 人类活动遗址	2	3	28
		EAC 文物散落地	1		
	EB 社会经济文化活动遗址	EBA 历史事件发生地	2	25	
		EBB 军事遗址与古战场	4		
		EBC 废弃寺庙	2		
		EBD 废弃生产地	3		
		EBF 废城与聚落遗迹	11		
		EBG 长城遗迹	2		
		EBH 烽燧	1		

第三章　内蒙古旅游资源区划分

续表

主类名称	亚类名称	基本类型名称	各类单体数量统计		
			基本类型	亚类	主类
F 建筑与设施	FA 综合人文旅游地	FAA 教堂科研实验场所	3	70	110
		FAB 康体游乐休闲度假地	21		
		FAC 宗教与祭祀活动场所	22		
		FAD 园林游憩区域	3		
		FAE 文化活动场所	7		
		FAF 建设工程与生产地	10		
		FAH 动物与植物展示地	2		
		FAI 军事观光地	1		
		FAJ 边境口岸	1		
	FB 单体活动场馆	FBD 体育健身馆场	1	1	
	FC 景观建筑与附属型建筑	FCE 长城段落	4	12	
		FCG 摩岩字画	4		
		FCH 碑碣(林)	1		
		FCI 广场	1		
		FCJ 人工洞穴	1		
		FCK 建筑小品	1		
	FD 居住地与社区	FDC 特色社区	1	3	
		FDH 特色市场	2		
	FE 归葬地	FEB 墓(群)	10	10	
	FF 交通建筑	FFA 桥	3	5	
		FFC 港口渡口与码头	1		
		FFD 航空港	1		
	FG 水工建筑	FGA 水库观光游憩区段	6	9	
		FGC 运河与渠道段落	1		
		FGD 堤坝段落	2		
G 旅游商品	GA 地方旅游商品	GAA 菜品饮食	5	16	16
		GAB 农林畜产品与制品	8		
		GAD 中草药材及制品	2		
		GAE 传统手工产品与工艺品	1		

续表

主类名称	亚类名称	基本类型名称	基本类型	亚类	主类
H 人文活动	HA 人事记录	HAA 人物	3	3	27
	HB 艺术	HBA 文艺团体	10	10	
	HC 民间习俗	HCA 地方风俗与民间礼仪	1	11	
		HCB 民间节庆	3		
		HCC 民间演艺	1		
		HCD 民间健身活动与赛事	1		
		HCE 宗教活动	1		
		HCF 庙会与民间集会	4		
	HD 现代节庆	HDB 文化节	1	3	
		HDC 商贸农事节	2		
主类 8	亚类 27	基本类型 77	单体 238		

[资料来源：巴彦淖尔市旅游发展总体规划(2005－2020)]

(二) 巴彦淖尔市旅游资源空间分布特征

1. 旅游资源类型空间分布特征

(1) 旅游资源分布类型丰富。

巴彦淖尔市各调查小区旅游资源单体在全国旅游资源类型分布中的地位(表3-11、表3-12和表3-13)。

表3-11 巴彦淖尔市旅游资源单体所属类型占全国的比例

地区	主类	亚类	基本类型
全国	8	31	155
巴彦淖尔市	8	27	77
比例(%)	100	87.10	49.68

[资料来源：巴彦淖尔市旅游发展总体规划(2005－2020)]

通过表3-11对调查的238个旅游资源单体类型进行分类，全国旅游资源8个主类巴彦淖尔市全部具备；31个亚类中拥有27种，155个基本类型中拥有77种，分别占全国旅游资源亚类和基本类型的87.1%和49.7%。巴彦淖尔市旅游资源在主类上拥有全国全部主类，说明巴彦淖尔市旅游资源主类全。亚类上旅游资源占全国亚类近九成，仅主类"水域风光"中的"河口与海面"和"冰雪地"亚类、主类"生物景观"中的"花卉地"亚类以及主类"天象与气候景观"中的"光现

第三章 内蒙古旅游资源区划分

象"亚类在这次旅游资源调查中没发现，说明巴彦淖尔市旅游资源亚类较丰富。巴彦淖尔市旅游资源基本类型较丰富，占全国基本类型总数的一半以上。从全国的角度看来，作为旅游资源类型分布形式，巴彦淖尔市旅游资源单体分布的类型广泛。

(2) 旅游资源主类丰富，但分布极不均衡。

表 3-12 巴彦淖尔市不同类型旅游资源单体数量构成

主类	各主类拥有基本类型数量			各主类拥有的旅游资源单体	
	全国	全市	市在全国中所占比例(%)	数量	占全市旅游资源单体总量的(%)
地文景观	37	14	37.8	26	10.92
水域风光	15	7	46.7	13	5.46
生物景观	11	6	54.5	15	6.30
天象与气候景观	8	2	25.0	3	0.13
遗址遗迹	12	9	75.0	28	11.76
建筑与设施	49	25	51.02	110	46.22
旅游商品	7	4	57.1	16	6.72
人文活动	16	10	62.50	27	11.34
合计	155	77	49.68	238	100.00

[资料来源：巴彦淖尔市旅游发展总体规划(2005－2020)]

巴彦淖尔市 8 大旅游资源主类所拥有的基本类型差别很大，旅游资源单体分布比较集中。从表 3-12 可知，巴彦淖尔市 77 种旅游资源基本类型中共有 238 个单体，其中主要集中在建筑与设施主类内，共有 110 个单体，占全市旅游资源基本类型单体总量的 46.22%，其后依次为遗址遗迹主类(28 个单体，占单体总数的 11.76%)、人文活动主类(27 个单体，占单体总数的 11.34%)、地文景观主类(26 个单体，占单体总数的 10.92%)、旅游商品主类(16 个单体，占单体总数的 6.72%)、生物景观(15 个单体，占单体总数的 6.30%)和水域风光主类(13 个单体，占单体总数的 5.46%)，天象与气候景观主类最少，仅 3 个单体。由此可见，巴彦淖尔市旅游资源在主类中分布较为集中，各主类所拥有的旅游资源单体相差悬殊，主要集中在建筑与设施主类内，有 110 个旅游资源单体，而天象与气候景观主类只有 3 个旅游资源单体。

(3) 旅游资源亚类丰富，且分布较为集中。

表 3-13　巴彦淖尔市旅游资源单体亚类分布

主类	亚类	各亚类拥有的旅游资源单体	
		数量	占全市旅游资源单体总量的(%)
地文景观	综合自然旅游地	13	5.46
	沉积与构造	5	2.10
	地质地貌过程形迹	5	2.10
	自然变动遗迹	1	0.42
	岛礁	2	0.84
水域风光	河段	1	0.42
	天然湖泊与池沼	7	2.94
	瀑布	2	0.84
	泉	3	1.26
生物景观	树木	7	2.94
	草原与草地	4	1.68
	野生动物栖息地	4	1.68
天象与气候景观	天象与气候现象	3	1.26
遗址遗迹	史前人类活动场所	3	1.26
	社会经济文化活动遗址	25	10.50
建筑与设施	综合人文旅游地	70	29.41
	单体活动场馆	1	0.42
	景观建筑与附属型建筑	12	5.04
	居住地与社区	3	1.26
	归葬地	10	4.20
	交通建筑	5	2.10
	水工建筑	9	3.78
旅游商品	地方旅游商品	16	6.72
人文活动	人事记录	3	1.26
	艺术	10	4.20
	民间习俗	11	4.62
	现代节庆	3	1.26
合计	——	264	100.00

[资料来源：巴彦淖尔市旅游发展总体规划(2005－2020)]

第三章 内蒙古旅游资源区划分

巴彦淖尔市在全国31个旅游资源亚类中占有27个旅游资源亚类，旅游资源单体在旅游资源亚类中分布也很广泛，旅游资源单体分布情况见表4-7。

从表3-13中可知，巴彦淖尔市27种亚类中综合人文旅游地亚类占了巴彦淖尔市旅游资源单体的29.41%，社会经济文化活动遗址遗迹亚类占旅游资源单体总数的1/10左右，这两个亚类旅游单体合计95个，占旅游资源单体总数的近2/5，可以说明巴彦淖尔市旅游资源在这两种亚类上分布较为丰富，是巴彦淖尔市旅游资源的重点；综合自然旅游地、沉积与构造、地质地貌过程形迹、天然湖泊与池沼、树木、景观建筑与附属型建筑、归葬地、交通建筑、水工建筑、地方旅游商品、艺术、民间习俗12种亚类旅游资源单体均在5个以上(含5个)共计110个，占总数的46.22%；其他13种亚类共计33个旅游资源单体，只占总数的1/10强，数量较为贫乏。旅游资源单体亚类依然分布比较集中，主要集中在综合人文旅游地、社会经济文化活动遗址遗迹这两个亚类中。

(4) 旅游资源基本类型一般，但各基本类型旅游资源单体数量差异较大。

巴彦淖尔市旅游资源单体在全国155个基本类型中占了77个，但是从各基本类型旅游资源单体数量来看，总体差异较大(表3-14)。

表3-14 巴彦淖尔市旅游资源单体基本类型分布特征

单体数量	基本类型(类型数目)	单体合计
5处以下	山丘型旅游地、谷地型旅游地、垂直自然地带、褶曲景观、矿点矿脉与矿石积聚地、生物化石点、石(土)林、奇特与象形山石、峡谷段落、雅丹、岩石洞与岩穴、火山与熔岩、岛区、观光游憩河段、沼泽与湿地、悬瀑、跌水、冷泉、地热与温泉、林地、丛树、独树、草地、陆地动物栖息地、鸟类栖息地、极端与特殊气候显示地、避暑气候地、人类活动遗址、文物散落地、历史事件发生地、军事遗址与古战场、废弃寺庙、废弃生产地、长城遗迹、烽燧、教学科研实验场所、园林游憩区域、动物与植物展示地、军事观光地、边境口岸、体育健身场馆、长城段落、摩崖字画、碑碣(林)、广场、人工洞穴、建筑小品、特色社区、特色市场、桥、港口渡口与码头、航空港、运河与渠道段落、堤坝段落、中草药材及制品、传统手工产品与工艺品、人物、地方风俗与民间礼仪、民间节庆、民间演艺、民间健身活动与赛事、宗教活动、庙会与民间集会、文化节、商贸农事节(65)	116
5(含)~10处	沙砾石地型旅游地、观光游憩湖区、文化活动场所、水库观光游憩区段、菜品饮食、农林畜产品与制品(6)	38
10(含)处以上	废城与聚落遗迹、康体游乐休闲度假地、宗教与祭祀活动场所、建设工程与生产地、墓(群)、文艺团体(6)	84

[资料来源：巴彦淖尔市旅游发展总体规划(2005－2020)]

从表 3-14 可知，77 种基本类型中旅游资源单体 5 处以下的有 65 种基本类型共计 116 个旅游资源单体，其基本类型占巴彦淖尔市所属基本类型的 84.41%，而旅游资源单体数仅占巴彦淖尔市旅游资源单体总数的 48.74%，说明巴彦淖尔市绝大部分基本类型旅游资源单体分布稀少；5 处以上(含 5 处)~10 处以下有 6 种基本类型共计 38 个旅游资源单体，其基本类型占巴彦淖尔市所属基本类型的 7.79%，旅游资源单体数占巴彦淖尔市旅游资源单体总数的 15.96%，在这几种基本类型中旅游资源分布比较丰富；废城与聚落遗迹、康体游乐休闲度假地、宗教与祭祀活动场所、文艺团体、建设工程与生产地、墓(群) 6 种基本类型旅游资源单体 10 处以上(含 10 处)共计 84 个，其基本类型占巴彦淖尔市所属基本类型的 7.79%，旅游资源单体数却占巴彦淖尔市旅游资源单体总数的 1/3 强，这 6 种基本类型旅游资源分布较为丰富；5 处以上(含 5 处)有 12 种基本类型有 122 个旅游资源单体，其基本类型占巴彦淖尔市所属基本类型的 15.58%，旅游资源单体数占巴彦淖尔市旅游资源单体总数的 51.26%。说明巴彦淖尔市旅游资源单体在基本类型中的分布比较集中，主要集中地分布在巴彦淖尔市所属 5 处以上(含 5 处)的 12 种基本类型中。

综上所述，巴彦淖尔市旅游资源单体分 8 大主类，但各大主类中分布很不均衡，仅建筑与设施主类占了 1/2 多，其他 7 大主类所拥有的旅游资源单体数量的总数与建筑与设施主类的数量差不多；旅游资源单体所属亚类非常广泛，但在各亚类中分布极不平衡，主要集中在综合人文旅游地、社会经济文化活动遗址遗迹这两个亚类中。旅游资源单体所属基本类型比较广泛，占了全国基本类型的近 50%。

2．旅游资源行政区域空间分布特征

(1) 旅游资源类型结构行政区域分布极为不均，较为欠缺。

巴彦淖尔市各调查小区的旅游资源类型(表 3-15)。

表 3-15　巴彦淖尔市各行政区域旅游资源类型结构表

区域	基本类型 种类	占全市比例(%)	亚类 种类	占全市比例(%)	主类 种类	占市全比例(%)
临河区	13	16.88	7	25.93	4	50.00
五原县	16	20.78	13	48.15	7	87.50
磴口县	27	35.06	18	66.67	8	100.00
乌拉特前旗	34	44.16	23	85.19	7	87.50
乌拉特中旗	30	38.96	17	62.96	6	75.00

第三章 内蒙古旅游资源区划分

续表

区域	基本类型 种类	占全市比例(%)	亚类 种类	占全市比例(%)	主类 种类	占市全比例(%)
乌拉特后旗	19	24.68	12	44.44	7	87.50
杭锦后旗	7	9.10	4	14.81	3	37.50
巴彦淖尔市域	8	10.39	4	14.81	4	50.00
市合计	77	100.00	27	100.00	8	100.00

注：巴彦淖尔市域指该旅游资源单体在两个旗(县/区)以上有分布。[资料来源：巴彦淖尔市旅游发展总体规划(2005－2020)]

从表3-15可知，各区域(调查小区)旅游资源类型分布极为不均。从主类来看，磴口县拥有全部8大主类，五原县、乌拉特前旗、乌拉特中旗、乌拉特后旗拥有6~7个主类，临河区拥有4个主类，杭锦后旗仅拥有3个主类。从亚类来看，乌拉特前旗拥有全市亚类的85.19%，亚类较丰富；磴口县、乌拉特中旗、五原县、乌拉特后旗拥有全市亚类一半左右，亚类一般；临河区拥有亚类占全市的25.93%，亚类较为欠缺；杭锦后旗仅拥有4个亚类，亚类型极为欠缺。从基本类型来看，乌拉特前旗、乌拉特中旗、磴口县在全市来说较为丰富，分别占全市的44.16%、38.96%和35.06%；临河区、五原县、乌拉特后旗基本类型一般；杭锦后旗仅拥有7个基本类型，基本类型极少。总之，巴彦淖尔市旅游资源类型各区相差悬殊，主类、亚类和基本类型极为不均和欠缺，但从巴彦淖尔市全市角度来看，磴口县、乌拉特前旗、乌拉特中旗、乌拉特后旗拥有的旅游资源类型一般，临河区、五原县拥有的旅游资源类型较少，杭锦后旗旅游资源类型少，旅游资源单调。

(2) 旅游资源单体按主类划分各行政区域旅游资源差异大。

对238个旅游资源单体进行地域分析。首先从各主类分析，天象与气候景观、旅游商品两个主类旅游资源单体在各区域分布欠缺，属于巴彦淖尔市的稀缺资源；建筑与设施和人文活动两个主类是全市各区域均有的资源，但各区域在数量上相差较大，说明这两个主类是巴彦淖尔市的差异性较大的遍在性资源；其他各主类在各区域相差较大，有的就根本没有。其次从各区域分析，8个主类都拥有的有磴口县，说明磴口县旅游资源类型齐全；乌拉特后旗、乌拉特前旗、五原县这3个旗县拥有7个主类，说明这3个旗县的旅游资源类型比较齐全，乌拉特中旗的旅游资源拥有6个主类，旅游资源中等，而临河区、杭锦后旗分别只拥有4个主类和3个主类，旅游资源类型比较单一，旅游资源构成很不合理(表3-16)。

内蒙古旅游资源分析

表 3-16 巴彦淖尔市各行政区域旅游资源主类分布结构表

区域	地文景观	水域风光	生物景观	天象与气候景观	遗址遗迹	建筑与设施	旅游商品	人文活动	小计
临河区	2	0	0	0	1	18	0	5	26
五原县	1	2	1	0	3	6	1	4	18
磴口县	2	3	4	1	6	24	5	4	48
乌拉特前旗	5	5	4	0	7	22	1	4	48
乌拉特中旗	6	2	4	0	7	20	0	4	43
乌拉特后旗	10	1	2	0	5	7	0	1	26
杭锦后旗	0	0	0	0	0	11	1	1	13
巴彦淖尔市域	0	0	0	2	0	2	8	4	16

注：巴彦淖尔市域指该旅游资源单体在两个旗(县/区)以上有分布。[资料来源：巴彦淖尔市旅游发展总体规划(2005－2020)]

(3) 自然类旅游资源与人文类旅游资源行政区域结构不合理。

巴彦淖尔市各区域调查的自然类旅游资源与人文类旅游资源构成如下(表3-17)。

表 3-17 巴彦淖尔市各行政区域调查的自然旅游资源与人文旅游资源比较(按基本类型)

区域	自然旅游资源基本类型 类型数	自然旅游资源基本类型 单体数	人文旅游资源基本类型 类型数	人文旅游资源基本类型 单体数	自然旅游资源/人文旅游资源 类型比	自然旅游资源/人文旅游资源 单体比
全国	71	—	84	—	1:1.18 或 0.85	—
临河区	2	2	11	24	1:5.50 或 0.18	1:12 或 0.08
五原县	3	4	14	14	1:4.67 或 0.21	1:3.50 或 0.29
磴口县	10	10	17	38	1:1.70 或 0.59	1:3.80 或 0.26
乌拉特前旗	11	14	23	34	1:2.09 或 0.48	1:2.43 或 0.41
乌拉特中旗	10	12	20	31	1:2.30 或 0.49	1:2.58 或 0.39

第三章　内蒙古旅游资源区划分

续表

区域	自然旅游资源基本类型		人文旅游资源基本类型		自然旅游资源/人文旅游资源	
	类型数	单体数	类型数	单体数	类型比	单体比
乌拉特后旗	8	13	11	13	1:1.38 或 0.73	1:1.00 或 1.00
杭锦后旗	0	0	7	13	0:7.00	0:13.00
巴彦淖尔市域	2	2	6	14	1:3.00 或 0.33	1:7.00 或 0.14
市合计	29	57	48	181	1:1.66 或 0.60	1:3.18 或 0.31

注：巴彦淖尔市域指该旅游资源单体在两个旗(县/区)以上有分布。[资料来源：巴彦淖尔市旅游发展总体规划(2005－2020)]

如表 3-17 所示，巴彦淖尔市的自然旅游资源基本类型与人文旅游资源基本类型的比值为 0.60，略低于全国两者的比值 0.85，从全市的角度来说，自然旅游资源基本类型与人文旅游资源基本类型搭配较为合理。从各区域来看，除磴口县、乌拉特后旗两旗县与全国相差较小外，其他各旗县市自然旅游资源与人文旅游资源基本类型相差比较大，最大的相差 5 倍多，说明其自然旅游资源与人文旅游资源基本类型区域差异大。

从自然旅游资源和人文旅游资源单体比较来看，巴彦淖尔市以人文旅游资源见长，在 7 个旗(县/区)中，除杭锦后旗没有调查到自然旅游资源外，自然旅游资源和人文旅游资源单体之比最大值与最小值相差十几倍，说明巴彦淖尔市各区域自然旅游资源和人文旅游资源相差较大。由此可见，作为历史悠久但生态环境脆弱的巴彦淖尔市，其旅游资源绝大多数属于人文旅游资源，无论是基本类型的数量抑或单体数量都大大地超过自然旅游资源，并成为巴彦淖尔市旅游资源的一大特点。巴彦淖尔市旅游资源在类型及其性质、原生资源和再生资源、资源潜力、单体数量等各方面存在着明显的区域差异。

(4) 旅游资源行政区域组合差异，各行政区域旅游资源特色明显。

通过前面分析可知，全市旅游资源组合状况是，磴口县旅游资源组合最好，乌拉特后旗、乌拉特前旗、五原县、乌拉特中旗 4 个旗县旅游资源组合较好，杭锦后旗、临河区旅游资源组合一般，但每个旗(县/区)旅游资源各有特色，如乌拉特中旗的"同和太奇石林"、乌拉特后旗的"巴音满都呼恐龙化石保护区"和"蒙古野驴、梭梭林保护区"，乌拉特前旗"乌拉山国家森林公园"、"维信内蒙古草原高尔夫度假村"和"乌梁素海"、五原县的"义和渠历史文化再现工程"和"后套五原景观区"、杭锦后旗的"宝莲寺"和"内蒙古酒文化博物馆"、磴口县的"黄河三盛公水利枢纽工程"和"阿贵庙旅游区"、临河区的"镜湖生态旅游区"将成为各旗(县/区)的旅游卖点。

3. 旅游资源协作区域空间分布特征

根据巴彦淖尔市旅游资源分布和行政区域的协作关系,将巴彦淖尔市分为东南部草原湿地森林生态旅游协作区、西南部河套农业与沙漠旅游协作区以及北部高原荒漠戈壁特种旅游协作区3个协作区。东南部草原湿地森林生态旅游协作区主要包括乌拉特前旗和乌拉特中旗南部;西南部河套农业与沙漠旅游协作区主要包括临河区、五原县、杭锦后旗和磴口县;北部高原荒漠戈壁特种旅游协作区主要包括乌拉特后旗和乌拉特中旗北部(主要有鬼谷岩画、甘其毛道口岸、天然河柳林、叉枝圆柏生态保护区、千年古榆、乌拉特草原6个旅游资源单体)。通过对3个协作区分析,旅游资源类型在东南部、西南部和北部分布不均(表3-18)。

(1) 各协作区域旅游资源类型分布不均。

表3-18 巴彦淖尔市各协作区域旅游资源类型结构表

区域	基本类型 种类	占全市比例/%	亚类 种类	占全市比例/%	主类 种类	占市全比例/%
东南部	49	63.63	25	92.59	7	87.50
西南部	38	49.35	20	74.07	8	100
北部	21	27.27	12	44.44	6	75.00
巴彦淖尔市域	8	10.39	4	14.81	4	50.00
合计	77	100.00	27	100.00	8	100.00

注:巴彦淖尔市域指该旅游资源单体在两个旗(县/区)以上有分布。[资料来源:巴彦淖尔市旅游发展总体规划(2005—2020)]

通过表3-18可知,虽然巴彦淖尔市旅游资源拥有8大主类、27个亚类和77个基本类型,但在各协作区域旅游资源类型分布不均。从主类来看,西南部拥有全部8大主类,东南部和北部分别拥有7个和6个主类。从亚类来看,东南部拥有全市亚类的90%以上,亚类较丰富;西南部拥有全市亚类近3/4,亚类一般;北部拥有亚类占全市的1/2以下,亚类较为欠缺。从基本类型来看,东南部最丰富,占全市的2/3以上,西南部和北部拥有基本类型一般。总之,巴彦淖尔市东南部拥有旅游资源基本类型和亚类较为齐全,西南部主类齐全,北部各类型较差,从而说明东南部旅游资源多样,是巴彦淖尔市旅游开发的重点。

(2) 各协作区域旅游资源单体分布不均。

对238个旅游资源单体进行协作区分析。旅游资源单体主要分布在东南部和西南部，北部较少(表 3-19)。

表 3-19 巴彦淖尔市各协作区域旅游资源主类分布结构表

区域	地文景观	水域风光	生物景观	天象与气候景观	遗址遗迹	建筑与设施	旅游商品	人文活动	小计
东南部	11	7	4	0	14	40	1	8	85
西南部	5	5	5	1	9	59	7	14	105
北部	10	1	6	0	5	9	0	1	32
巴彦淖尔市域	0	0	0	2	0	2	8	4	16

注：巴彦淖尔市域指该旅游资源单体在两个旗(县/区)以上有分布。[资料来源：巴彦淖尔市旅游发展总体规划(2005－2020)]

(三) 巴彦淖尔市旅游资源评价

基于对巴彦淖尔市旅游资源初步调查的精度和对各旅游资源基本类型单体掌握程度的不一，除在评价时结合实地调查时获取的初步资料和直接感受印象以外，还参考了地方上提供的文字材料，包括各主要景区景点的说明书或介绍说明、巴彦淖尔市和有关职能部门提供的资料及对发展当地旅游的设想，依据《旅游资源分类、调查与评价》(GB/T18972-2003)对巴彦淖尔市旅游资源的优良级和普通级进行评价。另外，此次评价中约有 50 个单体尚未有较为统一或公认的评判标准，故暂未予以评价。

通过对 238 个旅游资源单体按旅游资源评价赋分标准评价，未参加评价的旅游资源单体 50 个，占旅游资源单体总数的 21.00%；普通级旅游资源单体 106 个，占总数的 44.54%；三级旅游资源单体 69 个，占总数的 29.00%；四级旅游资源单体 13 个，占总数的 5.46%。由于五级、四级、三级旅游资源被统称为"优良级旅游资源"，所以巴彦淖尔市优良级旅游资源有 82 个，占总数的 34.45%(表 3-20)。

表 3-20 巴彦淖尔市旅游资源单体评价表

等级		旅游资源单体(单体数目)
优良级	四级	巴音满都呼恐龙化石保护区、同和太奇石林、乌后旗蒙古高原、乌拉山大桦背景观区、乌兰布和沙漠、阿贵庙、甘其毛道口岸、黄河三盛公水利枢纽工程、维信内蒙古草原高尔夫度假村、小佘太秦长城、乌拉特草原、纳林湖、乌梁素海(13)

续表

等级		旅游资源单体(单体数目)
优良级	三级	巴音戈壁、宝日恒图木化石群、宝音图风蚀景观(川井)、本巴台戈壁、洪羊洞、后套临河景观区、后套五原景观区、玛瑙湖、乌后旗阴山峡谷通道景观、乌梁素海长岛、乌梁素海周宝城岛、阿贵山庄、巴仁宝勒格旅游度假村、包兰铁路黄河双向铁路大桥、宝莲寺、边防哨所(阿拉格巴音)、博威生态旅游开发区、德岭山水库、磴口黄河休闲堤坝、磴口蒙牛科技食品工业园区、磴口阴山岩画、甘露寺、公庙子军用机场、海镇生态园、河套酒业生产线、河套源头、红格尔水库、镜湖休闲度假村、葵花雕塑、狼山水库、隆胜星月生态农业高科技园、内蒙古酒文化博物馆、纳林套海农场、瑙干塔拉、善达古庙、乌不浪口秦长城、乌拉特后旗博物馆、乌拉特后旗阴山岩画群、乌拉特中旗鬼谷岩画、乌梁素海旅游度假村、五原县档案馆、希热庙、小余太阴山岩画、小余太赵长城、义和渠、阴山岩画博物馆、中国林科院沙漠林业实验中心、阿力奔草原、布格提梭梭林、叉枝圆柏生态保护区、哈腾套海自然保护区、千年古榆、梭梭林-蒙古野驴保护区、乌梁素海观鸟点、阿尔善热水、阿贵神泉、阿力奔天池、孟王栓海子水体、沙顶湖、塔尔湖(烂韩柜海子)、乌兰布和沙漠三湖、避暑气候地、黄河冰凌景观、霍各乞古铜矿遗址、鸡鹿塞汉石城遗址、乌拉特后旗汉长城、乌梁素海受降城、五原誓师台、新忽热古城遗址(69)
普通级		敖包山、白音查干沙地、二狼山风景区、海里斯沙地、霍各乞铜多矿产地、狼山呼和巴什格景观区、牛心山、希热庙火山口、小庙沟峡谷、小余太褶曲景观、阿力奔古墓群、巴仁宝勒格水库、宝音图民俗村、补隆淖汉墓群、补隆淖天主教堂、甘露寺、朝阳乡汉代墓群、慈仁寺、达拉盖度假村、大悲寺、大余太清真寺、大余太水库、德布斯格庙、磴口沙生植物园、渡口天主教堂、公庙军用机场人工洞、公庙子汉代墓群、哈日朝鲁庙、哈腾汉墓群、海镇鹿苑、杭锦后旗综合性体育馆、呼格吉勒浩特、花都儿童乐园、黄河浮桥、黄河农业生态园、黄河三盛公游乐园、汇源河套乳品饮料公司、金堂庙、丹拉高速公路黄河大桥、狼山石刻、丽水庄园、林海公园、临河蒙古大营、马道桥清真寺、内蒙古巴盟林业局生态基地、南海子、南渠西丽湖、千里庙、人民公园、三顶帐房汉代古墓群、三湖口渡口、三盛公天主教堂、沙金套海古墓群、陕坝公园、陕坝清真寺、陕坝天主教堂、四大股庙、头道桥旅游度假村、乌不浪口抗日烈士陵园、乌拉山赵长城、乌拉特蒙古大营、乌拉特前旗生态移民村、乌拉特中旗博物馆、乌梁素海鸟类标本馆、五原清真寺、稀有树种园、小庙沟乌日图高勒庙、星月世纪广场、永济游乐园、增隆昌水库、章嘉庙、阿贵庙庙会、宝勒根塔拉神树、隆盛合镇生态园区、孟王栓海子观鸟点、纳林湖观鸟点、三苗神树、沙德盖草原、天然河柳林、前旗黄河观光区、希热圣水、小庙沟瀑布、仰狼沟瀑布景观、大漠落日、阿力奔新石器时代遗址、宝日恒图山古庙遗址、宝音图汉代烽火台、长胜东湾小学革命遗址、达日盖新石时代遗址、德岭山备战地道、德岭山赵长城遗迹、光禄塞古城遗址、哈日格那峡谷、后契勒陶力盖遗址、呼鲁斯太遗址、临河区八一乡古城遗址、临戎古城遗址、三顶帐房古城遗址、三封古城、善岱古庙、沃野镇古城遗址、五份桥古城、五原烈士陵墓、西山咀晚唐遗址、西受降城遗址、窳浑古城遗址(106)

[资料来源：巴彦淖尔市旅游发展总体规划(2005－2020)]

第三章　内蒙古旅游资源区划分

1. 巴彦淖尔市旅游资源质量高、结构层次合理

巴彦淖尔市优良级旅游资源单体共 82 个，占全部单体总数的 34.4%，其中三级旅游资源单体 69 个，四级旅游资源单体 13 个。优良级旅游资源占了巴彦淖尔市旅游资源单体总数的 1/3 强，说明巴彦淖尔市旅游资源质量高，使其在激烈的旅游目的地竞争中有较强的资源优势，正是因为这一点，把巴彦淖尔市建设为内蒙古自治区西部旅游胜地成为可能。同时，巴彦淖尔市普通级旅游资源单体共计 106 个，数量多，类型亦多，是巴彦淖尔市发展旅游业的基础。从巴彦淖尔市旅游资源各质量等级比例关系来分析，四级、三级、普通级的比值为 13:69:106，是一个金字塔结构，旅游资源质量结构合理，为巴彦淖尔市发展旅游业提供了良好的资源支撑。总之，巴彦淖尔市旅游资源类型多、数量大、总体质量较高，旅游资源质量结构分布合理。

2. 各类型旅游资源质量和数量差别大，人文类旅游资源单体数量稍多

从旅游资源亚类来看，综合人文旅游地亚类普通级旅游资源单体有 41 个，占全市普通级旅游资源单体近 40%；优良级旅游资源单体有 26 个，占巴彦淖尔市优良级旅游资源单体近 1/3，是巴彦淖尔市旅游资源开发的重点类型。景观建筑与附属型建筑、社会经济文化活动遗址遗迹这两个亚类普通级旅游资源单体有 27 个，占巴彦淖尔市普通级旅游资源单体 25% 以上；优良级旅游资源单体有 14 个，占巴彦淖尔市优良级旅游资源单体总数的 17.07%，是巴彦淖尔市优势类型。其余各类型旅游资源数量少、质量一般，是巴彦淖尔市广布型旅游资源。优良级旅游资源单体主要集中在综合人文旅游地、景观建筑与附属型建筑、社会经济文化活动遗址遗迹、综合自然旅游地等 15 个亚类中。在所调查的巴彦淖尔市 27 个旅游资源亚类中，尚有 12 个亚类未发现优良级游资源，这 11 个亚类旅游资源质量一般(表 3-21)。

表 3-21　巴彦淖尔市旅游资源质量按亚类分布表

亚类(单体数目)	普通级	三级	四级	优良级
综合自然旅游地(13)	5	5	3	8
沉积与构造(5)	2	2	1	3
地质地貌过程形迹(5)	2	2	1	3
自然变动遗迹(1)	1	0	0	0
岛礁(2)	0	2	0	2
河段(1)	1	0	0	0
天然湖泊与池沼(7)	0	5	2	7
瀑布(2)	2	0	0	0

续表

亚类(单体数目)	普通级	三级	四级	优良级
泉(3)	1	2	0	2
树木(7)	4	3	0	3
草原与草地(4)	1	2	1	3
野生动物栖息地(4)	2	2	0	2
天气与气候现象(3)	1	2	0	2
史前人类活动场所(3)	3	0	0	0
社会经济文化活动遗址遗迹(25)	19	6	0	6
综合人文旅游地(67)	41	23	3	26
单体活动场馆(1)	1	0	0	0
景观建筑与附属型建筑(12)	4	7	1	8
居住地与社区(1)	1	0	0	0
归葬地(8)	8	0	0	0
交通建筑(5)	3	2	0	2
水工建筑(9)	3	5	1	6
民间习俗(1)	1	0	0	0
合计(188)	106	69	13	82

[资料来源：巴彦淖尔市旅游发展总体规划(2005-2020)]

从主类来分析，旅游资源主要集中在建筑与设施主类中，其普通级和优良级旅游资源均占全市同等级旅游资源单体数的50%以上；除天象与气候景观主类3个参评旅游资源单体、人文活动主类1个参评旅游资源单体和旅游商品主类没有参评旅游资源单体外，其余4大主类旅游资源质量和数量相差不大，普通级旅游资源单体最多22个，最少4个，优良级旅游资源单体最多16个，最少6个(表4-18)。旅游商品、人文活动两大主类中均未调查到优良级旅游资源单体，特别是旅游商品主类均未参评，而这两大类主要反映当地农林畜水产产品及制品、饮食、手工产品以及当地的民间活动、文体活动和各种节庆活动，这与巴彦淖尔市实际情况相符，只要巴彦淖尔市在这方面加强旅游产品包装和开发，如中国枸杞第一乡的先锋枸杞、最大葵花生产大县的五原葵花、沙漠人参肉苁蓉、乌拉特前旗乌兰牧骑等只要稍加包装和策划，就可能成为优良级旅游产品。天象与气候景观主类3个旅游资源单体有2个旅游资源单体为优良级，水域风光类虽然旅游资源单体参评总数较少，只有13个，但其资源总体质量高，普通级占其总数的30.76%，优良级占其总数的69.23%，在进行旅游开发时该类资源要引起重视(表4-23)。从表3-24可以看出，人文类旅游资源不论从质量还是从数量上都占有优势。

第三章 内蒙古旅游资源区划分

表 3-22 巴彦淖尔市旅游资源质量按主类分布表

主类(单体数目)	普通级	三级	四级	优良级
地文景观(26)	10	11	5	16
水域风光(13)	4	7	2	9
生物景观(15)	7	7	1	8
天象与气候景观(3)	1	2	0	2
遗址遗迹(28)	22	6	0	6
建筑与设施(103)	61	37	5	42
人文活动(1)	1	0	0	0
合计(188)	106	69	13	82

[资料来源：巴彦淖尔市旅游发展总体规划(2005－2020)]

表 3-23 巴彦淖尔市各等级旅游资源按主类分布表

主类	单体总数	参评数旅游资源单体 数量	占主类总/%	普通级 数量	占主类总/%	优良级 数量	占主类总/%
地文景观	26	26	100.00	10	38.46	16	61.54
水域风光	13	13	100.00	4	30.77	9	69.23
生物景观	15	15	100.00	7	46.67	8	53.33
天象与气候景观	3	3	100.00	1	33.33	2	66.67
遗址遗迹	28	28	100.00	22	78.57	6	21.43
建筑与设施	110	103	93.64	61	55.45	42	38.18
旅游商品	16	0	0.00	0	0.00	0	0.00
人文活动	27	1	3.70	1	3.70	0	0.00
合计	238	188	78.99	106	44.54	82	34.45

[资料来源：巴彦淖尔市旅游发展总体规划(2005－2020)]

表 3-24 巴彦淖尔市自然旅游资源和人文旅游资源质量状况表

主类(单体数目)	普通级	三级	四级	优良级
自然旅游资源(57)	22	27	8	35
人文旅游资源(131)	84	42	5	47
合计(188)	106	69	13	82

[资料来源：巴彦淖尔市旅游发展总体规划(2005－2020)]

（四）主要旅游景区

1. 乌拉特草原

巴彦淖尔市地形地貌大体分为三种类型：阴山山脉绵延东西，横亘在巴彦淖尔市腹地；阴山南麓是广阔的河套平原；阴山以北是辽阔的乌拉特草原。这里夏秋两季，绿草如茵，牛羊肥壮，气候凉爽，幽静宜人。游客在这里可以身着蒙古袍，脚蹬蒙古靴，跨上追风的骏马，乘上稳健的骆驼在草原上漫游；可以在篝火的映衬下，欣赏蒙古民族歌舞；可以在热情的敬酒歌声中，品尝醇厚清香的马奶酒、清香的手扒肉；烤全羊使你在大饱口福之时大开眼界；牧民家醇香的奶茶、传统的奶食品会使你遐想游牧民族的生活历程；夜宿蒙古包，侧耳倾听阵阵牧歌，抬头数点点繁星。投入大自然的怀抱，那城市的喧嚣已在九霄云外。

2. 三盛公水利风景区

三盛公水利风景区位于巴彦淖尔市磴口县巴彦高勒镇东南2千米处，是围绕三盛公水利枢纽工程而建立的集水利工程观光、黄河观光、休闲娱乐功能于一体的旅游区。

黄河三盛公水利风景区位于黄河干流的上中游，著名的黄河"几"字湾头，三盛公水利枢纽工程依法确权划界的管理范围内；地处巴彦淖尔市磴口县、鄂尔多斯市杭锦旗、阿拉善盟阿左旗接壤处；分布于磴口县巴彦高勒镇(原名三盛公)东南的黄河干流两岸，总面积129.31平方千米。中心景区距乌海市83千米、银川市265千米、临河区60千米、呼和浩特市480千米。包兰铁路、110国道、京藏高速公路穿境而过，周边有乌海机场、鄂尔多斯机场、银川机场和包头机场，交通十分便利，是西北旅游线路的一颗新星。风景区以雄浑壮观的大河风光、神奇壮美的沙漠景观、气势宏伟的枢纽工程，以及良好的生态、鲜明的地域文化、丰富的自然景观和人文景观资源，使这里成为融观光游览、休闲度假、户外运动、生态科普为一体的大型国家级水利风景区。

三盛公水利枢纽工程始建于1959年，是国家水利建设的重点工程，同时也是黄河流域最大的河流灌溉工程和东南亚最大的大型平原闸坝工程，号称"万里黄河第一闸"，在国内享有盛誉。黄河之上的长达325.84米的18孔拦河闸是三盛公水利风景区的核心景观。三盛公水利枢纽工程，东临鄂尔多斯高原，南临黄河铁路大桥，雄伟的京藏高速公路大桥跨河而过，伟岸的建筑将奔腾的黄河拦腰斩断，该工程也是内蒙古自治区爱国主义教育基地。

3. 河套酒业集团工业旅游区

河套酒业集团位于巴彦淖尔市杭锦后旗陕坝镇，距巴彦淖尔市政府所在地临河区40千米，是全国工业旅游示范点。

河套酒业集团创建于 1952 年，逐渐发展成为占地面积 60 万平方米、拥有员工 3500 人、年产优质纯粮白酒 5 万吨的国家大型企业，在同行业竞争中异军突起，成为内蒙古自治区酿酒行业的龙头企业，进入中国食品工业企业 100 强。

黄河母亲，以其源远流长之水养育了河套酒业广袤富饶的资源基地。这里素有"塞外粮仓"之美称，酿酒历史悠久，50 余年历史的老窖池、3 万吨的储酒库、350 万元美国先进水处理设备、3 位国家级品酒员、30 多名质量工程师，生动的数字展示着河套酒业"至纯至真"的产品理念和"超越自我，追求完美"的企业精神。河套酒业集团股份有限责任公司于 1997 年一次性通过了质量体系与产品质量双认证，2002 年又通过了 ISO9001 质量体系认证。河套酒现有浓香型、清香型、营养滋补型三大系列、多个档次、300 多个花色品种产品，主打产品"河套王""河套老窖十年陈酿"深受广大消费者的喜爱，销售网络辐射全国 20 多个省、市、自治区。集团进行地方酒文化的收集整理，建起了内蒙古第一家酒文化博物馆，得到了社会各界的赞赏，树立了良好的企业形象。以此为依托，公司大力发展工业旅游，按照酿酒工艺流程，打造了四条旅游线路。游客到此，既可了解传统酿酒工艺，也可欣赏现代制酒技术，还可亲自参与生产，在轻松快乐的游览中，感受河套酒文化的博大精深。

4. 纳林湖

纳林湖距巴彦淖尔市磴口县城 40 千米，距乌海市机场 120 千米，距巴彦淖尔市区 95 千米。是巴彦淖尔农垦继乌梁素海之后又一个极具有旅游开发价值的内蒙古自治区西部第二大淡水湖和重要的湿地，湖泊呈不规则半月形，总面积 2 万亩，平均水深 3.5 米，最深处可达 6 米。湖中有大小岛屿十余处，其中最大的面积约 150 亩；百余种候鸟在这里生长繁殖，其中国家一、二级保护鸟有：白天鹅、黑天鹅、灰鹤、白鹭、灰鹭、鸿雁、雉鸡、野鸭等数十种。黄河鲤鱼、草鱼、鲫鱼、鲢鱼、鲶鱼、武昌鱼及河蟹、河虾等水产品在周边地区享有盛名。湖里长有茂密的芦苇，年产量可达 2 000 吨。

5. 黄河河套文化旅游区

位于我国黄河流域上中游，黄河"几"字湾北岸，巴彦淖尔市临河区与双河区交界处。景区于 2012 年开始建设，2013 年 9 月正式建成并开始接待游客。黄河河套文化旅游区呈带状分布，目前已经成为巴彦淖尔市最大的开放性湿地旅游区。

目前，景区北侧已建成塞上明珠广场、水韵阁、文化长廊、黄河渔村、儿童乐园、黄河母亲雕塑、竹柳迷宫等游览娱乐设施，景区南侧已建成蒙古大营、黄河广场、黄河水利文化博物馆、农耕文化园、走西口民俗文化村、酒庄采摘园、酒庄度假木屋、酒庄码头等旅游景点。

6. 维信国际高尔夫度假村

维信国际高尔夫度假村是内蒙古自治区第一家大型综合旅游度假村，是内蒙古自治区首家高尔夫球场。度假村地处巴彦淖尔市乌拉特前旗巴音花镇。度假村占地3500余亩，以阴山群峰为屏障，以河套平原为衬托，整体设计气势磅礴，波澜起伏。维信国际高尔夫度假村拥有18洞国际标准高尔夫球场。高尔夫球场是由国内外顶级高尔夫设计大师联袂打造，属国际标准18洞72杆锦标赛级旅游观光球场。占地面积1489亩，球道全长7128码。

7. 临河黄河国家湿地公园

临河黄河国家湿地公园位于我国黄河流域上中游，黄河"几"字湾北岸，地处河套平原南麓，巴彦淖尔市临河区境内，地处北纬 40°40′~40°41′、东经107°21′~107°32′之间，规划总面积4637.6公顷。是西部干旱、半干旱区典型的黄河河滩芦苇沼泽湿地类型，是我国中温带候鸟迁徙、繁衍生息的理想场所。临河黄河湿地是维护黄河流域中下游水生态安全和祖国北方重要防沙、治沙绿色生态的天然屏障。

8. 万泉湖生态旅游度假区

万泉湖生态旅游度假区位于巴彦淖尔市敖伦布拉格镇与磴口县沙金苏木交界处，东距磴口县58千米，西距吉兰泰镇140千米，北距乌力吉口岸270千米，距乌海机场140千米，处在藏传佛教圣地阿贵庙、大自然神秘景观神根峰、圣母洞、石骆驼、儿驼庙、梦幻峡谷掌心位置，具有承接东西、辐射南北区位交通优势。主要建设项目有：万泉明珠观光塔、敖包祈福地标、沟心庙宗教朝圣区、万马奔腾马术娱乐区、光伏农业生态大棚、沙生植物生态保育区、垂钓休闲区、观鱼岛、天然游泳吧等。

9. 阴山岩画

阴山岩画是迄今为止我国已发现的岩画中分布最为广泛、内容最为多样、艺术最为精湛的岩画，是我国最大的岩画宝库。现存的阴山岩画绝大部分分布在巴彦淖尔地区，真实地记录了在此生活的古代北方匈奴、敕勒、柔然、鲜卑、蒙古等游牧民族的生产、生活历史。五虎图是阴山岩画的代表作。

阴山岩画最多的地方在乌拉特中旗南部的地里哈日山的黑山上，东西延伸5千米多。仅此一处，岩画就在千幅以上。在地里哈日山东北不远的山南坡和山顶部也有大量岩画和地里哈日山岩画毗连在一起，成为一个岩画分布区。地里哈日山西南约8千米的瓦窑沟北山，每隔2~10米或稍远一些便有一处岩画，总数在9百幅以上。其次在磴口县的北托林沟山地的黑石上，一般2~3米就有一幅岩画，最远间隔不超过10米，其总数在500幅以上。

最密集的岩画群一个在默勒赫图沟一处迎北的崖壁上，东西约 50 米，高约 20 米，约有 80 个人头像组成。另一个在格和尚德沟中段的一块迎西的石壁上，宽约 5 米，高约 15 米，由 50 个个体画组成。岩画面积最大的是乌拉特后旗大坝沟口西畔石头上的正方形岩画，面积约 400 平方米，被列为内蒙古自治区重点保护文物。

10．乌梁素海、阿力奔草原与乌拉山综合旅游区

位于巴彦淖尔市东南部乌拉特前旗境内，由乌梁素海、阿力奔草原和乌拉山小天池三部分旅游资源组成，是巴彦淖尔市境内资源品位很高、地位重要的旅游区之一。

"乌梁素海"系蒙语音译名，意为"杨树湖"，是典型的河迹牛轭湖，其前身为黄河故道。湖面南北长 35~40 千米，东西宽 5~10 千米，面积为 44 万亩，约为 293 平方千米。乌梁素海是内蒙古自治区西部最大的淡水湖泊，也是我国八大淡水湖之一，更是地球上同一纬度最大的自然湿地和世界知名的大型湿地生物多样性保护区。这里水质肥沃，水产资源丰富，有北国水乡之称。这里出产鲤鱼、鲫鱼、草鱼、鲢鱼、赤眼鳟等 20 多种鱼类，年产量 300 多万斤，最高年产 800 万斤。同时，这里还是珍禽水鸟的栖息繁衍之地。每年春、夏、秋三季，有近 200 多种禽鸟生活在这里，其中疣鼻天鹅、大天鹅、斑嘴鹈鹕都是国家重点保护鸟类。

11．乌拉山森林公园

乌拉山森林公园距包头市 50 千米，巴彦淖尔市 198 千米，乌拉特前旗 50 千米，南临 110 国道和包兰铁路。主峰大桦背海拔 2322 米，是森林公园的主体，这里古木参天，白桦葱茏，松柏如涛，百鸟啼鸣。夏秋之季，风光秀丽，气候宜人，为疗养避暑胜地。登上大桦背山顶，包头市、黄河等尽收眼底，乌梁素海的湖光山色一览无余。风景区群峰林立，沟谷纵横，林木花草茂盛，风光旖旎，以雄、秀、幽、旷的自然景观，吸引了当地及外省市的大批游客。

第二节 东北部草原、森林与冰雪旅游资源区

一、北疆碧玉——呼伦贝尔市

呼伦贝尔市为内蒙古自治区下辖地级市，位于内蒙古自治区东北部，以境内呼伦湖和贝尔湖得名。地处北纬 47°05′~53°20′、东经 115°31′~126°04′之间。呼伦

贝尔市总面积26.2万平方千米，相当于山东省与江苏省两省面积之和。南部与兴安盟相连，东部以嫩江为界与黑龙江省为邻，北部和西北部以额尔古纳河为界与俄罗斯接壤，西部和西南部同蒙古国交界。边境线总长为1733.32千米，其中中俄边界1051.08千米，中蒙边界682.24千米。

呼伦贝尔市辖2个市辖区(海拉尔区、扎赉诺尔区)、4个旗(阿荣旗、陈巴尔虎旗、新巴尔虎左旗、新巴尔虎右旗)、3个自治旗(莫力达瓦达斡尔族自治旗、鄂伦春自治旗、鄂温克族自治旗)、5个市[满洲里市(含扎赉诺尔区)、牙克石市、扎兰屯市、额尔古纳市、根河市]。

呼伦贝尔市因呼伦湖和贝尔湖而得名。呼伦为蒙古语"哈溜"(水獭)的音转，贝尔为蒙古语"雄水獭"。因古代这两个大湖产水獭，当地牧民便形成了以动植物名称命山河湖泉及地名的习惯，而命这两个大湖为呼伦湖和贝尔湖。清代雍正年间始设城驻防大兴安岭以西地域，命该城为呼伦贝尔城，后成为呼伦贝尔盟的名称。

(一) 旅游资源分类

根据《旅游资源分类、调查与评价》(GB/T18972-2003)，呼伦贝尔市旅游资源分类如下(表3-25)：

表3-25 呼伦贝尔市旅游资源类型

主类	亚类	单体代码	单体数量/个
A 地文景观	AA 综合自然旅游地	AAA 山丘型旅游地	26
		AAB 谷地型旅游地	8
		AAD 滩地型旅游地	2
		AAG 垂直自然地带	1
		AAZ 自然保护区(增加类型)	9
	AB 沉积与构造	ABB 褶曲景观	1
		ABD 地层剖面	2
		ABF 矿点矿脉与矿石积聚地	1
		ABG 生物化石点	1
	AC 地质地貌过程形迹	ACA 凸峰	2
		ACB 独峰	1
		ACC 峰丛	1
		ACD 石(土)林	6
		ACE 奇特与象形山石	1
		ACG 峡谷段落	1
		ACH 沟壑地	2
		ACK 堆石洞	6
		ACL 岩石洞与岩穴	3

第三章　内蒙古旅游资源区划分

续表

主类	亚类	单体代码	单体数量/个
A 地文景观	AD 自然变动遗迹	ADE 火山与熔岩	14
		ADG 冰川侵蚀遗迹	2
B 水域风光	BA 河段	BAA 观光游憩河段	26
	BB 天然湖泊与沼泽	BBA 观光游憩湖区	30
		BBB 沼泽与湿地	10
	BC 瀑布	BCB 跌水	2
	BD 泉	BDA 冷泉	3
		BDB 地热与温泉	1
C 生物景观	CA 树木	CAA 林地	29
		CAB 丛树	4
		CAC 独树	9
	CB 草原与草地	CBA 草地	15
		CBB 疏林草地	3
	CC 花卉地	CCA 草场花卉地	1
	CD 野生动物栖息地	CDA 水生动物栖息地	3
		CDB 陆地动物栖息地	9
		CDC 鸟类栖息地	9
D 天气与气候景观	DA 光现象	DAA 日月星辰观察地	1
	DB 天气与气候现象	DBB 避暑气候地	5
		DBD 极端与特殊气候显示地	3
		DBE 物候景观	1
E 遗址遗迹	EA 史前人类活动场所	EAA 人类活动遗址	6
		EAB 文化层	2
		EAD 原始聚落	1
	EB 社会经济文化活动遗址遗迹	EBA 历史事件发生地	1
		EBB 军事遗址与古战场	10
		EBE 交通遗迹	1
		EBF 废城与聚落遗迹	8
		EBG 长城遗迹	2
		EBZ 馆藏文物(增加类型)	2
F 建筑与设施	FA 综合人文旅游地	FAA 教学科研实验场所	3
		FAB 康体游乐休闲度假地	4
		FAC 宗教与祭祀活动场所	6
		FAD 园林游憩区域	50
		FAE 文化活动场所	3
		FAF 建设工程与生产地	4
		FAG 社会与商贸活动场所	15

续表

主类	亚类	单体代码	单体数量/个
F 建筑与设施	FA 综合人文旅游地	FAH 动物与植物展示地	3
		FAI 军事观光地	5
		FAJ 边境口岸	9
		FAK 景物观赏点	4
	FB 单体活动场馆	FBA 聚会接待厅堂(室)	1
		FBC 展示演示场馆	21
		FBD 体育健身馆场	9
	FC 景观建筑与附属建筑	FCA 佛塔	1
		FCB 塔形建筑物	4
		FCC 楼阁	11
		FCG 摩崖字画	1
		FCH 碑碣(林)	4
		FCI 广场	16
		FCK 建筑小品	12
		FCL 行营(增加类型)	5
	FD 居住地与社区	FDA 传统与乡土建筑	6
		FDB 特色街巷	5
		FDC 特色社区	6
		FDD 名人故居与历史纪念建筑	7
		FDF 会馆	1
		FDG 特色店铺	2
		FDH 特色市场	2
	FE 归葬地	FEA 陵区陵园	3
		FEB 墓(群)	5
	FF 交通建筑	FFA 桥	16
		FFB 车站	85
		FFC 港口渡口与码头	1
		FFD 航空港	3
	FG 水工建筑	FGA 水库观光游憩区段	5
G 旅游商品	GA 旅游商品	GAA 菜品饮食	85
		GAB 农林畜产品与制品	146
		GAC 水产品与制品	6
		GAD 中草药材及制品	62
		GAE 传统手工产品与工艺品	113
		GAF 日用工业品	24
H 人文活动	HA 人事记录	HAA 人物	54
		HAB 事件	5

第三章 内蒙古旅游资源区划分

续表

主类	亚类	单体代码	单体数量/个
H 人文活动	HB 艺术	HBA 文艺团体	7
		HBB 文学艺术作品	89
	HC 民间习俗	HCA 地方风俗与民间礼仪	72
		HCB 民间节庆	4
		HCD 民间健身活动与赛事	35
		HCE 宗教活动	26
		HCG 饮食习俗	35
		HCH 特色服饰	40
	HD 现代节庆	HAD 旅游节	26
		HDB 文化节	49

(资料来源：梅荣，王朋薇，韩丽荣.呼伦贝尔旅游资源及环境影响评价[M].长春：东北师范大学出版社，2014.)

整体来看，呼伦贝尔市的旅游资源单体总数为1511个，其亚类共有28个(缺少3个亚类)，占旅游资源分类国家标准规定31个亚类的90.3%。在分类时，根据实际需要增加了3个基本类型(自然保护区、馆藏文物、行营)，使国标中的155个基本类型增加到158个。

在呼伦贝尔市旅游资源调查中，共调查到103个基本类型，占国标旅游资源基本类型和本次新加类型总数(个)的比重为65.2%。

呼伦贝尔市旅游资源各主类的基本类型，占相应主类的基本类型的比重：生物景观主类的基本类型占其主类的基本类型的比重最高，为90.9%；旅游商品主类的基本类型占其主类的基本类型的比重为85.7%；人文活动主类的基本类型占其主类的基本类型的比重为75.0%；建筑与设施主类的基本类型占其主类的基本类型的比重为72.0%；遗址遗迹主类的基本类型占其主类的基本类型的比重为69.2%；地文景观主类的基本类型占其主类的基本类型的比重为52.0%；天象与气候景观主类的基本类型占其主类的基本类型的比重仅为50.0%。水域风光主类的基本类型占其主类的基本类型的比重为33.3%。从此组数据可以看出，呼伦贝尔市作为地级市，旅游资源较为丰富，其中人文旅游资源更为丰富。其中呼伦贝尔在自然旅游资源(包括地文景观、水域景观、生物景观和天象与气候景观4个主类)的单体数有262个，占整个旅游资源单体总数的17.3%。在遗址遗迹、建筑与设施、旅游商品和人事活动4个人文旅游资源主类中，所有的亚类都有资源单体，而且资源单体数量达到1 249个，占单体数量的82.7%。这个结果在一定程度上反映了呼伦贝尔市有较为丰富的森林和草原旅游资源，同时反映呼伦贝尔市有丰富的民俗旅游资源。

(二) 旅游资源特征

旅游资源是旅游业发展的首要前提和基础。呼伦贝尔市旅游资源类型多样，国内外知名度高，生态与人文相互交融，是中国少有的旅游资源富集地，为旅游业发展创造了优良条件。

1. 类型丰富

呼伦贝尔市旅游资源类型丰富。按照《旅游资源分类、调查与评价》(GB/T18972-2003)，呼伦贝尔具备了旅游资源中的全部8大主类，31个亚类中的28个亚类。旅游资源类型的拥有率高，在内蒙古自治区乃至全国都具有代表性。

2. 分布均衡

呼伦贝尔市旅游资源规模大，而且美，在全市域都有典型分布和优良组合。与"大草原、大森林、大水域、大冰雪、大口岸、大民俗"相对应的，是"最美的草原""最美的森林""最美的湿地""最美的冰雪""最美的口岸""最美的风情"，在空间上呈均衡分布特征，构成了全景域的呼伦贝尔。

3. 情景交融

呼伦贝尔市人文形态与生态资源是有机的整体。蒙古族、回族、满族、朝鲜族、达斡尔族、鄂温克族、鄂伦春族、俄罗斯族等少数民族聚居于此，特定的生态环境和资源，造就了特定的社会经济形态和文化特征。游牧文化与草原湿地、狩猎文化与山地森林、农耕文化与北国沃土，相互之间不可分割，形成了情景交融、和谐共生的生动场景。

4. 标志性强

呼伦贝尔大草原、大兴安岭、呼伦湖、贝尔湖、克鲁伦河、莫日格勒河、额尔古纳河、奥克里堆山、呼和诺尔河、冷极村等，是人们耳熟能详的景观地理标志，蒙兀室韦、宝格德乌拉圣山、嘎仙洞、中东铁路、满洲里国门、中俄蒙零号界碑等，是具有重要历史文化价值的人文地理标志。最美的草原，北方民族的摇篮，呼伦贝尔旅游资源的知晓度非常高。

5. 敏感度高

呼伦贝尔市在全国主体功能区中包括"呼伦贝尔草原草甸生态功能区"和"大小兴安岭森林生态功能区"两大区划，是中国北方重要的生态安全屏障，易受外界干扰，环境承载力较低。随着生产方式的转变，蒙古族、鄂伦春族、鄂温克族、达斡尔族、俄罗斯族等民族的生活形态也发生着深刻改变，文化传承处在不稳定期。

6. 季节反差大

呼伦贝尔市是我国纬度最高的地区之一，气候特点是冬季寒冷漫长，夏季温凉短促，春季干燥风大，秋季降温迅速，霜冻早。无论是草原、湿地还是森林，冬季和夏季的景观差异巨大。夏季，草原如锦，湿地如画，森林如海，草长莺飞满眼底。冬季，山舞银蛇，原驰蜡象，林海雪原，铁马冰河入梦来。同一个资源，在夏冬两季呈现出强烈的反差。

（三）旅游资源评价

1. 生态宝库

呼伦贝尔市由大兴安岭山地、呼伦贝尔高原、松嫩河谷平原低地三大地形单元构成。天然草场面积占全市面积的 32.9%，林地占全市面积的 60.2%。森林覆盖率达 51%以上。大小河流 3000 多条，湖泊 500 多座。水资源总量为 286.6 亿立方米，占内蒙古自治区的 56.3%，人均占有量是全国的 3.9 倍。野生动物有 400 种左右，其中属国家和自治区级野生保护动物有 30 余种。呼伦贝尔是重要的生态屏障、生态宝库，拥有一流的生态旅游资源。

2. 文明摇篮

呼伦贝尔市人类活动历史悠久，是旧石器时期"扎赉诺尔人"的故乡，中石器时期的文化策源地，新石器时期"哈克文化"形成的地方。呼伦贝尔是中国北方少数民族和游牧民族的重要发祥地，东胡、匈奴、鲜卑、室韦、契丹、女真、蒙古等十几个游牧部族，在这里创造过灿烂的文化。呼伦贝尔是蒙古族的发源地，并在成吉思汗家族的发展、壮大和统一蒙古草原过程中发挥了不可或缺的作用，是蒙元文化的重要体现区。

3. 避暑胜地

呼伦贝尔市大部分地区属寒温带和中温带大陆性季风气候，夏季温凉舒适。在最热的 7 月，岭东平均气温 20℃~21℃，岭西平均气温为 18℃~21℃，大兴安岭山地大部分地区为 16℃~18℃。极端最高气温可以超出 30℃，但出现时间短促。在全球变暖的背景下，呼伦贝尔夏季凉爽，气候舒适度高，加之生态环境好，民族风情浓郁，是优良的避暑胜地。

4. 冰雪王国

呼伦贝尔市域内积雪期长且积雪深，是我国重要的冰雪资源分布区。大兴安岭山地是区域内降雪量最大的区域，山区的积雪日数长达 140~170 天，岭西高原积雪天数为 120~160 天，岭东积雪日数为 80~120 天。额尔古纳市积雪期长达 7

个月，根河市积雪深度 30 厘米的日数达 113 天，最大积雪深度 50 厘米。呼伦贝尔是名副其实的林海雪原、冰雪王国。

5. 天人合一

呼伦贝尔市 8 万平方千米的草原、2 万平方千米的湿地和 12 万平方千米的森林，传承着厚重的历史文化，承载着丰富多彩的民族风情，天与人在这里对话，情与景在这里交融。"长生天"佑护的草原，"白那查"掌管的森林，毡房点点的牧区，朴素优雅的小镇，靓丽时尚的口岸，人与自然共生共荣，让人获得"天人合一"的感悟，找到歌曲中传颂的家园。

（四）优势旅游资源

呼伦贝尔大草原标志性区域：呼和诺尔草原、白音哈达草原、莫日格勒河草原、巴彦呼硕草原、伊敏河东森林草原、道乐都草原。

大兴安岭标志性区域：柴河天池群、红花尔基森林公园、库伦沟(图博勒峰)森林公园、毕拉河达尔滨湖森林公园、阿里河森林公园、莫尔道嘎森林公园、伊克萨玛(奥克里堆山)。

湿地：根河湿地、呼和诺尔湿地、乌兰诺尔湿地、辉河湿地。

湖泊：呼伦湖、贝尔湖、尼尔基湖。

河流：额尔古纳河、莫日格勒河、克鲁伦河。

民俗风情：巴尔虎蒙古族、布里亚特蒙古族、厄鲁特蒙古族、达斡尔族、鄂温克族、鄂伦春族、俄罗斯族、朝鲜族。

历史文化：宝格德乌拉山、蒙兀室韦、嘎仙洞、敖鲁古雅、敖包相会、中东铁路遗址(博克图)、吊桥公园、世界反法西斯战争海拉尔纪念园、满洲里国门、黑山头古城遗址、布苏里军事基地。

农业：大杨树农场、哈达图农场、三河农场、诺敏河农场。

口岸：满洲里口岸、阿日哈萨特口岸。

边境：中俄蒙零号界碑。

矿泉温泉：大杨树夏日矿泉、维纳河矿泉。

气候：中国冷极村。

（五）主要旅游景区

1. 呼伦湖

呼伦湖方圆八百里，碧波万顷，像一颗晶莹硕大的明珠，镶嵌在呼伦贝尔草原上。呼伦湖也称呼伦池、达赉湖，是中国四大淡水湖之一，是中国第五大湖，也是内蒙古第一大湖。克鲁伦河、乌尔逊河水流入呼伦湖，位于呼伦贝尔草原西部新巴尔虎左旗、新巴尔虎右旗和满洲里市之间，呈不规则斜长方形，长轴为西南东北向。

呼伦湖自然保护区始建于1986年，1992年晋升为国家级自然保护区，1994年纳入GMR达乌尔国际自然保护区，2002年列入国际重点湿地名录，并被联合国教科文组织接纳为世界生物圈保护区。是一个以保护珍稀鸟类、湿地生态系统及其草原为主的综合性自然保护区。境内水域辽阔，湿地连绵，食饵丰富，是众多候鸟栖息的佳境，也是大洋洲及东北亚候鸟迁徙的驿站，保护区内有种子植物448种，鱼类30种，兽类35种，鸟类297种(包括丹顶鹤、白头鹤等国家一级保护鸟类8种，白琵鹭、大天鹅等国家二级保护鸟类28种)。

2. 贝尔湖

贝尔湖又称嘎顺诺尔，位于呼伦贝尔草原的西南部边缘，是哈拉哈河和乌尔逊河的吞吐湖。民国时期，贝尔湖及哈拉欣河流域均属兴安省所辖。目前，贝尔湖是中蒙两国共有的湖泊，其中大部分在蒙古国境内，仅西北部40.26平方千米为我国所有，在中国境内只有1/15左右。贝尔湖为淡水湖，湖面海拔583米，面积609平方千米，平均水深8米左右，盛产鱼类，湖内盛产鲤鱼、鲶鱼、白鱼等，与呼伦湖为姊妹湖。贝尔湖旅游景区，位于贝尔苏木境内，中蒙界湖——贝尔湖东北岸，距旗政府所在地阿拉坦额莫勒镇100千米。

3. 甘珠尔庙

甘珠尔庙位于呼伦贝尔市新巴尔虎左旗阿木古郎镇西北20千米的草原上，是呼伦贝尔草原上最大的藏传佛教寺庙。这里距海拉尔区186千米，距阿尔山市210千米，距满洲里市200千米。

甘珠尔庙又称寿宁寺，总建筑面积10000平方米，庙中主要供奉释迦牟尼、官布、扎木苏伦等佛像2500余尊，存有佛经、佛典、佛律及论著等3000余册。该庙融中原、蒙古、西藏三种建筑风格为一体，反映了三种文化的巧妙融合。游客可以参观甘珠尔庙烧香祭拜佛祖，参观碉堡群了解战争历史，观光牧户及奶制品制作，体验牧民生活习俗，参加祭祀敖包、那达慕，欣赏马术表演、赛马、摔跤、射箭等活动，还可骑马、骑骆驼、射箭、乘勒勒车，品尝下马酒、上马酒和民族美食，购买民族用品纪念品及民族服饰、民族食品等。甘珠尔庙旅游区可举办民族歌舞篝火晚会、大型民族体育赛会和民族服饰、歌舞表演，游客还可参与巴尔虎婚礼表演等娱乐活动。

4. 嘎仙洞遗址

嘎仙洞遗址，位于呼伦贝尔市鄂伦春自治旗阿里河镇西北10千米，地处大兴安岭北段顶巅之东麓，属嫩江西岸支流甘河上源。嘎仙洞在一道高达百余米的花岗岩峭壁上，离平地25米，地表海拔高度为495米，所在山峰的相对高度为120米，洞口略呈三角形，底宽20米，高12米，方向朝南偏西。洞内宽阔宏大，幽暗深邃，南北长120米，东西宽27米，穹顶最高处达20米，依次可分为前厅、大厅、高厅、后厅四部分。

1980年7月，内蒙古自治区及呼伦贝尔市考古工作者在第四次来嘎仙洞进行考古调查时，发现了我国古代北方民族拓跋鲜卑祖先居住的旧墟石室的准确物证。即洞内西北侧石壁上凿刻的北魏太平真君四年(448)，北魏第三代皇帝——太武帝拓跋焘派人来这里祭祀祖先时所刻的祝文，这是1500多年前保留下来的"原始档案"。它确凿地证实嘎仙洞即拓跋鲜卑旧墟石室，这一带地方自古以来就属于中国，这对研究中国疆域史具有重大政治意义，也对研究鲜卑民族起源具有重要学术价值。国家文物局在接到内蒙古自治区文物部门的汇报后，立即报告党中央国务院。同时，还将嘎仙洞北魏石刻祝文的发现，列为我国重大考古成果载入1980年《中国历史学年鉴》。

1986年，内蒙古自治区人民政府发布文件，将嘎仙洞遗址列为自治区(第二批)重点文物保护单位。1988年，中华人民共和国国务院将嘎仙洞遗址公布为全国(第三批)重点文物保护单位。

1980年以来，鄂伦春旗、呼伦贝尔市、内蒙古自治区、国家文物局各级领导多次赴嘎仙洞视察，拨出大批专款对嘎仙洞遗址进行科学保护维修。在维修工程中，考古工作者又发现嘎仙洞内的文化层厚度达1.5米，出土有打制石器、细石器、牙饰、骨器、陶器、青铜器、铁器和大量野生动物骨骼化石，这又证明嘎仙洞不仅仅是鲜卑先祖石室，而且是一个长期居住着古代人类的巨大的洞穴遗址。这就为今后考古研究人员来此进行系统、全面、长期的考古发掘，提供了丰厚而珍贵的文物宝藏。

5. 宝格德乌拉山

位于呼伦贝尔市新巴尔虎右旗所在地阿拉坦额莫勒镇东南53千米处，海拔922.3米。原称"辉腾哈拉"(蒙语之意为寒冷)。新巴尔虎部落由蒙古境内迁来之后，改称为"都兰哈拉"(温暖)，后又称"白音孟和山"。

清朝乾隆三年(1739)，新巴尔虎蒙古开始祭奠白音孟和山，为了表达崇敬之心，将"白音孟和"山改称为"宝格德乌拉山(圣山)"。

宝格德乌拉山由北向南由三个等高的山峰组成。祭山敖包在南峰，高约6米，周长约40米，用石块堆成，顶部有黄玉志，四周挂满彩绸和哈达，祭祀的场面十分壮观。

6. 满洲里国门

满洲里国门，位于呼伦贝尔市满洲里市西部中俄边境处我方一侧的乳白色建筑。国门总长 105 米，高 43.7 米，宽 46.6 米，国门庄严肃穆，在国门乳白色的门体上方嵌着"中华人民共和国"七个鲜红大字，上面悬挂的国徽闪着金光，国际铁路在下面通过。国门景区包括 41 号界碑、国门、红色国际秘密交通线遗址、和平之门主体雕塑和满洲里历史浮雕、红色旅游展厅、火车头广场等景点。

国门景区总面积约 20 万平方米，年接待游客 200 万人次。原有的第四代国门始建于 1989 年，随着中俄两国经贸关系的不断升温和铁路货运量的持续攀升，原有国门已经不能适应中俄两国贸易快速发展的需求。现在的第五代国门充分考虑到了中俄贸易的发展前景，铁路由原来的一宽一准改建为两宽一准，同时还预留了两线准轨位置。满洲里第五代国门目前是中国陆路口岸最大的国门。

7. 金帐汗蒙古部落

金帐汗蒙古部落是呼伦贝尔市唯一以游牧部落为景观的旅游景点，位于呼伦贝尔草原"天下第一曲水"的莫日格勒河畔。这里是中外驰名的天然牧场。中国历史上许多北方旅游牧民族都曾在这里游牧，繁衍生息。12 世纪末至 13 世纪初，一代天骄成吉思汗曾在这里秣马厉兵，与各部落争雄，最终占据了呼伦贝尔草原。金帐汗景点的布局，就是当年成吉思汗行帐的缩影和再现。

每逢夏季，陈巴尔虎旗走"敖特尔"的蒙古族、鄂温克族的牧民们便在这山清水秀、水草丰美的所在，自然形成一个游牧部落群体。蓝天白云，弯弯河水，茵茵绿草，群群牛羊，点点毡房，袅袅炊烟，使这里成为世界少有的游牧圣地。

8. 呼和诺尔草原旅游区

呼和诺尔草原旅游区位于呼伦贝尔市陈巴尔虎旗境内，地处呼伦贝尔草原中心地带，东与呼和诺尔湖相依，南与海拉尔河相通，北与莫日格勒河相连，距海拉尔区 46 千米，距陈巴尔虎旗巴彦库仁镇 26 千米，距满洲里市 160 千米，紧邻 301 国道。

在蒙古语中"呼和诺尔"意为"青色的湖"。草原内有许多大大小小的河流湖泊，其中呼和诺尔湖景色最佳，湖面四周绿草如茵，湖水清澈洁净，犹如一颗闪亮的明珠。夏季草原上水草丰美，牛羊遍野；冬季则千里冰封，一派北国风光。

9. 巴尔虎蒙古部落景区

巴尔虎蒙古部落景区位于巴尔虎草原的腹地，地处国道 301 和满洲里至额尔古纳公路交界处，距边城满洲里市 36 千米。这里夏秋季节，绿草如茵，牛羊肥壮，气候凉爽，幽静宜人。

景区是以游牧部落为景观的旅游景点，全方位、多角度展示蒙古族博大精湛的文化。可以身着蒙古袍，脚蹬蒙古靴，跨上追风的骏马，乘上稳健的骆驼在草原上漫游；可以在篝火的映衬下，欣赏蒙古族歌舞；可以在热情的敬酒歌声中；

品尝醇厚清香的马奶酒，清香扑鼻的手把肉、烤全羊；品尝牧民家自己亲手挤牛奶熬煮醇香的奶茶、传统的奶食品。

10. 红花尔基国家森林公园

红花尔基国家森林公园位于呼伦贝尔市鄂温克族自治旗境内，是一个著名的旅游景区。这里不仅有全国唯一、亚洲最大的沙地樟子松原始森林，而且河流纵横、湖泊遍布、物种资源丰富、动植物种类繁多，并与广袤的鄂温克草原、巴尔虎草原毗邻。红花尔基七大景点分布在秀美的青山绿水之间，森林旅游、生态旅游、探险旅游是游客认识自然、享受自然的最佳旅游方式。

11. 扎兰屯吊桥公园

吊桥公园位于呼伦贝尔市扎兰屯市区北部，以园内"吊桥"而得名。公园占地面积68公顷，是一处集自然景观和人文景观于一体的综合性娱乐场所。

扎兰屯吊桥公园几经修葺，已成为集水上娱乐、动物、花卉、碑廊等为一体的综合景区。吊桥公园修建于东清(中东)铁路通车不久的1905年，相继修建的还有六国饭店(今铁路职工食堂)、中东铁路俱乐部(今扎兰屯市博物馆)以及日光浴场、露天音乐厅、秋林商店等几处游乐场所。其他几处景观或湮没，或面目全非，唯吊桥公园屡经修葺，成为人们游玩休息的场所。

12. 根河湿地

根河湿地位于呼伦贝尔市额尔古纳市黑山头镇北侧，莫尔道嘎林业局境内，由额尔古纳市林业局管理，湿地省级自然保护区成立于2003年，2006年晋级为国家级自然保护区，保护对象为草原、草甸湿地生态系统及野生动植物，这里地形平缓开阔，额尔古纳河的支流根河从这里蜿蜒流过，形成了壮观秀丽的河流湿地景观。根河像一条银色的玉带弯弯曲曲地在平坦的草原上流淌，由于河流曲流的裁弯取直而形成了多处牛轭湖镶嵌在碧绿的草地上，像一串串宝石，河流、湖泊、植被的颜色随四季而变，风光有巧工难绘之妙，天然景色有观赏不尽之美。

根河湿地为亚洲第一湿地，是中国目前保持原状态最完好、面积最大的湿地。根河湿地保护区占地12.6万公顷。根河湿地物种丰富，野生维管束植物有67科227属404种，野生陆生脊椎动物有4纲26目56科268种。在干旱的季节，由于较稳定的水情、充足的湿度，这里成为许多鸟类非常重要的庇护场所，是全球鸟类东亚—澳大利亚迁徙路线的"瓶颈"，每年在这里迁徙停留、繁殖栖息的鸟类达到2000万只，这里是丹顶鹤在世界上最重要的繁殖地之一，大约有45对，占全球丹顶鹤总数的4%；也是世界濒危物种鸿雁的重要栖息地之一，大约有2 000只，占全球总量的4%；另外，每年从这里迁徙停留的大鸨和小天鹅的数量分别占全球总数的17%和19%，这里是世界鸟类保护的重要区域。

13. 莫尔道嘎国家森林公园

莫尔道嘎国家森林公园,地处呼伦贝尔市额尔古纳市莫尔道嘎镇,西南距拉布大林镇 136 千米,是国家林业局批准建立的内蒙古大兴安岭首家国家森林公园,也是最具有寒温带特色的森林公园。

莫尔道嘎国家森林公园位于大兴安岭西北麓,占地面积 57.8 万公顷,森林覆盖率为 93.3%。是目前国内面积最大的森林公园。莫尔道嘎国家森林公园 1998 年开始筹建,1999 年经国家林业局批准成立,2000 年 8 月 10 日正式开园运营。南邻呼伦贝尔草原,北与额尔古纳国家级自然保护区和满归、北部原始林区保护局接壤,是我国位置最北、观光路线最长、森林生态多样性最完整的国家级森林公园。

14. 海拉尔西山国家森林公园

位于呼伦贝尔市海拉尔区西部的西山国家森林公园,是我国唯一以樟子松为主体的国家级森林公园。森林公园总面积 22 万亩,西山公园有天然樟子松 4600 余株,其中百年以上的古松有 1000 多株,最高的树龄已达 500 年,最大的直径达 100 厘米。

樟子松又称海拉尔松,属于欧洲赤松的一个变种,是我国北方珍贵的针叶树种,是亚寒带特有的一种常绿乔木,有"绿色皇后"的美誉。

西山国家森林公园里除松林外,还有东杨、家榆、稠李、山丁子等野生树木 40 余种,蒙古百灵、啄木鸟等野生鸟类 60 余种。

该园分为南园、北园、西园和后备资源区(南园、北园、西园面积共计 1 万亩,后备资源区面积 21 万亩),统称为三园一区。南园内有距今几千年前北方草原细石器时期文化遗址,是中国北方四处细石器时期文化遗址之一,对研究中国古人类的社会形态极具参考价值。

名人峰南侧有三处侵华日军工事遗址,建于 1934 年,当时被称为沙松山阵地,是侵华日军在中国东北 15 处筑垒地域中的一处,1945 年在抗日战争中被苏联红军摧毁。近几年,公园在南园陆续建成了民俗风情园餐厅、海拉尔展馆、植物园、动物园,开发了名人峰的树王、守望松、中弹树、连理松、根坡等景观。

15. 世界反法西斯战争海拉尔纪念园

世界反法西斯战争海拉尔纪念园位于呼伦贝尔市海拉尔区北山(原侵华日军海拉尔要塞遗址处,距海拉尔城区北部 3 千米),为呼伦贝尔市爱国主义教育基地。纪念园总面积 110 公顷,在原侵华日军海拉尔要塞遗址上建立而成,是集爱国主义、国际主义、革命英雄主义为一体的军事主题红色旅游景区。

世界反法西斯战争海拉尔纪念园分为地上、地下两部分,其中地面建有海拉尔要塞遗址博物馆(共分为四个展厅、九个部分)、主题广场、地面战争遗迹、模拟战争场景、游客服务设施等内容；地下工事遗迹，复原了日军司令部、士兵宿舍、卫生室、通讯室等，园区建设风貌恢宏大气、深沉凝重。这里通过大量文字、图片、实物展出和高科技含量的布展手段，有力地证明了日本关东军在中国所犯下的滔天罪行；通过挖掘东北沦陷时期中俄蒙抗日的史实，赞颂中国东北抗联、东北军爱国将士和呼伦贝尔各族人民反抗日本侵略的爱国主义精神。

海拉尔要塞遗址为日本关东军在中国东北修建的十七处军事工事中的一处，并且是其中规模最大和目前国内同类遗址中保存最完好的一处。海拉尔要塞由5个主阵地和4个辅助阵地组成，以敖包山和北山阵地为主体，占地22平方千米。军事工事在修建过程中，日本关东军从中国内地抓来数万名劳工，工程结束后，为保守军事机密，关东军将劳工全部杀害，海拉尔河北岸"万人坑"内的嶙嶙白骨就是铁证。

16. 牙克石凤凰山滑雪场

凤凰山滑雪场位于呼伦贝尔市牙克石市东南郊，距市区16千米，占地面积300公顷。2004-2006年，牙克石市政府主导投资1.2亿元开发建设了内蒙古自治区规模最大、雪道种类最齐全、雪上项目最丰富、国内雪期最长的凤凰山滑雪场。雪场建有4条初、中、高级滑雪索道，其中1条长800米、运载能力500人/小时的单线循环式双人吊椅缆车索道，是目前国内最先进的索道；还有2条伸缩拉杆式索道和1条移动式索道。

17. 室韦魅力名镇景区

室韦魅力名镇景区位于祖国北部边陲，大兴安岭北麓，地处呼伦贝尔市额尔古纳市西北部，隔额尔古纳河与俄罗斯相望。总面积4351平方千米，边境线长136.4千米，南北最大跨度185千米，东西宽约115千米，距拉布大林镇161千米。室韦是最具现代气息的边陲小镇，华俄后裔家庭建筑都是经过人工修饰而成的，目的是开展家庭旅游，既可以让游客感受到少数民族的民俗风情，又可以体验俄罗斯族独特深厚的民族文化底蕴。

"蓝天、绿草、白桦林、神秘的玛瑙草原，时缓时急的河水养育着亚洲最美的湿地，也养育着这里的勤劳人民。肥沃的河滩上走出了伟大的蒙古民族，温暖的木刻楞房子，现在是华俄后裔的繁衍之地。黄皮肤男人的智慧和蓝眼睛女人的热情造就了室韦，中国多民族和谐共存的范例。"这是CCTV-2005中国魅力名镇颁奖词，室韦俄罗斯族民族乡以其独特的民俗风情、丰富的文化底蕴和优美的自然风光获得了2005年中国十佳魅力名镇之一。

18. 敖鲁古雅使鹿部落

鄂温克使鹿部落是中国最后一个狩猎部落，以放养驯鹿为生。驯鹿是一种中型鹿，属于北极圈生物，还没有完全驯化，使鹿鄂温克人摸索出了一套适应大兴安岭气候、食物、温度、湿度的方法，使驯鹿在远离北极苔原区的地方得以存活。

敖鲁古雅使鹿部落景区位于呼伦贝尔市根河市敖鲁古雅乡，地处大兴安岭西北麓，距根河市区 3 千米，交通十分便利。景区包括敖鲁古雅鄂温克族驯鹿文化博物馆、桦树皮手工作坊、鄂温克猎民村和六个猎民驯鹿放养点及猎香园撮罗子餐厅、阿慕呐敖乡俱乐部等。

19. 柴河旅游区

柴河镇是个被森林环抱的小镇，由扎兰屯市到此处，沿路是漂亮的森林景色，沿着柴河而行，就是主要的风光拍摄之地。在镇子以西 40 千米的地方，有一个神奇的月亮湖，湖的四周被群岭幽林包围着，如一轮满月平卧，发出幽幽的蓝光，面积不大，方圆只有 1.5 公顷，水深约 6~7 米。这里车辆不能通行，人迹罕至，但是个动物的乐园。因为月亮湖含盐量高，黄昏时常有鹿、犴、狗、獐等野生动物前来吃盐碱。

在柴河镇西北 45 千米，是柴河支流敖尼河上游，运柴公路就在此通过。这一带是由火山熔岩喷发形成的大面积熔岩覆盖层，山水从熔岩的缝隙中潺潺流出，形成了不少分散的小瀑布，当地人称这里为九龙泉或清龙泉，水量大的时候可分解成几十段，主流处有 3~4 米高。

在柴河镇西南 35 千米处森林警察的驻地附近有个水帘洞，又称红花尔基河瀑布，因酷似传说中的"水帘洞"而得名。在水帘洞处，山势形成一级阶地，落差有 6 米多，有一深洞隐约藏于瀑布之后，周围山石嶙峋，古木参天。

20. 巴彦呼硕草原旅游区

巴彦呼硕草原旅游区位于呼伦贝尔市鄂温克族自治旗锡尼河镇，距呼伦贝尔市海拉尔区 39 千米。巴彦呼硕草原有着悠久的历史人文景观和优美的自然景观，草原风光特色突出。

巴彦呼硕草原旅游区有历史悠久的敖包祭祀文化和清代遗址。巴彦呼硕敖包是鄂温克草原上最大的官祭敖包，是内蒙古自治区所有旅游景区唯一先有敖包后建景区的旅游区。巴彦呼硕敖包还沿袭着传统敖包修建的形式修建，有主敖包 1 个，小敖包 12 个，手工铜顶 13 个，原始的石供桌、石香炉，透出古老的敖包祭祀习俗。

《敖包相会》是人们耳熟能详的蒙古情歌，这首歌就是从巴彦呼硕敖包唱遍了中华大地的。20 世纪 50 年代，北京电影制片厂第一部以草原为题材的影片《草原上的人们》在巴彦呼硕敖包山上开拍，片中主题曲《敖包相会》至今仍在广泛传唱。

21. 巴林喇嘛山国家森林公园

巴林喇嘛山国家森林公园位于呼伦贝尔市牙克石市境内滨洲铁路线巴林火车站北部，距牙克石市 187 千米，滨洲铁路和 301 国道由此穿过，交通便利，距海拉尔区 244 千米。为牙克石市境内独特的石林景观，是国家级森林公园。公园总面积 2903 公顷，以大小 28 座突兀挺拔、陡峭嶙峋、巧夺天工、构造奇特的石峰组成。主峰远看似一诵经喇嘛面壁而坐，因而得名喇嘛山。

喇嘛山国家森林公园极具特色，景区内奇山秀峰、碧水林海，素以峻拔奇秀著称。喇嘛山上岩石千姿百态；喇嘛峰、仙人台、剑龙岩、醒狮岩等伟岸雄浑，令人称奇；一线天、仙人桥、崖洞等峭拔险峻，令人望而生畏；灵龟岩、天犬岩、神陀岩、万寿岩、取宝岩、洞天岩、瀑布岩等惟妙惟肖，令人顿生爱意；卧马岩、香炉岩、玉屏峰、绣球石等形神兼备，令人目不暇接。

二、草原红城——兴安盟

兴安盟位于祖国北部边疆，地处北纬 44°15′~47°39′、东经 119°28′~123°39′之间。位于内蒙古自治区东北部，东北、东南分别与黑龙江省、吉林省毗邻；南部、西部、北部分别与通辽市、锡林郭勒盟和呼伦贝尔市相连；西北部与蒙古国接壤，边境线长 126 千米。盟境南北长 380 千米，东西宽 320 千米，总面积 59806 平方千米。

兴安盟下辖 2 个县级市：乌兰浩特市、阿尔山市；1 个县：突泉县；3 个旗：扎赉特旗、科尔沁右翼前旗、科尔沁右翼中旗。

兴安盟因地处大兴安岭中段而得名。"兴安"是满语，汉语意为"丘陵"。因大兴安岭山势较缓，主脉山峰相对高度不甚大，故满语称之为"兴安"。1946 年 1 月 16 日，兴安盟政府成立，隶属于同时成立的东蒙自治政府，盟府驻王爷庙(今乌兰浩特市)，时辖 5 旗 1 街：西科前旗、西科中旗、西科后旗、扎赉特旗、喜扎嘎尔旗和王爷庙街。

(一) 旅游资源分类

旅游资源基本类型决定了旅游资源的丰富程度，是旅游业发展优先考虑的基础条件。兴安盟旅游资源单体分属不同的旅游资源类型(表 3-26)。区域内旅游资源类型多样，数量众多，自然旅游资源与人文旅游资源兼备，包括《旅游资源分类、调查与评价》(GB/T18972-2003)列出的所有类型。全盟旅游资源数量共有 77 种，占全国资源数量的 49.1%，属于较为丰富的地区。其中，旅游商品、人文活动、遗址与遗迹、生物景观等所占比例大于 60%，是兴安盟旅游开发的重点。

第三章 内蒙古旅游资源区划分

表3-26 兴安盟旅游资源基本类型与比例

资源类型 旗、县、市		地文景观	水域风光	生物景观	天象与气候景观	遗址与遗迹	建筑与设施	旅游商品	人文活动	合计
科尔沁右翼中旗	数量/种	3	3	7	0	8	20	7	13	61
	比例/%	8.1	18.8	63.6	0.0	66.7	40.8	100.0	81.3	39.4
突泉县	数量/种	6	3	7	1	2	12	4	5	40
	比例/%	16.2	18.8	63.6	12.5	16.7	24.5	57.1	31.3	25.8
扎赉特旗	数量/种	3	4	7	2	3	14	7	13	53
	比例/%	8.1	26.7	63.6	25.0	25.0	28.0	100.0	86.7	34.2
乌兰浩特市	数量/种	0	1	1	0	2	12	3	8	27
	比例/%	0.0	6.3	9.1	0.0	16.7	24.5	42.9	50.0	17.4
科尔沁右翼前旗	数量/种	1	1	2	0	1	7	0	2	14
	比例/%	2.7	6.3	18.2	0.0	8.3	14.3	0.0	12.5	9.0
阿尔山市	数量/种	4	4	2	1	2	7	1	2	23
	比例/%	10.82	2.5	18.2	12.5	16.7	14.3	14.3	12.5	14.8
兴安盟	数量/种	7	6	7	3	10	23	7	14	77
	比例/%	18.9	40.0	63.6	37.5	83.3	46.0	100.0	87.5	49.7

注：比例为调查的资源数量与《旅游资源分类、调查与评价》(GB/T18972-2003)所列资源类型数量之比。

(资料来源：付华，李俊彦.内蒙古兴安盟旅游资源单体的特征与开发[J].地理研究，2010，29(3)：565-573.)

旅游资源中草原文化特色显著。兴安盟地处科尔沁草原、锡林郭勒草原、呼伦贝尔草原、蒙古草原的交会地带，蒙古族比例为全国最高，蒙古族人口占40%，是蒙元文化的发源地。旅游资源的形成与独特的草原自然条件和人文环境密不可分。在旅游商品中，民族工艺和畜牧产品来源于历史悠久的游牧生活方式，如蒙古袍是蒙古族人在长期游牧生活中形成的独特服装；山羊绒具有轻、软、柔、暖的特点，而山羊是该区传统牧业经济的五畜之一，是蒙古族牧民自古以来驯养、繁殖、经营的主要畜种。近年来，旅游纪念品的种类和游客对纪念品的认同直接影响到旅游目的地的竞争力，兴安盟可以利用草原文化的优势，开发富有民族特色的旅游纪念品。在旗县市旅游资源数量中，遗址与遗迹均占首位，包括自辽金以来历经千余年的古城、陵寝、摩崖、洞穴、寺庙等，同样体现了草原文化脉络的延续。

(二) 旅游资源的特征

根据《旅游资源分类、调查与评价》(GB/T18972-2003)，从资源要素价值、资源影响力和附加值三个方面对旅游资源单体进行评定等级，计算S值(表3-27)。

S值的大小代表了资源类型和单体的组合特征。S值的计算采用经验公式：

$$S=k\times6.45\times0.2+N\times A/B\times0.8$$

式中：S——旅游资源组合状况分值；
N——区域内旅游资源单体数量；
A(区域全部获得等级的旅游资源单体所获分数)
$=\Sigma ai\times10+\Sigma bi\times5+\Sigma ci\times3+\Sigma di\times1$；
B(调查区全部获得等级的旅游资源单体总数)
$=\Sigma ai+\Sigma bi+\Sigma ci+\Sigma di$；
ai、bi、ci和di分别代表区域Ⅴ、Ⅳ、Ⅲ和普通级旅游资源单体。

表3-27 兴安盟旅游资源组合状况

旗、县、市	科尔沁右翼中旗	突泉县	扎赉特旗	乌兰浩特市	科尔沁右翼前旗	阿尔山市
S	204.3	135.1	177.2	66.6	81.4	103.1

(资料来源：付华，李俊彦.内蒙古兴安盟旅游资源单体的特征与开发[J].地理研究，2010，29(3)：565-573.)

从表3-27可以看出，S值由高到低的顺序为：科尔沁右翼中旗>扎赉特旗>突泉县>阿尔山市>科尔沁右翼前旗>乌兰浩特市。乌兰浩特市是兴安盟的政治、文化和经济中心，是外部游客最先进入和集中之地，但S值最低；科右前旗是乌兰浩特与其他旗县市的必然通道，S值也不高。相比之下，科右中旗、扎赉特旗、突泉县和阿尔山的S值较高，但距乌兰浩特市较远。因此，应当按照优势互补的原则，从全盟的大局出发，制定协同开发各旗县市旅游资源的战略。

在单体数量大致相同的条件下，单体的等级是影响旅游资源组合状况的决定性因素。乌兰浩特市和阿尔山市单体数量分别为57和56，但后者的S值远高于前者，主要原因是阿尔山市旅游资源单体等级高于乌兰浩特市，旅游资源特色显著。积极与周边地区协作开发，更有利于旅游资源的综合开发利用。

(三) 主要旅游景区

1. 科尔沁自然保护区

科尔沁自然保护区位于兴安盟科尔沁右翼中旗境内，面积126 987公顷，1985年经兴安盟公署批准建立，1994年升为自治区(省)级，1995年晋升为国家级，主要保护对象为湿地珍禽及典型的科尔沁草原自然景观。本区地处大兴安岭南麓低山丘陵与科尔沁沙地的过渡带上，属中温型半干旱大陆性气候。区内林、灌、草及河流、湖泊、沼泽等湿地天然镶嵌组合，构成了复杂多样的生境类型，为物种的生存繁衍提供了得天独厚的条件。区内有高等植物65科、452种，鸟类16目

167 种，其中国家重点保护动物有 34 种，并且为丹顶鹤、白枕鹤、蓑羽鹤、白鹳、大鸨等珍禽的繁殖地，具有非常重要的保护价值。

2．葛根庙

葛根庙位于兴安盟科尔沁右翼前旗境内的洮儿河东南，距兴安盟公署所在地乌兰浩特市 30 千米，吉林省白城市至兴安盟阿尔山市的铁路、公路从葛根庙旁经过，交通较为便利。这里是兴安盟重要的宗教寺庙和文化旅游景区。

庙址坐落在陶赖图山脚下。葛根庙在内蒙古自治区东部历史悠久，是东部 10 个旗供养的著名藏传佛教寺庙。建筑雄伟壮观，具有藏式风格，庙产富足。葛根庙前身为莲花图庙。当时全庙以五大殿堂为主，配有葛根宫、法轮宫、葛根陵等 7 个殿堂，共有镀铜佛 5073 尊、石佛像 35 尊、泥佛像 500 尊，有甘珠尔、丹珠尔等经文 1868 卷。庙宇规模宏大、气势雄伟壮观。自建庙以来共有七世葛根，鼎盛时期有 1200 名喇嘛。在"文化大革命"期间寺庙全部被毁。

为了落实党的宗教政策，国家和地方财政多次投资复建葛根庙，围绕葛根庙旅游资源开发，葛根庙殿堂和僧舍不断扩建，庙宇规模日益扩大，共有 11 幢 7000 多平方米。有 3600 平方米的大雄宝殿，1200 平方米的观音殿、两座舍利塔，还有 1000 平方米的二层僧舍。现有梵通寺、金刚殿、功德殿、财神殿 4 座殿堂，泥塑佛像 9 尊，甘珠尔经文 100 卷，喇嘛 40 多名，是兴安盟佛教活动中心。

3．五一会址

位于兴安盟乌兰浩特市五一北路，是座青砖建造的厅堂。因 1947 年 4 月 23 日-5 月 1 日，内蒙古人民代表会议在这里召开并宣告全国第一个少数民族自治政权——内蒙古自治政府在此成立而得名。建于 1935 年，曾是伪兴安陆军军官学校礼堂、东蒙军政干部学校礼堂，后为内蒙古党校礼堂。1986 年，被列为内蒙古自治区重点文物保护单位。1987 年，重新维修。1995 年，被列为内蒙古自治区爱国主义教育基地。五一会址坐东朝西，东西长 94.5 米，南北宽 24.7 米，建筑面积 708.50 平方米，占地面积 2334.15 平方米。中轴线上依次为围栏、门厅、展览大厅、壁炉、主席台、化妆室、库房。会址门前绿草如茵，花团锦簇。会址内陈列"兴安地区革命斗争史实"展，共展出图片、实物 300 余件，真实地记录草原人民在中国共产党领导下英勇奋斗、争取解放的历史。

4．阿尔山市矿泉群

阿尔山的全称为"哈伦·阿尔山"，蒙古语"哈伦"意为"热"，"阿尔山"意为"圣水"。阿尔山地处大兴安岭东段，以丰富的自然资源、多样的火山岩地貌，秀丽的风光、神奇的矿泉疗养资源和令人心驰神往的天池等旅游资源被人们誉为"绿海明珠"。阿尔山一年四季都有好玩的，春天，林海中漫山遍野开放着杜鹃花，如遇春寒，5 月上旬可以看到雪中怒放的杜鹃花，令人心旷神怡；夏天，是旅游避暑的好地方；秋天，万山红遍，层林尽染，一眼望去，五彩缤纷，如入仙境；冬日，千里冰封，是理想的滑雪场地。

阿尔山市辖区内，分布4个矿泉群，其中疗养院的48眼、金江沟矿泉群17眼、安全沟5眼、白狼矿泉群3眼、五里泉1眼及近年在疗养院新涌出的2眼，共计76眼。在阿尔山的高山密林中还分布着许多未经详查和鉴定的无名泉，加在一起有百余眼之多。

与蒙古国接壤的神秘而美丽的边陲小城阿尔山市，坐落在一个巨大的矿泉群体之中。这些矿泉，从化学性质上可分为偏硅酸泉、重碳酸钠泉、放射性氡泉；从温度上可分为冷泉、温泉、热泉、高热泉；从功能上可分为治疗泉和饮用泉。疗养院矿泉因各泉眼含氡量不同而适合治疗多种不同的病症，五里泉(离阿尔山市刚好五里)含13种微量元素，日涌出量1054吨。阿尔山矿泉水就取自该泉，水质甘甜，泉水来自于3000米地下，在地表和地下之间的循环周期为50年，也就是当地所流传的"五十年等一回"。此地的矿泉群，无论泉眼数量还是微量元素含量及涌出量都属世界第一。

最令人称奇的是疗养院矿泉每眼所含的矿物质和微量元素各不相同，加上温度各异，按其治疗功能可分为"头泉""胃泉""眼泉""五脏泉"等，人们可以按照自己的患病情况选择温泉，就像选择医生一样。尤其值得一提的是，阿尔山疗养院矿泉中有一眼泉叫"问病泉"。患者洗浴其中，五脏六腑哪有病就会有明显反应，就像高明的大夫一般。

5．成吉思汗庙

成吉思汗庙，坐落在兴安盟乌兰浩特市城北的罕山之巅，为当今纪念成吉思汗的唯一祠庙，内蒙古自治区重点文物保护单位。它三面环山，一面傍水，洮儿河像一条玉带缠绕在它的脚下。站在庙宇前眺望，乌兰浩特市日新月异的风貌尽收眼底。西有成陵，东有成庙，东西呼应，构成内蒙古草原上人们缅怀一代天骄的绝佳历史资源。

成吉思汗庙是颇有名气的蒙古族艺术家耐勒尔设计的。1940年5月5日动工，1944年10月10日竣工。庙宇坐北朝南，正面呈"山"字形，下方上圆。中间是高28米的正殿，东西两侧是16.62米高的偏殿，顶盖皆为圆形尖顶。正殿和偏殿间有封闭长廊相连，廊顶各有3个小圆形尖顶，整体共有9个圆形尖顶，用绿色琉璃瓦镶铺。正殿圆顶前悬挂蓝色长方形匾额，蒙汉两种文字竖写"成吉思汗庙"字样。具有民族特色的庙顶同雪白的庙体、朱红的大门构成巍峨壮观、沉稳雄健的气势。成庙建筑融蒙、汉、藏三个民族的建筑风格于一体，采用古代汉族建筑常用的中轴对称布局方法，建筑主体圆顶方身，绿顶白墙，具有典型的蒙藏建筑特色。

第三章　内蒙古旅游资源区划分

庙殿建筑面积 822 平方米，正殿中有 16 根直径 0.68 米的红漆明柱。2.8 米高、2.6 吨重的成吉思汗铸铜贴金塑像屹立在大殿中央，端庄威严，两侧分立其 4 个儿子术赤、察合台、窝阔台和拖雷的塑像。塑像外侧，陈列着元代兵器。东西偏殿陈列着元代服饰、书简、器皿等。3 座大殿天花板绘有蒙古族古代彩色图案，北壁和东西两侧是由思沁等著名画家创作的大型壁画。正殿北壁绘画 25 个人物肖像，为元朝部分皇帝、皇后和成吉思汗的文武重臣。东西走廊共有四幅壁画，展示成吉思汗的生平业绩。东厅壁画《统一长城南北》，表现成吉思汗在统一长城南北后，把中原的桑织农工与北方的畜牧业交流融合，从而促进南北经济共同发展的业绩。西厅壁画《畅通东西方》，表现成吉思汗在沟通东西方文化、工商业、交通等方面对世界的贡献。

6. 内蒙古自治政府旧址

内蒙古自治政府旧址位于兴安盟乌兰浩特市兴安北大路西侧，北邻乌兰浩特第四中学和乌兰夫办公旧址，南邻乌兰浩特市第八百货商店，始建于 1939 年。面积 1 970 平方米，当时是所专为日伪军政要员服务的旅馆。

1945 年 8 月 8 日，苏蒙红军进军东北，日本侵略军旋即土崩瓦解。东蒙古地区很多蒙古族进步青年及王爷庙(今乌兰浩特)军官学校的在校师生纷纷组织起来，与中国共产党人云集王爷庙，奋起同日伪残余势力进行坚决斗争，组建内蒙古人民革命党，召开内蒙古人民革命党党员会议，宣布成立内蒙古人民革命党东蒙党部。

1946 年 1 月，在西科前旗(今科尔沁右翼前旗)葛根庙召开东蒙古人民代表大会，成立东蒙古自治政府。4 月 3 日，内蒙古自治运动联合会在承德举行会议，通过"四·三"会议决议，解散内蒙古人民革命党，撤销东蒙古自治政府，成立兴安省政府，东蒙古自治军改为内蒙古自卫军。1947 年 5 月 1 日，内蒙古自治政府成立，这是我国成立最早的民族区域自治政府，是内蒙古各族人民在中国共产党领导下赢得的一个具有伟大历史意义的胜利。

7. 阿尔山滑雪场

阿尔山滑雪场坐落在群山森林环抱中，位于兴安盟阿尔山市温泉街城区两侧，是具有国内一流水平的高标准滑雪场，是继黑龙江亚布力、二龙山滑雪场之后，建造的国内最好的滑雪场之一。阿尔山的雪不仅以雪质优良著称，更以雪期长而闻名于世，雪期从 9 月下旬持续到次年 5 月上旬，长达 7 个多月，227 天。冬季降雪量平均达 36.8 毫米，积雪覆盖期为 150 余天。阿尔山广阔的雪原，是开展滑雪运动的理想场所。20 世纪六七十年代，原"八一"体工滑雪队、吉林省滑雪队就在此训练。经过国家滑雪队的认真考察和亲自体验后，阿尔山滑雪场已被确定为国家滑雪队训练场地。

8. 阿尔山国家森林公园

2000年2月22日，经国家林业局正式批准成立，总面积10.32万公顷，其中人工林17公顷。阿尔山国家森林公园属于大兴安岭西侧火山熔岩地貌。由于火山喷发熔岩壅塞及水流切割，造成一系列有镶嵌性质的截头锥火山。天池、马蹄形熔渣火山锥(摩天岭)，熔岩湖(达尔滨湖)和熔岩盆地(兴安石塘)，形成特殊的地貌景观。山脊缓和，山顶多石质裸露，坡面较为平缓，坡面较短，坡谷大多平坦而宽阔，属典型的中山山地地貌。公园内有哈拉哈河、柴河、伊敏河3条河流，还有天池、杜鹃湖、乌苏浪子湖、鹿鸣湖、松叶湖等湖泊。位于蒙古高原大陆性气候区，属寒温带湿润区，一年四季常受西伯利亚寒流的侵袭，冬季寒冷漫长，夏季短促凉爽，植物生长期短，一般在100~120天。

森林公园内植被类型属寒温带针阔混交林，主要植被多由西伯利亚植物区蒙古植物区系组成，以木本植物为主体，代表植被是兴安落叶松群种的针叶林。野生植物资源非常丰富，主要植物有57科269种。有山杏、榛子、文冠果、刺玫果、蕨菜、蘑菇、黄花等食用植物；地榆、黄芪、白芍、桔梗、手掌参等药用植物；杜鹃、蜡梅、石竹、野山菊等观赏植物。还生活着驼鹿、马鹿、狍子、水獭等5目12科30余种动物和松鸡、榛鸡、啄木鸟等60余种飞禽。

9. 图牧吉国家级自然保护区

图牧吉国家级自然保护区位于兴安盟扎赉特旗的最南端，东与黑龙江省泰来县为界，西与兴安盟科尔沁右翼前旗毗邻，南与吉林省镇赉县接壤，北与扎赉特旗小城子乡为邻。图牧吉自然保护区总面积94830公顷。保护区内的草原统称图牧吉草原，分四种类型，即湿地草原、山杏灌丛草甸草原、大针茅草原、碱草草原。这里天高地阔，泡泽连片，水草丰饶，人烟稀少，是鸟类尤其是濒危鸟类得天独厚的栖息繁衍场所，人称"百鸟的乐园"。

第三节　东部草原与辽文化旅游资源区

一、中国马都——锡林郭勒盟

锡林郭勒盟是内蒙古自治区所辖盟，位于中国正北方，内蒙古自治区中部，距首都北京640千米，距首府呼和浩特620千米，既是国家重要的畜产品基地，又是西部大开发的前沿。地处北纬115°13′~117°06′、东经43°02′~44°52′之间。北与蒙古国接壤，边境线长1 098千米。南邻河北省张家口、承德地区，西连乌兰

第三章 内蒙古旅游资源区划分

察布市,东接赤峰市、兴安盟和通辽市,总面积203 000平方千米,是东北、华北、西北交汇地带,具有对外贯通欧亚、区内连接东西、北开南联的重要作用。

锡林郭勒盟辖2市(锡林浩特市、二连浩特市)、9旗(苏尼特左旗、苏尼特右旗、阿巴嘎旗、东乌珠穆沁旗、西乌珠穆沁旗、镶黄旗、正镶白旗、太仆寺旗、正蓝旗)、1县(多伦县)、1个管理区(乌拉盖管理区)、1个开发区(锡林郭勒经济技术开发区)。

锡林郭勒,蒙古语意为"丘陵地带的河",因锡林郭勒河以及流域的大草原广布于高原、丘陵地带,故自蒙元以来驻牧于这一带的蒙古人称这一广大区域为"锡林郭勒"。13世纪中叶,蒙古人在锡林郭勒草原上建起了元代第一个都城——上都城,元世祖忽必烈在此即位。

元亡后,锡林郭勒草原为蒙古大汗直属的察哈尔部驻牧地。明代晚期,清朝(前身为后金)兴起,这里在17世纪30年代就成为清朝的领地。清崇德、顺治、康熙年间,对锡林郭勒河一带的苏尼特、阿巴嘎、阿巴哈纳尔、浩济特、乌珠穆沁五部先后分别设置左、右翼二旗,共十旗,均设札萨克,会盟于锡林郭勒河北岸的"楚古拉干敖包"山上,将这一盟旗联合体命名为锡林郭勒盟。

(一) 旅游资源分类

根据《旅游资源分类、调查与评价》(GB/T18972-2003),锡林郭勒盟已知旅游资源单体共180余处,分属8个主类、27个亚类和67个基本类型。旅游资源的类型和单体数量都比较丰富,民俗和历史遗迹方面的旅游资源尤其突出,在全国同类地区和内蒙古自治区各盟市中都占有重要地位。根据评价结果显示,全盟共有23个优良级旅游资源单体,占全部资源单体的13%,包括2个特品级旅游资源(锡林郭勒大草原、元上都遗址)、2个四级旅游资源(金莲川草原、汇宗寺和善因寺)、19个三级旅游资源。比较重要的旅游资源有:锡林郭勒大草原、元上都遗址、汇宗寺和善因寺、浑善达克沙地、锡林浩特、二连浩特市及恐龙化石遗址、宝德尔楚鲁天然石雕群、锡林河、乌拉盖河、乌拉盖水库和乌拉盖山、呼日查干淖尔、呼痕淖、蒙古汗城、赛汉塔拉旅游娱乐园、贝子庙、查干敖包庙、山西会馆、宝格都乌拉、西乌珠穆沁游牧区、鸿格尔高勒风景区等。锡林郭勒盟的旅游资源优势可概括为如下五大方面:典型草原生态、独特蒙古族风情、辉煌的元上都遗址、亚欧通道国门、华北避暑胜地。

(二) 旅游资源优势

1. 自然旅游资源优势

锡林郭勒草原类型的完整性和地域的浩瀚平坦区别于内蒙古自治区境内的其

他草原，是欧亚大陆最具典型性的温带草原样板。锡林郭勒草原至今仍保持着连续分布的完整的天然植被，为当今世界不可多得的大面积绿地。锡林郭勒盟自然旅游资源的优势主要体现在以下几个方面：

(1) 完美的草原资源。锡林郭勒草原旅游资源丰富、草原类型完整，草甸草原、典型草原、半荒漠草原、沙地草原均具备。而且各类草原的植物种类和疏密度都有明显区别，尤其是大面积的典型草原，在我国和各大草原中处于独一无二的优势地位。锡林郭勒大草原面积广阔，地势平缓，植被茂密，自然植被保持较好，草原没有受到污染。每年夏天，碧绿的大草原一望无际，各色花草点缀其间，自然景观十分秀丽，使人们真正领略到原始草原的生态景观。

(2) 多样性的地貌资源。锡林郭勒草原是蒙古高原的一部分，平均海拔 1000 米以上，最大特征为地形平坦，广阔无比。但在高原内部地表形态丰富多彩，平原、盆地、火山、沙地、石林等多样性地貌，组合成锡林郭勒盟的基本地貌。境内有被誉为千里莽原的塔木齐音塔拉和赛汗塔拉，更有苏尼特左旗境内独具特色的风蚀"石林"地貌等。锡林郭勒盟的东南部有大兴安岭余脉，中部阿巴嘎旗和锡林浩特市分布着火山丘陵，南部有东西条状分布的浑善达克沙地，东南部为乌珠穆沁沙地，整个锡林郭勒盟的地理单元非常丰富。

(3) 高原湖泊水体资源。锡林郭勒大草原有 20 多条河流，这些河流水流平缓，弯弯曲曲，犹如飘逸的丝带落在美丽的大草原上，其中以锡林河、乌拉盖河、吉林河、巴拉嘎尔河、闪电河最具特色。锡林郭勒大草原上有大小 1363 个湖泊，湖水清澈，候鸟群集，尤其每年的雨季，草原出现难以尽数的水泡子，绿色的草原上点缀着明镜般的湖泊，极富魅力。

(4) 宜人的气候资源。锡林郭勒大草原 7、8、9 三个月的气温、湿度、风速、日照等气候要素最为宜人，是人们躲避酷暑的理想之地。而且大草原无任何大气污染，空气清爽洁净，有利于人们的身心健康。

2. 历史与人文旅游资源优势

(1) 历史遗迹。锡林郭勒盟是蒙元历史文化中心，是我国保存独特纯正的蒙古民族传统文化和风俗习惯最完整的地区和典型代表，至今保持着诸多的蒙古族民俗风情。锡林郭勒大草原是我国古代北方游牧民族和蒙古族活动的地方，他们留下了丰富的人文旅游资源。匈奴人公元前 3 世纪末统一草原，在我国历史上建立第一个草原帝国，其首都龙城坐落在锡林郭勒盟南部。突厥、契丹民族也在此处留下过活动印记。金朝长城横贯锡林郭勒大草原中南部，分布在西乌珠穆沁旗、正蓝旗、太仆寺旗、镶黄旗、苏尼特右旗境内，它是我国少数民族政权修建的最大规模的长城，在我国长城史上具有特殊的地位和价值。成吉思汗的足迹踏遍锡林郭勒大草原，曾经在乌拉盖河流域和锡林郭勒盟南部进行过重大战役。忽必烈在锡林郭勒草原上定都建立大元帝国,之后的元朝皇帝大部分在上都继位。今天蒙古族的察哈尔、阿巴嘎、乌珠穆沁、苏尼特四大部落仍然生活在这块大草原上,他们的文化风俗形成了一幅靓丽的人文景观。

(2) 敖包与庙宇。锡林郭勒草原上曾经有过很多著名庙宇,甚至清代整个内蒙古地区的宗教中心也在锡林郭勒盟。大草原上有查干敖包、洪格尔敖包、博格达山敖包、乌贺尔沁敖包等很多著名的千年敖包,每年夏秋季节牧民们都要祭祀敖包。这些宗教仪式和敖包祭祀活动,是一种文化行为,具有新奇和神秘的色彩,成为吸引外地旅游者的特殊要素。

(3) 人文习俗与蒙古长调。此外,蒙古族的歌舞久负盛名,其中,锡林郭勒盟的民歌以长调为主,高亢嘹远、节奏舒缓,富有地域特色和民族特色,西乌珠穆沁旗更是号称"蒙古长调之乡"。来到锡林郭勒大草原,了解牧民的生产和生活方式,才能真正体会到古老草原文化和牧业文明的真正内涵。

(三) 主要旅游景区

1. 二连浩特国家地质公园

二连浩特白垩纪恐龙地质公园于 2006 年批准设立,2009 年被评为国家地质公园。主要保护对象为二连盆地上白垩纪产出的各类恐龙化石地质遗迹,地质公园核心区也是我国最早建立的二连浩特恐龙化石自治区级自然保护区的核心区。

二连盆地白垩纪恐龙国家地质公园以闻名中外的晚白垩纪恐龙化石群遗迹为主体景观,辅以重要的地层遗迹和花岗岩石林景观,结合独一无二的恐龙景观文化资源,是一个集科学研究、科学普及、观光游览和边境贸易于一体,科学内涵丰富、口岸特色浓郁、城市景观优美、极具旅游价值的国家地质公园。公园内地质遗迹类型丰富多样,根据地质遗迹的分布和地域上的组合特点,将公园划分为二连盐池恐龙化石群遗迹景区、二连浩特口岸文化景区和宝德尔花岗岩石林景区。另外,在公园周边还规划了一系列地质遗迹科学考察点,地质公园规划总面积为243.2 平方千米。

二连浩特地区目前共发现恐龙化石二十余种,2005 年发现的世界最大的窃蛋龙类恐龙——二连巨盗龙,改变了国际科学界对于恐龙向鸟类演化的传统理论,成为中国古生物界对于鸟类起源研究领域的巨大贡献。2007 年底,《时代》周刊将二连巨盗龙的发现评选为 2007 年度"十大科学发现"之一。

2. 二连浩特恐龙博物馆

二连浩特恐龙博物馆地处锡林郭勒盟二连浩特市区中心,是一座展示二连浩特市丰富的恐龙化石资源,进行科普教育的场所,也是二连浩特市极富特色的科学普及、旅游观光之地。

二连浩特市区西北12千米的二连盆地是我国闻名于世的哺乳动物化石产地之一。由于二连盆地地下埋藏了众多的古生物化石，特别是挖掘出多个恐龙化石和大量的恐龙蛋化石等，人们称其为"恐龙墓地"，为研究该地区晚白垩纪恐龙的生存与灭绝，以及其后的生物演化史、古地理、古气候等提供了珍贵翔实的实物资料，科学研究意义很大。二连恐龙遗址是内蒙古自治区重点古生物自然保护区，也是我国乃至亚洲最早发现恐龙化石和恐龙蛋化石的地方，同时也是内蒙古自治区最早载入国际古生物史册的恐龙化石产地。

二连恐龙博物馆建筑面积2000多平方米，主体建筑为三层，正面是一个巨大的弧形，蓝绿色的墙体与淡绿色的玻璃浑然一体，六根银灰色的大理石门柱直通楼顶，雄伟壮观，门口两宗庞大的恐龙雕塑格外耀眼。馆内一楼分南北两个大厅，北厅为恐龙化石展厅，展出了两具恐龙化石装架：一具是鸭嘴龙，一具是似鸟龙。另外还展出了恐龙蛋等化石200多件。该厅还布置了10平方米的化石埋藏复原区，大厅西墙是一幅生命发展巨型彩色喷绘，大厅其他墙壁上分别悬挂着关于恐龙知识和各国专家发掘化石情况的文字介绍和图片。南大厅展出的是二连的发展史。二连浩特市恐龙博物馆被确定为盟市两级爱国主义教育基地。

3. 元上都遗址

元上都遗址位于锡林郭勒盟正蓝旗上都镇以东17千米处，为全国重点文物保护单位，列入文化部向联合国教科文组织申请世界文化遗产预备清单，是内蒙古自治区最重要的历史文化遗迹和文化旅游胜地。

元上都，蒙古语称之为"兆奈曼苏默"(意为108座庙宇)，它北依卧龙山，南临上都河(滦河上游，又称闪电河)，东西两边及上都河两岸是广阔的金莲花盛开的纯天然草原(金莲川)，自然景色十分优美。1251年，成吉思汗之孙忽必烈(元世祖)驻帐于金莲川，并建立了"金莲川幕府"。1256年，忽必烈在此选址建城，1259年城郭建成，命名为"开平府"。1260年，忽必烈在此登上蒙古大汗之位，将开平府作为首都。1264年，诏令开平府为上都。次年，改燕京(今北京)为中都(后称大都)，遂确定两都制度，使上都和大都成为元朝并列的两大首都。元上都是蒙古族建立在大草原的一座都城，它在当时是世界瞩目的国际性大都会。每年从初夏到深秋，皇帝都来此驻夏、狩猎、处理政务，前来朝觐的各国使节、宗王贵族和文武随员们云集上都，马可·波罗父子就曾经在上都大安阁受到忽必烈的召见，著名的《马可·波罗游记》中，对元上都的繁华富丽给予了非常详细的描述，被欧洲人称为"东方神话"。这座都城设计奇特、布局合理、选址绝佳、攻守相宜，在总体布局上既体现汉族传统的城市布局观念，又兼顾蒙古族游牧生活的特点，成为游牧文明与农耕文明融合的典范。1358年，在元末农民起义的战火中，上都城被焚毁。其后，又多次经过战争，最终变为城垣尚存的遗址。元上都遗址是最真实而完整的元代实物遗存，是元朝辉煌历史的实物见证。

4. 贝子庙旅游区

贝子庙旅游区位于锡林郭勒盟锡林浩特市区正北端，是锡林浩特市最重要的宗教文化旅游区，由贝子庙和额尔敦敖包两个景区组成。

贝子庙，位于额尔敦敖包下，是内蒙古自治区喇嘛教四大庙宇之一，始建于清乾隆八年(1743)，后于清道光、光绪年间扩建，历经七代活佛精修而成。此庙由贝子巴拉吉道尔吉与巴拉珠尔伦德布一世活佛主持兴建，故名贝子庙。贝子庙以朝克沁殿(行政教务)为中心，两侧分别为却日殿、明干殿、珠都巴殿、拉布楞殿、满巴殿等，各庙山门前均有广场和照壁，除东西通道外，还分置矮墙，使广场成闭合性空间，成为佛庙广场较为罕见的形式。贝子庙是蒙古族与汉族共同创造的古代建筑瑰宝。在建筑艺术上，将蒙、汉、藏等多民族艺术风格融为一体，具有深刻的民族文化内涵。贝子庙是锡林浩特市的发源地，锡林浩特的历史是以贝子庙开始的。

额尔敦敖包，"额尔敦"蒙古语，译为"宝"，"敖包"译为"堆子"，额尔敦敖包可译为"宝山"或"宝地"。额尔敦敖包始建于1753年，由13个敖包组成。13个敖包中的每个敖包均有自己的象征寓意，中间的大敖包为佛祖敖包，也是原阿巴哈纳尔旗敖包。中间敖包左边的第一个敖包是贝子庙朝克沁主殿敖包，右边第一、二个是贝子庙敖包，剩下9个敖包分别是原阿巴哈纳尔旗所辖9个佐(行政区域，也就是现在的苏木，相当于乡)的敖包，并且按照蒙古族崇尚数字9的习俗，额尔敦敖包山的台阶一共建了171阶。171是19个9组成，171三个数字相加也是9，额尔敦敖包祭祀活动传承喇嘛教习俗，传统祭祀日为每年的农历五月十三。目前，每年以祭祀额尔敦敖包为序幕的游牧文化节已成为锡林浩特市的一个旅游节庆品牌。祭敖包后，还要举行规模不等的那达慕大会。

5. 汇宗寺

汇宗寺庙位于锡林郭勒盟多伦县，始建于康熙三十年(1691)。

漠西厄鲁特的准噶尔部首领喀尔丹，在沙俄唆使下，悍然进袭漠南。康熙二十九年(1690)，康熙御驾亲征，大败噶尔丹。翌年，康熙亲赴多伦诺尔会见漠北喀尔喀三部和漠南四十八旗蒙古王公台吉，史称"多伦会盟"。康熙答应了"愿建寺以彰盛典"的请求，开始兴建"汇宗寺"，康熙五十一年(1712)春3月21日完工。康熙五十三年(1714)五月初一，康熙帝钦赐寺名为"汇宗寺"，并题匾额、御书汇宗寺碑文和汉白玉碑一对。用满蒙汉藏四种文字记载着建寺经过。汇宗寺有跳舞场、大山门、天王殿、钟鼓楼、正大殿(上下层)、东、西配殿、官仓、佳仓、后殿等。"汇宗寺"在当时是口外最大的喇嘛庙，巍然耸立，金碧辉煌。庙里住有一千余名喇嘛，每个喇嘛年吃饷银五十两，由租银地及各旗县供给。此外，将庙周围方圆六十里的土地出产均划归喇嘛庙。主殿在清同治年间被火烧掉，后集资重建，殿体壮观与前相同，1945年被苏军火焚，所余庙舍被作为县粮食局仓库。

6. 锡林河九曲湾

锡林河是锡林郭勒草原上的一条著名内陆河，属乌拉盖水系，发源于克什克腾旗，流经锡林浩特市长达120千米。观赏锡林河风光的最佳地段在今锡林浩特市南15千米处。地势之故使得这一段河道弯弯曲曲，人们誉之为"锡林九曲"。在锡林河畔，流传着许多美丽动人的神奇传说，美丽风光吸引了众多游客，也吸引了许多影视界人士、摄影爱好者。1983年，中国与意大利合拍的历史巨片《马可·波罗》曾在这里拍摄了大量外景镜头。这里也是锡林郭勒草原风光的形象代表，1998年以此景为蓝本发行了锡林郭勒特种邮票。

7. 巴音锡勒草原自然保护区

位于锡林郭勒盟锡林浩特市东南55千米，全境面积3730平方千米，水草丰美，野生动植物种类丰富，是内蒙古草原生态旅游的精华部分。这里没有一点人为造作，蓝天白云下绿绿的草原一望无际，五颜六色的花朵镶嵌在其中，远远看去，犹如一幅美丽的图画，沁人心脾，让人陶醉。在这里可以在蒙古包吃到地道的手扒肉，听着悠扬的马头琴，和蒙古族牧人一块放牧，体会草原游牧民族的生活。

8. 浑善达克沙地旅游区

浑善达克沙地是我国十大沙漠沙地之一，位于内蒙古自治区中部锡林郭勒草原南端，距北京直线距离180千米，是离北京最近的沙源。浑善达克沙地东西长约450千米，面积大约5.2万平方千米，平均海拔1100多米，是内蒙古自治区中部和东部的四大沙地之一。

浑善达克沙地是中国著名的有水沙漠，在沙地中分布着众多的小湖、水泡子和沙泉，泉水从沙地中冒出，汇集入小河。这些小河大部分流进了高格斯太河，也有的只流进水泡子里，还有的只是时令性河流。

浑善达克沙地水草丰美，景观奇特，风光秀丽，有人称它为"塞外江南"，也有人称它为"花园沙漠"。那里野生动植物资源比较多，是候鸟的产卵繁育地，还有很多珍稀的植物和药材。

景观分为固化沙地阔叶林景观、固化沙地疏林景观、沙地夏绿灌木丛景观、沙地禾草木景观、沙地半灌木半蒿类景观及流动沙丘或裸沙景观。

晴空万里的朗朗秋日，金色的沙地被五彩的灌木丛点缀得绚丽多姿。沙地上灌木种类繁多，沙榆、红柳、小灌木林、优良牧草和药用植物相依相伴。尤其浑善达克沙地东北缘生长的沙地云杉，是世界同类地区尚未发现的稀有树种，被称为"生物基因库"和"活化石",野生动物更是门类繁多,常见的有狼、沙狐、獾子、山兔等达 50 多种。

9. 西乌珠穆沁草原

西乌珠穆沁草原,是世界四大草原之一——内蒙古锡林郭勒草原的典型区域。草原风貌保存完整,是唯一汇集内蒙古九大类型草原的地区,也是中国北方草原最华丽、最壮美的地段,素有"天堂草原"之美称。

西乌珠穆沁草原是内蒙古自治区蒙古族文化习俗保存最完整的地区,又是北方游牧民族的主要繁盛福地,素以"摔跤健将摇篮、蒙古长调之乡、民族服饰之都、游牧文化之源"而著称,传统的蒙古搏克、悠扬的乌珠穆沁长调、斑斓的乌珠穆沁服饰、古老的游牧文明,展示了源远流长的乌珠穆沁文化。

10. 温都尔庙

温都尔庙位于锡林郭勒盟苏尼特右旗朱日和镇东 7 千米的布图木吉苏木境内。又名营造乐法广会寺。此寺庙是苏尼特右翼旗札萨克多罗杜棱郡王那木吉乐旺楚格之弟阿格旺丹比扎拉森(图布敦托音)于清德宗光绪十年(1884)甲申岁所建。初建时期,于全旗各寺庙招收 16 名僧侣进行法事活动。至 1945 年,该庙已有 200 多个僧侣,有 8 座佛殿。寺中藏有金佛、各种佛具、活佛喇嘛的传记、佛经等珍贵文物。

温都尔庙在历史上曾是一座集政治、经济、文化、宗教于一体的举足轻重的寺庙。1931 年,第九世班禅应旗双亲王德穆楚克栋鲁普之邀莅临此寺坐床讲法。此庙是四合院式建筑,分前后两院,正房两侧为厢房,现院内建筑尚存。

11. 赛汉塔拉旅游娱乐园

赛汉塔拉旅游娱乐园位于锡林郭勒盟苏尼特右旗赛汉塔拉镇东南 3.5 千米的天然草原之上。距集二线赛汉塔拉火车站 3.5 千米,距离 208 国道 1.5 千米。

旅游区以草原景观为背景,以民族文化为主题,以现代旅游休闲为内容,建成配套较为齐全的旅游基础设施和服务设施,旅游区建有人工湖、那达慕赛马场、鸵鸟养殖基地、小尾寒羊养殖基地、大棚蔬菜基地、珍稀野生动物观赏区等。

12. 苏尼特王府

又称德穆楚克栋鲁普王府,位于锡林郭勒盟苏尼特右旗朱日和镇以东 5 千米处乌苏呼敖包山脚下,背靠敖包山,依山取势。始建于清代同治二年(1863),由德王祖父为其子即德王之父那木吉勒旺其格承袭锡林郭勒楚古兰达(盟长)官职时营建。苏尼特王府建造宏伟,是历史闻名的晚清时代古迹,具有独特的地区特点和民族风格。由于受清朝时期宫廷建筑影响,"王府"具有藏传佛教传统建筑风格和清末汉族宫廷建筑风格的共同特点，在继承汉式儒家礼制建筑"前堂后寝"的基础上，结合蒙古族的信仰改为"前为厅堂、后为佛殿"的特殊建筑方式，造型结构模仿北京皇宫设计而建造。

苏尼特王府是锡林郭勒盟最早的一座宫殿，百余年中，苏尼特王府先后经历了三个朝代的三个王爷历史。1931 年，佛教领袖第九世班禅曾亲临王府。1945 年 9 月上旬，原"蒙疆政府"旧官员在苏尼特王府成立了"内蒙古共和国临时政府"，同年 9 月下旬，乌兰夫受中共中央委派来到苏尼特王府，对"临时政府"成员进行改组，经过重新选举，乌兰夫被选为"内蒙古自治临时政府"主席。1946 年，苏尼特右旗新民主政府在王府成立。1949 年，苏尼特右旗人民政府正式成立。此后十几年中，苏尼特王府依然是苏尼特右旗的政治、经济、文化和教育中心。"文革"后期遭受了严重破坏，四合院宅邸部分殿堂顶和两侧偏殿、厢房被拆毁，现仅存 59 间。1987 年，德王府被列为旗级第一批重点文物保护单位，其周围 1.5 千米被确定为保护范围。1990 年对苏尼特王府进行了部分维修，1996 年，苏尼特王府被列为内蒙古自治区重点文物保护单位。2003 年又重新划定保护区，周围 17698 亩被确定为保护区范围。2004 年进行了保护性修复。2008 年，苏尼特王府被列为重点修复工程。苏尼特王府是苏尼特人民近代文明史和革命解放史的见证，也是该旗城乡建筑风格的雏形和根源。

二、龙凤之乡——赤峰市

赤峰市位于内蒙古自治区东南部，地处北纬 41°17′~45°24′、东经 116°21′~120°58′之间。东、东南与通辽市和辽宁省朝阳市相连，西南与河北省承德市接壤，西、北与锡林郭勒盟毗邻。东西最宽 375 千米，南北最长 457.5 千米，总面积 90275 平方千米。东邻辽沈，南近京津唐，西北靠锡林郭勒大草原，交通四通八达，距锦州港 220 千米、北京市 420 千米、沈阳市 440 千米。

赤峰市辖 3 个市辖区、2 个县、7 个旗及 1 个市级新区，即红山区、松山区、元宝山区；宁城县、林西县；巴林右旗、喀喇沁旗、巴林左旗、敖汉旗、阿鲁科尔沁旗、翁牛特旗、克什克腾旗和赤峰新区。

赤峰市位于内蒙古自治区东南部。赤峰古称松州，谓之"平地松林""千里松林"。"赤峰"之名始于清代，清乾隆三十九年(1774)于今赤峰市红山区设乌兰哈达厅，因红山而得名。红山位于赤峰市区东北角，距城区约 5 千米，海拔 746 米，平时山体呈赭红色，雨后山石火红耀眼，如"火焰山"一般，赤峰因此而得名。红山也是中华民族文明的发祥地之一，被考古学家命名为"红山文化遗址"，红山文化把中华民族的文明史提前了 1500 年。在 1983 年 10 月经国务院批准撤昭乌达盟建赤峰市。

中国人被称为龙的传人。之所以称为"龙的传人",则根源于红山文化中的龙凤呈祥。赤峰是红山文化的发祥地,最早的中华龙图腾——玉龙就出土于赤峰,被誉为"天下第一龙",距今已有5000多年的历史,赤峰市因此被称为中华龙的故乡。而距今6800多年的陶凤杯出土于赤峰市,被专家誉为"中华第一凤",更使赤峰成为名副其实的龙凤之乡。更有距今8200多年的兴隆洼文化的中华始祖聚落遗址,比浙江余姚的河姆渡文化及西安半坡文化分别早1000和2000年,又被誉为"华夏第一村"。因而,中华文明的曙光最早出现在赤峰大地上,比中原文明要早1000多年。长江文明、黄河文明同赤峰地区的西辽河文明共同构成中华文明之源。

(一) 旅游资源分类

基于旅游资源普查并运用《旅游资源分类、调查与评价》(GB/T18972-2003),对赤峰市现已开发的248处主要旅游资源单体进行了科学分类(表3-28)。

表3-28 赤峰市旅游资源分类

主类	亚类	基本类型	主要旅游资源单体
A 地文景观 (59个)	AA 综合自然旅游地	AAA 山丘型旅游地	红山、南山、洞山、七老图山、棒槌山、翠云山、马鞍山、福峰山、喇嘛洞山、莲花山、松树山,韭菜楼、杨桦岭
	AC 地质地貌过程形迹	ACA 凸峰	马鞍山牛郎峰、马鞍山姊妹峰、黄岗梁
		ACD 石(土)林	阿斯哈图石林、北大山石林、大青山石林、贡格尔石林
		ACE 奇特与象形山石	十八罗汉山、桃石峰桃石、桃石山、乌兰坝鳄鱼石、乌兰坝观音石、马鞍山金蟾背、马鞍山锦灿石屏、马鞍山、黄岗梁棒槌石、黄岗梁骆驼脖子峰、黄岗梁石棋盘、布日敦骆驼峰、布日敦仙人指、松树山、桃石峰阎王道
		ACL 岩石洞与岩穴	赛汉罕乌拉天池、七锅岩穴群、旺业甸皮拉洼、大天水岩石穴、河南营子岩穴、龙口岩穴群、旗青山岩穴群、宁城县七锅山岩穴群、赛汉罕乌拉石棚、洞山朝阳洞、洞山水帘洞、桃石峰红门、乌兰坝双幽洞、乌兰坝仙人洞、遮盖山石窟
		ACM 沙丘地	布日敦沙地、东额其响沙、浑善达克沙地

191

内蒙古旅游资源分析

续表

主类	亚类	基本类型	主要旅游资源单体
A 地文景观(59个)	AD 自然变动遗迹	ADG 冰川侵蚀遗迹	大浩来冰槽、经棚冰斗、摩天岭—韭菜山角峰与刃脊、下店冰槽、下排长头营子冰坎、帐房沟冰斗、莲花山冰石海
B 水域风光(22个)	BB 天然湖泊与池沼	BBA 观光游憩湖区	扎嘎斯台诺尔、达里诺尔、公主湖、红山湖、浑尼图诺尔、其干湖
		BBB 沼泽与湿地	达拉哈湖湿地、海哈尔河湿地
	BC 瀑布	BCA 悬瀑	响水瀑布、虎头瀑布、龙口瀑布
		BCB 跌水	响水玉瀑、龙口跌水、响水跌水
	BD 泉	BDA 冷泉	比图矿泉、毕吐矿泉、六味神泉、黑龙泉、潢源
		BDB 地热与温泉	敖汉热水汤、克什克腾热水汤、宁城热水汤
C 生物景观(31个)	CA 树木	CAA 林地	罕乌拉山森林、大黑山森林、大乌梁苏森林、马鞍山森林、巴彦珠尔克山云杉林、白音敖包红皮红杉林、白音敖包沙地云杉林、桦木沟森林、黄岗梁落叶松林、杉木台子落叶松林、松树山蒙古栎林
		CAB 丛树	马鞍山拂云松、马鞍山松岩区松树
		CAC 独树	克旗"油松王"、翁旗"油松王"
	CB 草原与草地	CBA 草地	海哈尔草原、巴彦塔拉草原、麻斯他拉草原、达里诺尔草原、贡格尔草原、南店草甸草原、乌兰布统草原、布日敦湖坨甸大草原、灯笼河草原、乌兰敖都草原
		CBB 疏林草地	大局子疏林草甸草原、黄岗梁民疏林草甸草原、热水塘疏林草甸草原
	CC 花卉地	CCB 林间花卉地	黄岗梁花卉地
	CD 野生动物栖息地	CDB 陆地动物栖息地	黄岗梁野生动物栖息地
		CDC 鸟类栖息地	达里诺尔鸟类栖息地
D 天象与气候景观(1个)	DB 天气与气候现象	DBD 极端与特殊气候显示地	克什克腾风能
E 遗址遗迹(39个)	EA 史前人类活动场所	EAB 文化层	南台地文化遗址、三道湾子文化遗址、四楞山文化遗址、小河沿文化遗址、富河文化遗址、蜘蛛山遗址、大井古铜矿遗址、锅撑子山细石器文化遗址、三星他拉遗址
		EAD 原始聚落	兴隆洼聚落遗址

第三章　内蒙古旅游资源区划分

续表

主类	亚类	基本类型	主要旅游资源单体
E 遗址遗迹 (39个)	EB 社会经济文化活动遗址	EBB 军事遗址与古战场	乌兰布统古战场、应昌路古战场
		EBC 废弃寺庙	云门寺遗址、昊天寺遗址
		EBD 废弃生产地	白音高洛窑址、哈达英格窑址、缸瓦窑村窑址、大井古铜矿遗址、宁城汉钱范作坊
		EBF 废城与聚落遗址	怀州古城遗址、祖州古城遗址、黑城遗址、辽中京遗址、宁城石山古井、赵宝沟聚落遗址、那斯台聚落遗址、辽上京遗址、南杨家营子聚落遗址、四方城遗址、红山聚落遗址、应昌路、宁城南山根聚落遗址、全宁路遗址
		EBG 长城遗迹	金界壕巴林右旗段、秦长城赤峰段、金界壕克什克腾旗段、汉长城喀喇沁旗段、汉长城宁城县段
		EBH 烽燧	望儿山汉代烽火台
F 建筑与设施 (88个)	FA 综合人文旅游地	FAA 教学科研实验场所	宁城林木种子基地
		FAB 康体游乐休闲度假地	曼陀山庄、红山游乐区、玉龙度假山庄、甘其旅游点
		FAC 宗教与祭祀活动场所	罕庙、普善寺、白音胡硕大庙、荟福寺、善福寺、昭慈寺、真寂之寺、红山清真寺、福会寺、灵悦寺、赤峰龙泉寺、锦山清真寺、庆宁寺、法轮寺、福峰山庙、布日敦阿贵庙、布日敦佛光洞、梵宗寺、兴源寺
		FAD 园林休憩区域	长青公园、紫屏园
		FAF 建筑工程与生产地	罕山林场、罕山鹿场、石棚沟林场、石棚沟鹿场、乌兰坝林区鹿场、浩牙日花牧场、达里诺尔渔场、元宝山牧场、黑里河林场
	FB 单体活动场馆	FBB 祭拜场馆	牛头沟门天主教堂、大营子天主教堂、苦力吐天主教堂
		FBC 展示演示场馆	巴林奇石馆、巴林右旗博物馆、赤峰市博物馆、喀喇沁旗博物馆、克什克腾旗博物馆
	FC 景观建筑与附属型建筑	FCA 佛塔	武安州塔、庆州白塔、上京南塔、中京大塔、中京小塔、布日敦白塔
		FCD 石窟	福峰山石窟
		FCE 长城段落	金界壕巴林右旗段、秦长城赤峰段、金界壕克什克腾旗段、汉长城喀喇沁旗段、汉长城宁城县段
		FCG 摩崖字画	白岔河岩画群、阴河岩画、跆子山岩画
		FCK 建筑小品	马鞍山松岩区石雕卧虎、大板康熙行宫戏台、赛罕海日罕
	FD 居住地与社区	FDB 特色街巷	巴林石一条街
		FDD 名人故居与历史纪念建筑	贝子王府、大板康熙行宫、多罗郡王府、喀喇沁王府

193

续表

主类	亚类	基本类型	主要旅游资源单体
F 建筑与设施 (88个)	FE 归葬地	FEA 陵区陵园	怀陵、庆陵、祖陵
		FEB 墓(群)	耶律羽之墓、金墓、卫国王驸马墓、耶律宗representatives墓、二八地辽墓葬、夏家店墓葬、解放营子辽墓
	FF 交通建筑	FFA 桥	蜘蛛山桥、东山河桥、四道杖房桥
	FG 水工建筑	FGA 水库观光游憩区段	巴彦花水库、草原水库、沙那水库、东胡水库、二道河子水库、朝阳水库、打虎石水库、红山水库
		FGB 水井	龙泉井
G 旅游商品 (1个)	GA 地方旅游商品	GAA 菜品饮食	向阳牌陈曲、达里湖牌绵白糖、风干牛肉、宁城老窖、奶干奶酪
H 人文活动 (8个)	HC 民间习俗	HCB 民间节庆	那达慕大会
		HCF 庙会与民间集会	孟兰庙会、庆宁寺庙会、宁城县大明庙会
	HD 现代节庆	HAD 旅游节	达里冬捕节、美林谷滑雪节
		HDB 文化节	银驼文化节、红山文化艺术节
8 主类	23 亚类	57 基本类型	248 单体

(资料来源：张艳玲.赤峰市旅游资源评价及其开发策略研究[D].大连：辽宁师范大学硕士学位论文，2012.)

由表 3-28 可知，赤峰市旅游资源在《旅游资源分类、调查与评价》(GB/T18972-2003)旅游资源分类体系中，赤峰市现已开发的 248 处旅游资源可归为 8 个主类，拥有国标中主类类型的全部；23 个亚类，占据国标中亚类总数量的 72.7%；57 个基本类型，占国标中基本类型的 36.8%，由此可见，赤峰市旅游资源数量众多，类型丰富。

赤峰市的地文景观类资源充分体现出其处于北方重要农林交错带的地域过渡的特点，达到全国亚类的 60%，旅游资源单体多以名山、奇特与象形山石、沙(砾石)地为主，体现出赤峰名山众多，环境优美，是赤峰市发展旅游的自然背景。

赤峰市水域风光类资源占全国亚类的 50%，资源单体数量上虽然少，只有 14 个，但对于处在大陆性气候、水资源匮乏的条件下，这些水库、湖泊对游客具有相当大的吸引力。

赤峰市生物景观类旅游资源是其旅游的优势资源类型，覆盖全国亚类的 100%，资源单体数量达到 45 种以上。既有茂密的原始次森林，也有辽阔的草原，其中点缀奇花异草，是我国自然过渡地带生态多样化的典范。这些景区多数已开发或正在开发，是赤峰市发展特色旅游的资源依托。

赤峰市古迹及建筑类资源类型多样，覆盖全国亚类的 83.3%，就单体数量而言也是赤峰市最多的资源。这些历史文化古迹虽然在某种程度上增强了赤峰市旅游的文化内涵，但就目前而言，不能称之为有效的旅游资源。

赤峰市休闲健身修学科考类资源种类亦较齐全。其中较为有特色的是赤峰市的三大热水温泉，堪称"塞北神汤"，但总体而言，赤峰市消闲求知健身类资源的开发较为滞后，规模和品质有待提高。另外，赤峰市旅游商品购物类基本类型资源主要以草原产品、民族风俗产品、蒙古民族产品、野山珍及奇石为主，有待向深层次进一步开发。

(二) 旅游资源评价

对赤峰市旅游资源的分级评价，主要是依据上文并按照《旅游资源分类、调查与评价》(GB/T18972-2003)划分的旅游资源分类体系对各个单体进行的质量等级评价。主要是按照旅游资源分类体系，对旅游资源各单体依据一定标准进行打分，按其得分高低进行排序分级。对赤峰市旅游资源进行分级评价的具体方案是：基于赤峰市旅游资源普查分析，选择具有重要意义和典型性的38处旅游资源作为评价对象，然后，通过打分法，对各项旅游资源的得分高低进行重要性排序，最后据此对赤峰市旅游资源进行分级评价。

根据旅游资源单体各项得分，可以得出该单体旅游资源得到的总分值，再根据评价总分，可以将这些旅游资源单体划分为五个等级，各单体旅游资源的总分值和得分排序如下(表3-29)。

表3-29 赤峰市代表性旅游资源得分及排名

旅游资源名称	得分	排名	旅游资源名称	得分	排名
阿斯哈图石林	95.5	1	玉龙沙湖旅游区	65.5	20
达里诺尔湖保护区	90	2	打虎石水库	64	21
西拉木沦大峡谷	88.5	3	黑里河自然保护区	64.5	22
乌兰布统草原	86	4	应昌路鲁王城遗址	64	23
黄岗梁国家森林公园	84.5	5	兴隆洼遗址	63.5	24
喀喇沁亲王府	83	6	美林谷滑雪场	62.5	25
红山军马场	82.5	7	辽庆陵	62	26
大青山冰臼群	80	8	赤峰植物园	61	27
辽上京遗址	78.5	9	红山水库	56	28
贡格尔草原	77.5	10	荟福寺	54	29
巴林奇石馆	77	11	曼陀山庄	50	30
浑善达克沙地	76.5	12	杜鹃山风景区	46	31

续表

旅游资源名称	得分	排名	旅游资源名称	得分	排名
夏家店遗址群	75	13	沽水福源度假村	45.5	32
白音敖包沙地云杉林	74.5	14	龙泉寺	45.5	33
大明塔	74	15	特布日敦沙漠	44.5	34
赤峰市博物馆	72	16	红山公园	44	35
马鞍山森林公园	71	17	海贝尔游乐园	42.5	36
真寂之寺	68.5	18	南山生态园	42	37
宁城热水温泉	67	19	响水玉瀑	36.5	38

(资料来源：张艳玲.赤峰市旅游资源评价及其开发策略研究[D].大连：辽宁师范大学硕士学位论文，2012.)

在本次评价的排名中，前十位的景区分别是：阿斯哈图石林、达里诺尔湖保护区、西拉木沦大峡谷、乌兰布统草原、黄岗梁国家森林公园、喀喇沁亲王府、红山军马场、大青山冰臼群、辽上京遗址、贡格尔草原，这些旅游资源开发条件成熟，基础好，在旅游开发和管理中应列为重点考虑对象。参照上文等级划分的标准，赤峰市旅游资源等级划分如下。

特品级即五级旅游资源 2 个：阿斯哈图石林、达里诺尔湖保护区。

四级旅游资源 7 个：西拉木沦大峡谷、乌兰布统草原、黄岗梁国家森林公园、喀喇沁亲王府、红山军马场、大青山冰臼群、辽上京遗址。

三级旅游资源 18 个：贡格尔草原、巴林奇石馆、浑善达克沙地、夏家店遗址群、白音敖包沙地云杉林、大明塔、赤峰市博物馆、马鞍山森林公园、真寂之寺、宁城热水温泉、玉龙沙湖旅游区、打虎石水库、黑里河自然保护区、应昌路鲁王城遗址、兴隆洼遗址、美林谷滑雪场、辽庆陵、赤峰植物园。

一二级旅游资源即普通级旅游资源 11 个。

由于仅选取了赤峰市部分具有代表性和典型性的旅游资源而非全部，所以没有参与评价的旅游资源可暂且认为一二级旅游资源或未获等级资源。

(三) 旅游资源特点

依据《旅游资源分类、调查与评价》(GB/T18972-2003)拟定的旅游资源普查方法与体系，对照赤峰市旅游资源单体普查资料，赤峰市旅游资源特点如下。

1. 自然生态旅游资源典型、丰富，品位高

赤峰市是一块"暂离喧嚣闹市，体验天马行空"的理想之地。市域内的自然地质和生态景观品位高而且极具珍稀性，这些景观主要分布在克什克腾旗和翁牛特旗以及西辽河沿岸地区，代表性的景区有：号称百鸟乐园、草原明珠的达里诺

第三章 内蒙古旅游资源区划分

尔湖国家自然保护区，位于克什克腾旗东部的大青山穴蚀群，形成于三百万年前第四纪冰川时期的阿斯哈图冰石林，被称为神树的白音敖包沙地云杉，集沙地、草原、湖泊、奇山于一体的玉龙综合旅游开发区等。此外，赤峰市还有野花遍地的贡格尔草原和乌兰布统草原，马鞍山、潢源、大黑山等不同等级的自然保护区。赤峰市北部诸旗有大兴安岭森林资源以及宁城县和克什克腾旗的热水资源，等等，都可以开发生态度假、观光娱乐、康体保健、美食体验以及生态环境科考等诸多旅游项目。

2．历史文化遗迹数量多，内涵丰富

在赤峰市域内，历史人文资源丰富多样，不同时代的各种文化在这里汇集。作为北方文化的代表之一，赤峰市历史文化遗迹数量众多，内涵丰富，从远古文化遗存到辽文化各类遗址以及不同时期的宗教、岩画和历代战争文化，时间跨度几乎贯穿了人类发展的整个历史过程。据统计，赤峰市的历史文化遗迹大约有 6800 处，约占内蒙古自治区的 47%。正因为如此，考古学界将西拉木伦河流域与长江流域、黄河流域并列为中华民族三大发祥地，成为中华文明三大源头之一。由于位于我国北方重要的农牧交错带上，耕作方式的不同、生活方式的多样、交往历史的悠久，赋予了赤峰市以多民族频繁交流共同营建为基础的文化内涵。深厚的文化内涵对于该区域发展具有文化内涵的生态旅游是不可多得的资源条件之一，但由于赤峰市地域广阔，这些人文历史景点分散在各个旗县，主要包括赤峰市区、敖汉旗、喀喇沁旗、巴林左旗、宁城县等地，这给资源的综合开发以及旅游线路安排和游客的出行都带来了一定的不便。而且历史文化资源中地下文物资源与精神文化资源对旅游业的进一步开发以及新一代产品的转化和创意都会带来很大的困难，因此需要一个较好的开发环境和成长的培育周期。

3．自然资源和人文资源组合较好，蒙古族风情突出

赤峰市自然资源和历史人文资源都比较丰富，两大主类之下的亚类也极为可观。例如，沙地、草原、河曲、山林、淖尔(泡子)均是赤峰市旅游业发展的重要基础，而红山文化的遗存、辽金元的历史遗迹，又都与这些美丽的自然景观交相呼应。在景观的整个构成中，人文景观与山川灵气很好地结合在一起。从旅游资源的分布来看，自然资源遍布全市，草原、沙地、湖泊、林场、草地、冰川遗迹、热水温泉等，让游客完全被这美丽壮观的塞外风光所陶醉。

赤峰市是蒙古族的聚居地，世代生活在草原上的蒙古族，弯弓跃马，纵横驰骋，素有马背民族之称。在长期的游牧生活中，蒙古族形成了与环境相适应的具有鲜明特色的生产生活方式、宗教信仰、风俗习惯等民俗风情。踏上草原，浓郁的民族气息会扑面而来，充分展现了我国北方游牧民族的文化魅力。

4. 自然生态和文化特别是地质科考资源极具潜力

赤峰市各类自然景观、地质文化、动植物、历史遗址等都可作为自然科学和社会科学研究的对象和科普教育的内容，其中最具有代表性的就是克什克腾旗的"地质公园"，范围包括了整个克什克腾旗所辖区域，公园内有峰林、火山群、石林、温泉、河流峡谷、构造湖泊、瀑布及第四纪冰川时期留下的冰臼群、冰川地貌、冰缘地貌和沙漠等。这主要与克什克腾旗位于华北、东北环境变化敏感区的地理位置有关。自然神奇的力量造就和赋予了克什克腾旗独特珍稀的地质地貌景观，在国内甚至全世界范围内都享有盛誉。

（四）主要旅游景区

1. 阿鲁科尔沁自然保护区

阿鲁科尔沁湿地经过几年的有效保护和管理，保护区内的河流、湖泊和沼泽地进一步恢复，湿地已经成为鸟类栖息的"天堂"，现在，已有150多种珍稀鸟类在这里栖息、繁殖。

阿鲁科尔沁自然保护区自古就是山清水秀、鸟语花香的旅游、围猎场所，这里曾是隋唐时期逐水草而居的契丹族的游牧地，明代，游牧于额尔古纳河、海拉尔河和呼伦湖一带的阿鲁科尔沁部昆都伦岱青率部适居，始名阿鲁科尔沁，意为"北方弓箭手"，阿鲁科尔沁草原即由此而得名，这里曾被古人赞誉为"六月驼毛飘满地，浑疑春风落杨花"的富庶之地。

2. 黑里河杜鹃山旅游区

黑里河杜鹃山旅游风景区位于黑里河国家级自然保护区内，交通十分便利：距赤峰市区110千米，距北京市400千米，距辽宁省凌源市120千米，距河北省平泉县100千米，距河北省承德市120千米，距打虎石水库30千米，距黑里河漂流20千米，距松枫山庄10千米。

这里林茂山奇，植被丰厚，景观独特，是享受大自然的美妙去处，是黑里河国家自然保护区的缩影。景区内有建筑考究的寺院，有美丽的神话传说，其浓郁的佛家氛围和美丽传说与奇山异石、苍松翠柏、艳丽杜鹃交融辉映，引人入胜，让人流连忘返。真可谓："杜鹃摇红梨花飞雪怡心境，香烟缭绕怪石嶙峋醉游人。"

3. 白音乌拉游牧文化区

白音乌拉游牧文化区距赤峰市克什克腾旗政府所在地经棚镇120千米，距阿斯哈图石林景区38千米，位于广袤无垠的贡格尔草原上，处于赤峰市旅游的精品线路上。每到夏秋季节，广袤的贡格尔草原上碧草遍野，繁花似锦，游人如织。

近年来，随着生态旅游的蓬勃发展，一种以回归自然、体验乡土风情的乡村游逐渐兴起，把蒙古族牧民热情豪放、能歌善舞、待客如宾的传统文化展示给游客，把牧民们千百年积累的生态知识传授给游客的旅游方式也出现在贡格尔草原上。旅游区确定了15户"牧人之家"草原生态文化旅游户。在"牧人之家"中，游客不仅能参与有蒙古族特色的娱乐活动，享用民族饮食，还可以"做一天蒙古人"，参与草原生态保护和建设，学到生态保护知识。

4. 达拉哈草原旅游区

达拉哈草原旅游区位于赤峰市阿鲁科尔沁旗扎斯台镇达拉哈嘎查，扎斯台系蒙古语，为"有鱼的地方"，以其命名的扎斯台镇距阿鲁科尔沁旗政府所在地天山镇40千米，距赤峰市区370千米。该旅游点是一个多种旅游资源集聚的地方，草原、湖泊、沙地、绿树相得益彰，风景优美如画。境内仅千亩以上的湖泊就达8处之多，其中达拉哈湖面积8000余亩，属淡水湖，湖里盛产鲤鱼、鲢鱼、鲫鱼等各种鱼类，湖的四周芦苇密布，北面是一望无际的黄柳、沙棘、柠条等沙地植物群落，南部是宽百米雪白的沙滩。东西两侧与其他小湖连接，中部有沙岛一处，春夏季节，白天鹅、鸿雁、灰鹤、水鸭等水鸟嬉戏湖面，景色迷人，妙趣天成。

5. 赛罕乌拉自然保护区

赛罕乌拉自然保护区位于赤峰市巴林右旗北部，距旗政府所在地大板镇115千米，是一个以保护森林、草原、湿地等多样生态系统、珍稀濒危野生动物和保护西辽河上游水源涵养林为主的综合性国家级自然保护区，也是联合国教科文组织批准的世界生物圈保护区。

赛罕乌拉，蒙古语的意思是"至高无上的山峰"，赛罕乌拉主峰达1951米。自然保护区总面积为10.04万公顷，设立了正沟、王坟沟和乌兰坝三个核心区，总面积达16340.3公顷，占保护区总面积的16.27%。这里是大兴安岭南部景观的缩影，是东亚阔叶林向大兴安岭寒温带针叶林、草原向森林的双重过渡地带，也是华北植物区系向兴安植物区系的过渡带，成为联系各大植物区系的纽带和桥梁，对研究各大植物区系相互影响、相互交流有重大意义。

这里又是东北、华北、蒙新三区动物区系的交汇点。同时，这里又是生态交错带，可以通过该区生物多样性变化来研究生物对全球气候变化的响应，对全球生物多样性保护具有十分重要的意义。保护区已成为中加两国生物多样性保护和社区发展项目示范区，也是内蒙古自治区景观类型多样的生态旅游、休闲度假旅游目的地。

赛罕乌拉，自古以来就是居住在这里的不同民族所尊崇的圣山。辽王朝建立后，契丹民族将赛罕乌拉尊为契丹乃至辽朝整个国家至高无上的圣山，其地位相当于中原汉民族所尊崇的五岳之首的泰山。辽代施行皇帝四时捺钵制度，赛罕乌拉便是辽代皇帝之夏捺钵和秋捺钵的地方，实际上是辽代夏秋季的统治中心，还是当时经济繁荣的城池。保存有大量具有重要价值的辽代历史文化遗存，诸如庆州城、释迦佛舍利塔、庆陵、怀州城、怀陵、罕山祭祀遗址、寺庙群遗址等，以及发生在这个区域的政治历史事件。这里埋葬着辽代9位皇帝中的5位，从辽代创始初期到鼎盛时期，发掘出大量的珍贵文物，对研究辽代的政治和文化具有重要意义。其中，辽庆陵、辽庆州白塔是国家重点文物保护单位。

6. 马鞍山国家森林公园

马鞍山国家森林公园位于赤峰市喀喇沁旗锦山镇东南部，是以自然山水、奇峰怪石、森林植被为特色的生态旅游区。马鞍山森林公园森林面积2400公顷，森林覆盖率达85%以上，这里环境幽雅，森林茂密，可谓是山清水秀，景色宜人，人称"塞外黄山"。奇峰、云海、冰瀑、清泉称为四绝奇观。马鞍山森林公园四季景色迥然不同，气象万千，景色迷人。主要景观有：马鞍山、牛郎峰、四指山、灵芝峰、南高峰、鹦鹉峰、子午石、卧虎石、梁山庙、仙人床、桃源洞、伯仲山、望天镜、织女峰、饮马泉、碧连台、春日烟雨、北天门石城、鲤鱼跳龙门、大明塔远眺等36个景观。

7. 黄岗梁国家森林公园

黄岗梁国家森林公园在赤峰市克什克腾旗经棚镇东北80千米处，位于大兴安岭主峰黄岗峰脚下，总面积300多万亩，区内由黄岗峰、木叶山、阴山等27座山峰组成黄岗山脉，本地称"黄岗梁"。其中黄岗峰海拔2034米，是大兴安岭最高峰。

黄岗梁地区保存了第四纪冰川最完整的形态，且类型多样，是典型的山谷冰川，黄岗梁两侧有冰斗、"U"形谷、角峰、条痕石、漂砾等冰川遗迹，是迄今发现的保存最好、冰川地貌齐全、科研价值最高的第四纪冰川遗迹。冰川遗迹即冰川运动的产物，是在距今大约三百多万年前第四纪冰期形成的。黄岗峰丰富的冰川遗迹，不但证实了李四光的第四纪冰川理论，而且从文化角度讲，赤峰市有三百万年前的地质现象存在，且保存完好，这有着更大的文化价值。

黄岗梁地区属大兴安岭山系，境内山脉逶迤起伏，山势高峻，奇峰林立，山谷中松桦茂密，峰峦险壑之中溪水遍布，气象万千。公园地貌独特，自然景观丰富多样，在几十平方千米的范围内集山地、丘陵、沙地、河谷、湖泊、草原、丛林、疏林草地多种地形地貌及植物景观于一体。国内专家认为这在东亚大陆、东南亚地区乃至世界范围内都是十分罕见的。公园内有多处冰川遗迹，有冰川运动形成的阿斯哈图冰石林，原生植物种类在900种以上，野生动物不下300种，物种之丰富在北方地区实属难得，是科学考察的良好场所。

第三章　内蒙古旅游资源区划分

8．乌兰布统草原

乌兰布统草原位于赤峰市克什克腾旗最南端，与河北省围场县的塞罕坝林场隔河相望，距北京市只有 300 多千米，是内蒙古自治区距离北京最近的草原民俗旅游区。

乌兰布统是清朝木兰围场的一部分，因康熙皇帝指挥清军大战噶尔丹而著称于世。乌兰布统由于处于丘陵与平原交错地带，呈现出与其他草原完全不同的特色。森林与草原天然组合，草甸与山丘相间分布，百花草甸与桦林景观尤为奇特，蓝天、白云、青山、碧水衬托着喧闹的百花世界，勾勒出一幅幅绚丽多姿的草原画卷。乌兰布统迷人的草原风光，成为中外闻名的影视外景基地，是摄影之乡、天然画廊、露天影棚。据不完全统计，近 10 年，在这里摄制了 60 余部影视剧。其中《还珠格格》《康熙王朝》《射雕英雄传》《汉武大帝》等 10 余部大片的大部分场景都是在这里拍摄的，到这里拍摄部分镜头的影视及广告、专题片更是不计其数。

乌兰布统旅游区有将军泡子、古战场遗址、点将台、十二座连营、公主湖、蘑菇湖、五彩山、坝上草原等景点。

9．玉龙沙漠湖泊旅游区

玉龙沙湖位于赤峰市翁牛特旗乌丹镇朝格图温都苏木，距赤峰市区近 100 千米，是集沙漠、草原、湖泊和蒙古族风情为一体的综合旅游度假区。

玉龙沙湖因蜚声海内外的"中华第一龙"——玉龙在此出土而得名。这里是科尔沁沙地的一部分，有"八百里瀚海"之称。在连绵起伏的科尔沁沙地之中，地势低洼之处积水形成了一连串大大小小的湖泊，湖泊的四周是碧绿的草地；在湖北面一望无际的大沙漠边缘，平地耸立起一座奇形怪状的石山，山上的怪石和树木千姿百态，有鸽子石、鹌鹑石、蘑菇石、坛子石、阴阳石，个个活灵活现、惟妙惟肖。湖西南部的黄花山和西北部的大黑山，像两面巨大的屏风一样矗立着，山上有驼佛、仙人指、龙门等奇峰怪石。这里碧水、蓝天、草地、沙漠、奇峰、怪石构成了一道独特的自然风景线。玉龙沙湖旅游区由布日敦和勃隆克两个景区组成，一条沙漠公路连接两个景区构成旅游环线。

10．达里诺尔生态旅游区

达里诺尔生态旅游区位于赤峰市克什克腾旗的西部，303 国道由此通过。此处距北京市 670 千米，距赤峰市区 310 千米，距锡林浩特市 90 千米，距克什克腾旗政府所在地经棚镇 90 千米。是克什克腾世界地质公园园区之一。

达里诺尔国家级自然保护区总面积 119413 公顷，生物多样性十分丰富，尤其是以达里湖为中心的高原内陆湖群和河流组成的湿地最为壮观，被列入亚洲重要湿地名录。这里也是我国北方重要的候鸟迁徙通道，每年秋季大天鹅集群的数量为8万只左右，使达里湖成为名副其实的"天鹅湖"，被人们誉为"草原上的明珠"。达里诺尔的草原景观由北向南排列依次为台地草原、湖积平原草原和湿地草原；南岸为中国四大沙地之一的浑善达克沙地，保存着让人叹为观止的沙地疏林景观；达里湖南岸由花岗岩组成的曼陀山，西岸和北岸的玄武岩山地，由火山喷发而成，形成大小火山56座，是东北五大火山群之一，因此成为克什克腾世界地质公园的重要组成部分。独特的气候、特殊的水质、纯天然无污染的自然环境，使得达里湖盛产的鲫鱼和瓦氏雅罗鱼营养丰富，肉质细嫩，被国家环保总局认证为有机食品，成为人们盛宴、节日中的佳肴。

达里诺尔不仅拥有多样性的自然生态景观，而且还有丰富的人文资源和历史遗迹，金代长城、应昌路遗址被确定为国家重点文化保护单位。优越的地理位置、多样的生态系统、丰富的物种资源、众多的历史遗址、灿烂的民族文化，使达里诺尔成为生态旅游不可多得的宝地。围绕达里诺尔建设了多处旅游景点，有达里诺尔博物馆、达里湖水上乐园、曼陀山庄等。

11. 阿斯哈图石林

阿斯哈图花岗岩石林位于赤峰市克什克腾旗境内大兴安岭山脉中的北大山，距旗政府所在地经棚镇105千米，距赤峰市360千米。属于克什克腾世界地质公园园区之一。

阿斯哈图为蒙古语，意为"险峻的山峰"。据专家考证，阿斯哈图石林是世界上罕见的花岗岩石林，是未见于文献记载的地貌景观。它是由岩浆活动、冰川作用、构造运动、风蚀作用、特殊气候和人类活动等条件促成，它发育有两组近于垂直的节理和一组近于水平的节理。正因为它的成因、构造和岩性方面的特殊性，所以它与云南的路南石林、元谋土林、新疆的雅丹地貌都有着本质的区别，堪称世界奇观。石林一般高5~20米，底部相连，呈现方形或条形。按岩石名称划分，又可分为十种类型：石林、石柱、石墙、石缝、石胡同、石楣、石棚、石洞、石壁和险石。其景观令人叫绝：石塔，塔身塔座分明，昂扬耸立；石墙，砌面平直，砌块参差；石狮，面身清晰，栩栩如生。立石林之巅，极目远眺，峰峦叠翠，碧野无垠，百鸟争鸣，獐鹿出没，莽莽林海，涓涓细流，如诗如画。

12. 辽中京遗址

辽中京遗址位于赤峰市宁城县大明城老哈河北岸的冲积平原上。中京是辽代的五京之一，从辽统和二十一年(1003)开始，到统和二十五年(1007)基本建成，并设立了大定府，辽代帝王常驻在这里，接待宋朝的使臣。辽亡后，金代改称其为"北京路大定府"，元代又改称"大宁路"，明代初年在此设大宁卫，永乐元年

(1403)撤销卫所，从此沦为废墟。1959—1960 年，内蒙古自治区文物工作队等单位对遗址进行了调查和考古发掘。

13. 辽上京遗址

辽上京遗址是中国辽代都城遗址，位于赤峰市巴林左旗林东镇南。辽太祖耶律阿保机于神册三年(918)开始兴筑，初名皇都，天显元年(926)扩建，天显十三年(938)改称上京，并设立临潢府，为辽代五京之首。抗日战争时期，日本人曾在此挖掘。1962 年，内蒙古自治区文物工作队进行了全面勘探和试掘。

14. 喀喇沁亲王府

喀喇沁亲王府是清朝贡亲王的府邸，是蒙古族杰出的思想家、政治家、改革家贡桑诺尔布的故居，现已被辟为喀喇沁旗王府博物馆。始建于清康熙十八年(1679)，坐落于赤峰市喀喇沁旗王爷府镇，位于河北省承德市东北 150 千米，赤峰市西南 70 千米处。先后有十二代喀喇沁蒙古王爷在此袭政，是内蒙古自治区现存王府建筑中建成年代最早、建筑规模最大、规格等级最高、保存最好、知名度最高的一座古建筑群，为全国重点文物保护单位。府邸原占地面积 300 余亩，房屋 490 余间，两层院落，主体建筑分大堂、二堂、仪门、大厅和承庆楼，院内苍松古柏，幽雅恬静，楼阁殿堂，相映生辉，是研究中国古代史和蒙古族文化不可缺少的见证。

15. 红山国家森林公园

红山坐落在赤峰市城区东北角的英金河畔，由凤凰峰等 9 个山峰组成，最高峰海拔 746 米，西部岩石裸露，东南部多为坡地，面积 4300 公顷。因山石赭红色而得名乌兰哈达，汉译为红山。红山之奇在于石皆呈赭红色，赤壁奇崛，朝霞或夕辉映照，整个山体如冲天烈焰，宏伟壮观。红山既是赤峰的象征，也是中华民族悠久文明的发祥地之一，2006 年 6 月经国务院批准公布为国家重点文物保护单位的"红山遗址群"就分布在这红色的山体上。红山国家森林公园 1991 年批准建立，有各类野生和人工植物百余种，还有多处人造景观。

16. 西拉木沦大峡谷

西拉木沦大峡谷，地质学被称为西拉木沦深断裂，此断裂位于大兴安岭山脉南缘，沿西拉木伦河呈近东西向延伸，长 340 千米，宽 50 千米，是该地区最重要的深断裂之一。

西拉木伦河又名潢水，发源于浑善达克沙地边缘的好来呼热乡境内，全长 1250 千米，在克什克腾旗境内 151 千米。它是北方民族的摇篮和发祥地，中国考古学泰斗苏秉琦先生生前说，如果说黄河是中华民族的母亲河，那么西拉木沦就是我们的祖母河。闻名遐迩的红山文化、草原青铜文化、辽契丹文化、蒙元文化就诞生于潢水之滨，曾有诗云："日出红山后，龙兴潢水源。"

三、孝庄故里——通辽市

通辽市位于内蒙古自治区东部，是内蒙古自治区东部和东北地区西部最大的交通枢纽城市。孝庄文皇后(博尔济吉特氏，蒙古科尔沁部首领宰桑之女)出生于通辽市科尔沁左翼中旗达尔罕亲王府。一生历经三朝，辅佐顺治、康熙两位皇帝，为大清王朝的鼎定和"康乾盛世"的开基，立下不朽功勋，被后世誉为"清代国母"。因此，通辽市也被称为"孝庄故里"。地处北纬42°15′~45°41′、东经119°15′~123°43′之间，总面积59535千米，南北长约418千米，东西宽约370千米。东靠吉林省四平市，西接赤峰市、锡林郭勒盟，南依辽宁省沈阳市、阜新市、铁岭市，北与兴安盟以及吉林省白城市、松原市为邻，是环渤海经济圈和东北经济区的重要枢纽城市。

通辽市辖1个市辖区、1个开发区、1个县、5个旗，代管1个县级市，即科尔沁区、通辽经济技术开发区、开鲁县、库伦旗、奈曼旗、扎鲁特旗、科尔沁左翼中旗、科尔沁左翼后旗和霍林郭勒市。

通辽市的前身为哲里木盟，哲里木，系蒙古语，意为"马鞍吊带"。成吉思汗时期这里专门生产和供应马鞍肚带，故得名。通辽市现在是内蒙古自治区东部地区的重镇，但是通辽二字作为地名，其沿用的历史却并不久远。它的最早出现，可以追溯到民国初年的出放"巴林爱新荒"。1914年在这里正式建立了通辽镇，1918年又建立了通辽县，中华人民共和国成立以后又建立了县级通辽市，到1999年哲里木盟撤销建立了地级通辽市，通辽这一地名一直沿用至今。

（一）旅游资源分类

在对通辽市旅游资源的类型、现状、特征、规模和开发潜力等因素进行详细调查的基础上，根据《旅游资源分类、调查与评价》(GB/T18972-2003)规定的旅游资源类型分类体系，对其进行分类整理(表3-30)。

表3-30 通辽市旅游资源分类

主类	亚类	基本类型	主要旅游资源单体
A 地文景观	AA 综合自然旅游地	AAA 山丘型旅游地(13)	金门山、怪山旅游区、吴刚山旅游区、海日罕罕山景区、嫦娥山景区、"响山"景区、查布嘎图阿尔山景区、王爷山景区、阿拉坦达坝景区大兰山景区、炮台山公园、公爷仓景区、青龙山洼旅游区

第三章 内蒙古旅游资源区划分

续表

主类	亚类	基本类型	主要旅游资源单体
A 地文景观	AA 综合自然旅游地	AAB 谷地型旅游地(1)	誉泉沟景区
		AAC 沙砾石地型旅游地(2)	塔敏查干沙漠、科尔沁沙地、
	AC 地质地貌过程形迹	ACA 凸峰(11)	吞特尔峰、吴刚山、平顶山、金门山、王爷山、阿贵山、敖仁乃山、金厥山、大兰山、响山、查布嘎图阿尔山
		ACB 独峰(6)	呼和楚鲁乌拉、阿拉坦达坝、公爷仓山、查布嘎图(枣山)、青龙山、马拉嘎山
		ACC 峰丛(9)	包饶勒吉乌拉、嫦娥山、响山母子峰、炮台山、高台山、灵台山、仙台山、海日罕山、特金罕山
		ACE 奇特与象形山石(2)	怪山(浑迪罕乌拉)、青龙山
		ACH 沟壑地(2)	大青沟、梨树沟
		ACL 岩石洞与岩穴(3)	嫦娥洞、响山石洞、老母洞
	AD 自然变动遗迹	ADG 冰川侵蚀遗迹(1)	马拉嘎山冰川遗迹
B 水域风光	BA 河段	BAA 观光游憩河段(4)	西辽河、霍林河、新开河、老哈河
	BB 天然湖泊与池沼	BBA 观光游憩湖区(9)	皇太极湖、莫力庙沙湖、西湖、扎哈淖尔、敦德扎哈诺尔、辉特淖尔、静湖、东湖、炮台山深水湖
		BBB 沼泽与湿地(3)	荷叶花湿地、毛林郭勒沼泽湿地、哈日朝鲁湿地
	BD 泉	BDA 冷泉(4)	誉泉沟神泉、蝴蝶泉、罕山神泉、圣水灵泉
C 生物景观	CA 树木	CAA 林地(6)	罕乌拉山森林、大黑山森林、大乌梁苏森林、马鞍山森林、大青沟原始森林扎鲁特旗山杏林、扎鲁特旗柞林、罕山原始森林、雅敏沼沙榆地、嘎达苏金厥山古榆林
		CAB 丛树(1)	奈曼怪柳
		CAC 独树(2)	千年古榆、哈达营子500年古榆树
	CB 草原与草地	CBA 草地(8)	扎鲁特山地草原、阿日昆都冷草原、辉特淖尔草原、霍林郭勒草原、珠日河草原、阿古拉草原、努古斯台草原、格日朝鲁草原

内蒙古旅游资源分析

续表

主类	亚类	基本类型	主要旅游资源单体
C 生物景观	CB 草原与草地	CBB 疏林草地(8)	大局子疏林草甸草原、黄岗梁民疏林草甸草原、热水塘疏林草甸草原
	CC 花卉地	CCB 林间花卉地(1)	乌力吉木仁山杏花观赏带
	CD 野生动物栖息地	CDB 陆地动物栖息地(1)	特金罕山自然保护区
		CDC 鸟类栖息地(3)	大青沟自然保护区、吴刚山旅游区、荷叶花湿地水禽自然保护区
D 天象与气候景观	DA 光现象	DAC 海市蜃楼现象多发地(1)	塔敏查干沙漠"沙市蜃楼"
	DB 天气与气候现象	DBE 物候景观(1)	通辽雾凇
E 遗址遗迹	EA 史前人类活动场所	EAA 人类活动遗址(3)	"红山文化"遗址、"富河文化"遗址、东沙岗新石器人类生活遗址
		EBA 历史事件发生(1)	麦新烈士殉难地
	EB 社会经济文化活动遗址	EBB 军事遗址与古战场(3)	金代界壕、成吉思汗边墙遗迹、甘珠苏莫遗址
		EBC 废弃寺庙(2)	梨树沟寺庙遗址、喇嘛庙遗址
		EBF 废城与聚落遗址(5)	成吉思汗行营、誉州城遗址、古方城、辽代黑城遗址、辽代豫洲城遗址
F 建筑与设施	FA 综合人文旅游地	FAA 教学科研实验场所(1)	内蒙古民族大学
		FAB 康体游乐休闲度假地(22)	静湖度假村、牵手草原度假村、泰丰静湖岛、嘎达苏旅游区、科尔沁工业园区、会丰度假村、绿水生态园、郭庄、莫力庙金驹坡度假村、莫力庙种羊场葡萄园观光园、龙泽风情园、欢乐农家、丰田农家乐园、扎鲁特旗东湖旅游区、老乡山庄旅游区、千鹅湖旅游区、吉祥敖润旅游区、圣泉山庄、银河度假村、新镇柏盛园度假村、银砂九岛生态旅游区、巴彦塔拉荷花湖旅游区
		FAC 宗教与祭祀活动场所(18)	福缘寺、兴缘寺、大乐林寺、静妙寺、基督教堂、开鲁清真寺、奈曼旗大悲禅寺、霍林郭勒市清真寺、金宝屯基督教会、哈日吉敖包、关帝庙、莫力庙(集宁寺)景区、吉祥寺、经缘寺、青龙寺、关帝庙、观音庙、象教寺

第三章　内蒙古旅游资源区划分

续表

主类	亚类	基本类型	主要旅游资源单体
F 建筑与设施	FA 综合人文旅游地	FAD 园林休憩区域(10)	人民公园、森林公园、西拉木伦公园、滨河公园、白塔公园、南湖生态公园、民族游乐园、兴隆森林公园、霍林河两岸带状景区、霍林郭勒市滨河公园
		FAF 建筑工程与生产地(7)	霍林河露天矿旅游观赏区、铝矿旅游观赏区、电厂旅游观赏区、莫力庙风电观光园、蒙古王酒业、扎哈淖尔煤炭工业园区、鲁北农畜产品工业园区
	FB 单体活动场馆	FBB 祭拜场馆(1)	麦新纪念馆
		FBC 展示演示场馆(4)	科尔沁博物馆、通辽市会展中心、乌力格尔博物馆、科左后旗会议中心
		FBD 体育健身馆场(2)	通辽市奥林匹克中心、霍林郭勒市体育馆
	FC 景观建筑与附属型建筑	FCA 佛塔(3)	元代佛塔、双合尔山白塔、章古台佛塔
		FCG 摩崖字画(3)	昂哈拉(大黑山)、古代人面岩画、水泉沟辽墓群绢画、壁画、阿贵山洞壁题记遗址
		FCH 碑碣(林)(2)	陈国公主墓志铭、水泉沟辽墓群壁画
		FCI 广场(13)	世纪广场、文化体育广场、中华广场、霍林郭勒广场、人民广场、双拥广场、人民广场、孝庄文广场、哲理木广场、廉政文化广场、嘎达梅林广场、霍林郭勒市城市广场、丽都广场
		FCJ 人工洞穴(2)	巴格阿贵洞、西拉木伦公园神奇洞
	FD 居住地与社区	FDA 传统与乡土建筑(1)	蒙古包
		FDC 特色社区(3)	东和农家院、都市农庄、河西农家院
		FDD 名人故居与历史纪念建筑(3)	孝庄园、僧格林沁王府、奈曼王府
	FE 归葬地	FEA 陵区陵园(1)	麦新烈士陵园
		FEB 墓(群)(7)	固龙公主墓、辽代古墓群、麦新烈士墓、辽圣宗皇帝淑仪之墓葬群、南宝力皋吐墓地、浩特花辽墓群遗址、荷叶花古墓群遗址
	FG 水工建筑	FGA 水库观光游憩区段(28)	舍力虎水库、吐尔基山水库、小塔子水库、都西庙水库、奈曼塔拉水库、胡力斯台水库、三八水库、苏吐水库、孟家段水库、石碑水库、新建水库、他拉干水库、散都水库、小河西水库、章古台水、城五家子水库、闹德海水库、乃门他拉水库、清河水库、岗岗水库、红旗水库、巨日合水、莫力庙水库、道老都水库、胡力斯台水库、东五家子水库、乌力吉木仁水库、元宝山水库

207

续表

主类	亚类	基本类型	主要旅游资源单体
G 旅游商品	GA 地方旅游商品	GAB 农林畜产品与制品(6)	烤全羊、手把肉、牛肉干、奶制品、荞麦、炒米
		GAE 传统手工产品与工艺品(3)	蒙古刀、蒙古马鞍、版画
		GAF 日用工业品(4)	麦饭石、蒙古王酒、开鲁老白干、蒙牛牛奶
H 人文活动	HA 人事记录	HAA 人物(6)	嘎达梅林、孝庄文皇后、僧格林沁、麦新、额都贺希格、达尔罕王爷
	HB 艺术	HBA 文艺团体(1)	内蒙古自治区通辽市达尔罕民间艺术团
	HC 民间习俗	HCB 民间节庆(10)	阿古拉"双合尔·楚古兰"节、青龙山登山节、8·18哲里木赛马节、霍林郭勒国际草原婚礼节、中国·内蒙古乌力格尔艺术节、科尔沁文化艺术节、科尔沁美食节、奈曼西瓜节、库伦安代文化艺术节、科尔沁区金秋采摘节
		HCC 民间演艺(11)	男儿"三艺"表演、乌力格尔、好来宝演出、套马表演、赛骆驼、沙漠越野车比赛、驴皮影表演、太平鼓表演、传统秧歌比赛、民族曲艺、拉场戏和二人转、安代舞
		HCE 宗教活动(2)	祭敖包、祭拜白塔
		HCF 庙会与民间集会(1)	莫力庙庙会
		HCG 饮食习俗(2)	喝奶茶、吃红、白食
		HCH 特色服饰(1)	蒙古袍
	HD 现代节庆	HAD 旅游节(3)	奈曼敖包会暨沙漠文化旅游节、大青沟民俗文化旅游节、开鲁古榆旅游文化节
8 主类	26 亚类	59 基本类型	288 单体

(资料来源：赵海燕.通辽市旅游资源评价与开发[D].大连：辽宁师范大学硕士学位论文，2012.)

(二) 旅游资源评价

通过构建指标体系对所选择的资源单体依据各个影响因子进行模糊打分，其中单项指标评价的总分为100分，在具体评价时，应根据实际情况，给予分值段中的相应分数，经过专家打分，通过进一步计算得出旅游资源单体评价总分，依据最终的单体总分，仿照《旅游资源分类、调查与评价》(GB/T18972-2003)将资源单体分为五个等级。

第三章 内蒙古旅游资源区划分

从高级到低级为：
五级旅游资源，得分值域≥90分。
四级旅游资源，得分值域≥75~89分。
三级旅游资源，得分值域≥60~74分。
二级旅游资源，得分值域≥45~59分。
一级旅游资源，得分值域≥30~44分。
此外还有：未获等级旅游资源，得分≤29分。
其中：
五级旅游资源称为"特品级旅游资源"；
五级、四级、三级旅游资源被统称为"优良级旅游资源"；
二级、一级旅游资源被统称为"普通级旅游资源"。根据资源得分，对旅游资源进行分级，结果如下(表3-31)。

表3-31 通辽市旅游资源单体分级统计

单体分级	五级	四级	三级	二级	一级
单体数量	1	17	23	35	18

(资料来源：赵海燕.通辽市旅游资源评价与开发[D].大连：辽宁师范大学硕士学位论文，2012.)

大于90分的五级特品级旅游资源为大青沟国家级自然保护区1个，占总数的1.1%。大青沟地貌怪异，景观奇特。沟上为八百里沙海，沟下为保存完好的原始森林，环境优美，气候宜人，春夏秋冬景色各异，置于林下，顿觉神清气爽，荣辱皆忘。三岔口漂流、小青湖泛舟、滑草、骑马等活动，让你流连忘返，是回归自然、消暑度假的理想旅游胜地，有"沙漠绿洲"之美誉。

75~89分的四级优良旅游资源有17个，占总数的18.1%。扎鲁特山地草原、珠日河草原和辉特淖尔草原及霍林郭勒草原四大草原，一望无际，那青青的牧草、高亢的牧歌、苍劲的马头琴声，渲染出"天苍苍，野茫茫，风吹草低见牛羊"的秀美景色，令你回味无穷，流连忘返。清代奈曼王府，整个建筑完全采用封闭式建筑，高台基、多圆柱，建筑房屋190余间，战地面积22500平方米，四角有角楼，大院显得很威严。麦新纪念馆，融合了英雄事迹和开鲁历史文化，是开鲁文明的重要标志之一。围绕千年古榆建设的古榆园景区，1989年已经被列为自治区级重点文物保护单位。建于科尔沁区的大乐林寺，在寺庙里储藏有许多藏传佛教的宗教艺术珍品。科尔沁博物馆馆藏极其丰富，馆藏文物达1万件(组)。罕山原始森林和扎鲁特山杏林、吴刚山旅游区和嫦娥山景区是科尔沁沙地的绿色屏障。产于奈曼旗具有保健功能的麦饭石是通辽市的特色矿产,利用麦饭石制作的工业、工艺品，享誉国内外。

60~74 分的三级优良旅游资源有 23 个,占总数的 24.5%。三级旅游资源以山岳型旅游地和遗址遗迹为主,山岳型旅游地是自然景观观赏和康体休闲度假旅游地。诸多宝贵的历史遗迹,蕴涵了独特的历史文化,体现了悠久的历史和地域特色。

60 分以下的普通级旅游资源一共有 53 个。二级有 35 个,一级有 18 个,超过总数的一半,具有一些知名度不高、开发潜力大的旅游资源。

从质量上分析,五、四级是资源较高、知名度较高的单体,而三、二、一级旅游资源知名度较低,还尚未被认可,有待进一步开发。最具开发价值的则以沙漠、草原文化、民俗、度假休闲、回归自然的体验性旅游特色为主。

从数量上看,五、四级资源不多,而三、二、一级旅游资源单体属于大部分。可以看出通辽市旅游资源发展潜力较大,有许多特色的旅游资源有待向更深、更广度开发。

因此,通辽市是一个资源类型较多、特色突出、开发力度较小、潜在资源较多的大市,具有做大做强旅游业的资源禀赋。

(三) 旅游资源特点

通过对通辽市旅游资源结构、数量及比例的研究,并通过对文献资料的研究以及实地考察,对通辽市旅游资源的特点总结如下。

1. 类型齐全,种类多样

通辽市旅游资源类型多样,各具特色。在全国 8 个主类、31 个亚类、155 个基本类型,通辽市占 8 个主类、26 个亚类、59 个基本类型,占全国亚类和基本类型的 83.9%和 38.1%(表 3-32)。是主类资源齐全、亚类占 4/5 强、基本类型较多的富集区。从表 6-5 可知,通辽市旅游资源类型比较齐全,其中建筑与设施和地文景观、人文活动资源比较丰富。

表 3-32 通辽市旅游资源基本类型及其比例构成表

主类	基本类型 全国	基本类型 通辽市	通辽市占全国比例(%)	资源单体 单体数	占单体总数比例(%)
A 地文景观	37	10	27	50	17.3
B 水域风光	16	4	25	20	6.9
C 生物景观	11	7	63.6	22	7.6
D 天象与气候景观	8	2	25	2	0.7
E 遗址遗迹	12	5	41.7	14	4.9
F 建筑与设施	49	19	38.8	131	45.5

第三章 内蒙古旅游资源区划分

续表

主类	基本类型			资源单体	
	全国	通辽市	通辽市占全国比例(%)	单体数	占单体总数比例(%)
G 旅游商品	7	3	42.9	13	4.5
H 人文活动	16	9	56.3	37	12.8
合计	155	59	38.1	288	—

(资料来源：赵海燕.通辽市旅游资源评价与开发[D].大连：辽宁师范大学硕士学位论文，2012.)

2. 以草原风光为核心的自然旅游资源

通辽市的草原主要有分布在霍林郭勒市的霍林河草原和辉特淖尔草原，分布在扎鲁特旗的扎鲁特山地草原、格日朝鲁草原和阿日昆都冷草原，分布在科尔沁左翼中旗的珠日河草原，分布在科尔沁左翼后旗阿古拉草原、努古斯台草原。

(1) 草原资源丰富，分布广。通辽市草原面积327.4万亩，主要分布在霍林郭勒市、扎鲁特旗、科尔沁左翼中旗、科尔沁左翼后旗，草场广阔，草质较好，再加上浓郁的蒙古族民族风情，成为通辽市吸引游客的核心旅游资源，是引领旅游业发展的优势资源，并且借助304国道便利的交通条件，扩大旅游市场，吸引更多的游客。

(2) 草原旅游资源与其他资源地域组合好，便于多层次开发。草原旅游资源和周围沙漠、原始森林、山地湖泊、遗址遗迹、民族风情构成多姿多彩、独特辽阔的草原景观，使这里不仅具有观赏价值，而且有巨大的体验疗养健身价值，从而加深了草原旅游的吸引力。

3. 独特的人文旅游资源

通辽市历史悠久，留下了宝贵的历史遗迹。留存于库伦旗境内的辽圣宗时期的墓葬地，其内部壁画，生动地描绘了北方游牧民族风俗习尚的生活和车马出行等场面。扎鲁特旗境内的金代界壕，尚存150多千米，是金代重要遗址之一。坐落在开鲁县的由大青砖建造的元代佛塔，高16.5米，中空，外呈圆状，多纹，是蒙族人民智慧的结晶。奈曼旗王府是内蒙古自治区唯一保存完好的清代王府，是内蒙古自治区重点文物保护单位。蒙古族的发展历史和独具一格的风土人情，给人一种神秘感，吸引着许多旅游者来此观光、游览、考察。

4. 交通便利，可进入性好

通辽市是东北重要的交通枢纽，通辽站是全国40个枢纽站之一。目前已形成铁路、公路、航空立体交叉的交通运输网络系统，通辽市到黑龙江让湖路站的通让线、通辽市到霍林郭勒市的通霍线、通辽市到北京市的京通线、辽宁省大虎山到吉林省郑家屯的大郑线、四平到齐齐哈尔的平齐线、通辽到集宁的集通线6条铁路，有303、304、111、203国道和通赤高速公路、省道、众多的一般道路等，为大力发展通辽市旅游业提供了良好的基础条件。

总体来看，通辽市自然旅游资源以草原湿地、沙海绿洲、大漠风光、神榆怪柳、沟壑岩洞、森林神泉构成主体。通辽市独特的地理环境造就了美丽神奇的自然地理资源。以草原为核心，原始森林及动植物群落、沙漠占优势，其中大青沟旅游资源是自然景观的主体旅游资源，其特色突出、品位高，享誉区内及全国。辽阔的草原，种类繁多的野生动植物，淳朴的蒙古族风情，是得天独厚的原始草原旅游避暑胜地。

人文旅游资源中，特有的文物古迹——福缘寺、兴缘寺、辽代古墓、元代佛塔、金代界壕、清代王府等，蕴含了大量的历史文化，为开展历史文化生态旅游提供了丰富而独特的旅游资源。众多的康体游乐避暑休闲度假地，是通辽市旅游业谋求新发展的重要突破口。特色的民族民俗旅游为通辽市文化旅游走向新世纪提供了独特的魅力，同样具有较高的旅游开发价值。

综上所述，从旅游资源类型来看，地文景观类的草原景观、森林生态景观、沙漠景观，历史遗迹类的宗教祭祀文化，现代人文类的建设工程与生产地，抽象人文类的蒙古族风俗风情，等等，是通辽市的特色旅游资源，是通辽市旅游具有魅力的吸引物。

(四) 主要旅游景区

1. 莫力庙旅游区

莫力庙水库是亚洲最大的沙漠水库，水库面积40平方千米，容积为1.52亿立方米。莫力庙水库的生物资源十分丰富，有兽类25种，鸟类164种，其他野生动物有15种。

莫力庙水库1992年被评为内蒙古自治区旅游先进集体，1993年被推荐为全国国内旅游协会首届会员单位；1997年12月10日，经通辽市人民政府(科尔沁区政府)批准，确定为地方级自然保护区。水库内有莫力殿、八柳坪、碧莲池、响水桥、龟池岛、南半岛、燕窝群岛、北冰洋游乐园、水上餐厅等水湖景点，还有万人浴场、湖湾、沙滩供游人水浴、沙浴。

2. 库伦旗三大寺旅游景区

库伦旗位于通辽市西南140千米。昔日的锡勒图库伦，曾经是一个实行政教合一制的喇嘛旗，距今近400年历史。当时大大小小二十几座庙宇集中在库伦旗内，曾一度成为东北地区宗教活动中心，素有"小五台山"之称。其中兴源寺、福缘寺、象教寺被称之为库伦三大寺。在这三大寺中，兴源寺以其创建年代之早、建筑规模之大、建筑造型之美居于三大寺之首,为锡勒图库伦主庙。1985年,库伦旗三大寺被内蒙古自治区人民政府公布为自治区级重点文物保护单位,2006年6月被确定为国家级文物保护单位。

"三大寺"被列为国家级重点文物保护单位后,极大地提高了库伦旗的知名度,其灿烂的民族文化和神秘的宗教文化再次向世人显现。为充分挖掘"三大寺"得天独厚的旅游资源,旗委、旗政府将"三大寺"综合开发利用纳入旗政府所在地的库伦旗总体规划中,进行整体开发利用。

3. 大青沟旅游区

大青沟1993年向社会开放,是国家级自然保护区。大青沟位于通辽市科尔沁左翼后旗境内,沟深50~100米,宽200多米,总面积8183公顷,由北向南绵延20余千米。这里地形地貌特殊,完好地保存了当地原始的自然生态,素有"沙漠绿洲""沙海明珠"和"天然野生动植物基因库"等诸多美名,是集原始森林、泉水、草地、沙漠于一体的具有浓郁蒙古族风情的风景旅游区,也是一笔十分珍贵的自然遗产。

大青沟,以奇特的地貌、茂密的原始森林、清澈的溪流、湖泊和周边地区广袤的沙漠,以及当地蒙古族独特民族风情构成的自然生态和民俗旅游,不仅在内蒙古自治区享有盛誉,而且在北方地区声名鹊起。目前已开发的旅游景区有原始森林景区、三岔口漂流探险景区、小青湖水上乐园景区三大景区二十多个景点。

4. 珠日河草原旅游区

珠日河草原位于科尔沁草原的腹地,通辽市科尔沁左翼中旗境内,是清代国母孝庄文皇后及民族英雄嘎达梅林的诞生地。科尔沁文化是我国蒙古族文化的典型代表和集中体现,同时在近代的发展中融合了农耕文化、满族文化等,使其在保留传统蒙古文化的同时又披上了一层神秘而高贵的色彩。在珠日河草原,能深切地感受到科尔沁文化的博大、典雅和高贵。

5. 奈曼王府

奈曼旗是札萨克蒙古二十四部四十九旗之一,奈曼王府即是历任札萨克郡王的私人和办公府邸。是道光皇帝的乘龙快婿、固伦额驸德木楚克扎布奏请建造的郡王府。德木楚克扎布是晚清时期权贵,所以王府形制规模较大,特准有亲王之待遇和规格。

奈曼王府建筑上完全按照明清故宫的建筑规则,采用了高台基、多园柱的封闭式建筑形制。按此法建筑,可使王府坚固耸立,高大雄伟,并可防潮、防雨和防震。所谓的"墙倒屋不塌"之说,即是这种建筑结构起作用的结果。它还采取"院内有院"的双重四合院格局,中心的四合院是天井回廊式建筑。整体建筑全部使用青砖青瓦。

奈曼王府的建筑，以满清宫廷建筑为蓝本，大量吸收中原文化的精华，完美地展示出了清代北方草原独具特色的建筑风格和蒙古民族的聪明才智，是中华建筑的瑰宝。1982年，奈曼旗文物部门对王府大门、便门进行了重修，新建了200余米王府围墙和角楼。大门左右一对高大的石狮子，更衬托出王府的宏伟和威严。

6. 库伦旗塔敏查干沙漠

位于通辽市库伦旗境内，科尔沁沙地南缘，距通辽市政府所在地科尔沁区140千米。塔敏查干蒙古语意为"魔鬼大沙漠"。横跨通辽、赤峰两市，库伦旗、奈曼旗、科尔沁左翼后旗三个旗(县)，大部分地段在库伦旗境内，占地280平方千米，号称"八百里瀚海"。这里植被稀少，除其腹地生长的黄柳条、沙蒿等植被外，其余均为明晃晃、金灿灿的明沙，沙丘连绵起伏，广袤无际。酷热的夏季，沙漠深处偶尔会出现"海市蜃楼"的奇观，楼台殿阁或都市风光尽收眼底，稍纵即逝，如梦如幻。

7. 霍林郭勒怪山

闻名于世的怪山，原名浑迪罕乌拉，意为"山谷中的最高峰"。它是由于地壳运动时挤压而形成的长度约2000米、海拔1199.3米的山脉。怪山因其形状古怪、天气异常、植被罕见且有着悠久的传说而得名，长期以来被看作是广阔草原的守护神。怪山旅游区位于通辽市霍林郭勒市西北14千米处，占地11.4平方千米。怪山景区内分营业区、水库区和自然保护区。从南方正视，石林直耸云霄。怪山脚下的哈布其勒水库由七个神泉吐水而成，泉水清甜可口。怪山自然生态保护区，春天百花盛开，夏季绿树成荫，秋天枫叶似火，冬季白雪茫茫，独具塞外草原风光。

8. 麦新纪念馆

麦新纪念馆是国家级重点文物保护单位，也是内蒙古自治区重点红色旅游景区，位于通辽市开鲁县开鲁镇内东南角。革命音乐家麦新是中国新音乐运动的先驱者之一，是著名的抗日战歌《大刀进行曲》的作者。1947年6月6日，麦新在执行任务途中遭匪徒杀害，壮烈牺牲，成为全国著名的革命烈士之一。

麦新纪念馆内珍藏有麦新烈士遗像、遗物，以及有关的文献、史料及各级领导纪念麦新烈士的题词。其中，麦新烈士墓由中国原音协主席吕骥题写碑文，麦新纪念馆馆名则由原中宣部副部长兼文化部部长贺敬之题词。麦新纪念馆是一座园林式纪念馆，建筑面积4000多平方米。园内矗立着一座元代佛塔，劲秀挺拔，颇为壮观，是开鲁大地的标志；远处树木繁花环绕着高高耸立的人民英雄纪念碑，与之相对；白塔和纪念碑中间是麦新烈士纪念馆。塔与碑对峙而立，交相辉映，证明着英雄们的不朽业绩。现在，这里已成为人们追忆革命的历史、振兴民族精

第三章 内蒙古旅游资源区划分

神的课堂。

9. 阿古拉草原

阿古拉草原旅游区位于通辽市科尔沁左翼后旗中部的科尔沁沙地，这里距旗政府所在地甘旗卡镇 60 千米，距通辽市 70 千米，距大青沟 100 千米。阿古拉草原历史悠久，文化底蕴深厚，是远近闻名的"风水宝地"，1650 年设"府"建旗，是一代名将僧格林沁的家乡，双合尔山在草原上突兀拔起，方圆百余亩。山高近百米，以"天下第一大敖包"之称称奇宇内外，其成因乃千古之谜。这里风光秀丽、资源丰富、历史悠久、文化底蕴深厚，就在这块风水宝地上，有保存完好的阿古拉原始草原，有浩瀚的吉力吐大沙漠，有千古之谜的双合尔山，有百旱不干、地下百泉相通的白音查干淖尔(湖)，有万鸟云集、适合鸟类休养生息的万亩湿地。

10. 僧格林沁博物馆

僧格林沁，1811 年出生于科尔沁左翼后旗阿古拉镇白兴吐嘎查，十四岁即被朝廷钦定为科尔沁左翼后旗第十任札萨克多罗郡王。清咸丰五年(1858)，正值第二次鸦片战争，僧格林沁以钦差大臣之身份，率八千蒙古族骑兵在天津大沽口与英法联军血战，战功斐然。为此，僧格林沁在清道光、咸丰、同治三朝倍受清廷重用，被赐号为"博多勒噶台"，并被封为亲王，身居御前参赞钦差后扈大臣，兼哲里木盟盟长、满族八旗、蒙古族十旗都统和领侍卫内大臣等要职，任职 40 年间多次奉命出征，立下赫赫战功，为维护国家的独立和尊严立下不可磨灭的功勋。

为纪念僧格林沁，继承和发扬他的爱国主义精神，科尔沁左翼后旗旗委、旗政府于 1995 年投资 300 多万元，在境内兴建僧格林沁博物馆。博物馆为仿古建筑群，占地面积为 13 万平方米，正殿 15 间，东西厢房各 5 间，长达 100 延长米。整个院落前廊后厦，飞檐斗拱，雕梁画栋，金碧辉煌。

11. 扎鲁特旗山地草原旅游区

扎鲁特山地草原旅游区位于通辽市扎鲁特旗巴雅尔图胡硕镇境内。这里水草丰美、风景独特，是世界四大原始草原之一。由于曾经是辽代誉洲古城将士驯养战马的地方，该地区又名军马场。旅游区面积 2.8 万亩，核心区面积 5000 亩。特色为山地草原、民族风情。旅游区包括生活区、管理区、水上娱乐活动区、山地草原观赏区、牧民生活区、狩猎区等。主要活动项目有草原观光、牧户访谈、水上娱乐、篝火晚会、赛马、摔跤、狩猎、射箭、体验牧民生活、制作民族餐、扎鲁特蒙古族婚礼表演等。

12. 孝庄园

通辽孝庄园位于科尔沁左翼中旗花吐古拉镇，孝庄园旅游景区内的达尔罕亲王府是现今中国最大的亲王府。距通辽市东北 48 千米，为"清代国母"孝庄文皇后的出生地，现今中国最大的亲王府。

孝庄文皇后，博尔济吉特氏，蒙古科尔沁部首领宰桑之女。1613年2月初八出生于该王府。一生历经三朝，辅佐顺治、康熙两位皇帝，为大清王朝的鼎定和"康乾盛世"的开基，立下不朽功勋，被后世誉之为"清代国母"。

王府始建于明万历年间，迄今已有400多年的历史。初为蒙古科尔沁部首领、孝庄文皇后之父宰桑府邸，后于顺治年间因宰桑之子满珠习礼晋封札萨克和硕达尔罕亲王而得名，至清末共世袭罔替十二代，且有多位清皇室公主、格格下嫁府内。康熙大帝一生三巡科尔沁，写下了著名的《至科尔沁部与众蒙古宴》诗；乾隆皇帝曾两次驻跸王府，并在府内举办过33岁生日隆重庆典。民族英雄嘎达梅林曾担任王府的最后一任军务梅林。

重建后的王府占地10万平方米，分中、西、东三路，计由90余座清代古建筑组成。中路由王府府门、仪门、印务处、银安殿、寝门、寝殿(孝庄故居)、后罩楼(玉佛殿、祠堂)七进院落组成；西路由札萨克衙门、内务衙门、王爷演武场、马厩等组成；东路由驿馆、梅林卫队、王府小花园、公主府、书院书橱、仓等组成，整体建筑为传统木结和青砖灰瓦，雕梁画栋，富丽恢宏，民族特色浓郁，被誉为中国王府之最。

参 考 文 献

阿荣高娃．2011．通辽市旅游深度开发研究[D]．杭州：浙江大学硕士学位论文．

包斯钦．2007．草原精神文化研究[M]．呼和浩特：内蒙古教育出版社．

陈虹．2003．关于内蒙古旅游的总体评价、存在问题及对策分析[J]．内蒙古工业大学学报(社会科学版)．12(2)：36-39．

丁雪．2006．鄂尔多斯地区旅游资源评价与GIS辅助分析研究[D]．北京：中国地质大学(北京)硕士学位论文．

段雅婧．2011．阿拉善盟旅游资源综合评价研究[D]．呼和浩特：内蒙古师范大学硕士学位论文．

额尔登泰，乌云达赉校勘．1980．蒙古秘史[M]．呼和浩特：内蒙古人民出版社．

符拉基米尔佐夫．1980．蒙古社会制度史[M]．北京：中国社会出版社．

付华，李俊彦．2010．内蒙古兴安盟旅游资源单体的特征与开发[J]．地理研究．29(3)：565-573．

韩俊丽，杜君兰主编．2005．内蒙古自治区地理[M]．呼和浩特：远方出版社．

韩巍．2007．内蒙古草原民俗与旅游[M]．呼和浩特：内蒙古大学出版社．

后立胜，余浩科，蔡运龙．2007．锡林郭勒盟旅游资源分析及其开发策略[J]．西部资源．(1)：18-20．

贾芸．2013．资源型城市乌海旅游开发的研究[D]．呼和浩特：内蒙古大学硕士学位论文．

金炳镐主编．2006．中国民族自治区的民族关系[M]．北京：中央民族大学出版社．

李静．2013．包头城市旅游形象研究[D]．北京：北京交通大学硕士学位论文．

李联盟．2013．中国地域文化通览·内蒙古卷[M]．北京：中华书局．

李雯，王香茜，刘丽梅主编．2017．内蒙古自治区旅游产业发展报告(2016)[M]．北京：经济管理出版社．

林幹．中国古代北方民族通论[M]．呼和浩特：内蒙古人民出版社，2007．

刘丹丹．2007．内蒙古旅游产业发展研究[D]．上海：上海社会科学院硕士学位论文．

刘广．2013．呼和浩特市旅游竞争力研究[D]．呼和浩特：内蒙古师范大学硕士学位论文．

刘浩日娃．2012．内蒙古旅游经济地域分区与开发研究[D]．呼和浩特：内蒙古师范大学硕士学位论文．

刘俊清．2008．内蒙古旅游业发展的 SWOT 分析[J].干旱区资源与环境.22(4)：152-156．

刘学鹏．2008．赤峰市旅游产业发展研究[D]．呼和浩特：内蒙古师范大学硕士学位论文．

刘延利，王维艳．2013．呼和浩特市旅游资源分析评价[J]．赤峰学院学报(自然科学版)．29(2)：79-82．

刘钟龄，等．2001．游牧文明与生态文明[M]．呼和浩特：内蒙古大学出版社．

马林主编．1999．内蒙古可持续发展论[M]．呼和浩特：内蒙古大学出版社．

马玉明主编．1997．内蒙古资源辞典[M]．呼和浩特：内蒙古人民出版社．

满都呼．2016．内蒙古地理[M]．北京：北京师范大学出版社．

梅荣，王朋薇，韩丽荣．2014．呼伦贝尔旅游资源及环境影响评价[M]．长春：东北师范大学出版社．

牧寒．2003．内蒙古湖泊[M]．呼和浩特：内蒙古人民出版社．

内蒙古全国导游资格考试统编教材专家编写组．2017．内蒙古旅游[M]．北京：中国旅游出版社．

内蒙古师范大学旅游发展研究中心．2001．内蒙古导游知识[M]．呼和浩特：内蒙古人民出版社．

内蒙古统计局编．2017．内蒙古统计年鉴(2016)[M]．北京：中国统计出版社．

内蒙古自治区旅游局，中国科学院地理科学与资源研究所．2004．内蒙古自治区旅游发展总体规划(2003-2020)[M]．北京：商务印书馆．

内蒙古自治区蒙古语言文学历史研究所历史研究室，内蒙古大学蒙古史研究室．1979．中国古代北方各族简史[M]．呼和浩特：内蒙古人民出版社．

宋玉祥，崔丽娟，张毅.1997.内蒙古兴安盟旅游资源评价[J].地理科学.17(2)：169-175．

孙雪．2015．呼伦贝尔市文化旅游产业发展问题研究[D]．哈尔滨：黑龙江大学硕士学位论文．

唐万鹏．1997．内蒙古旅游基础知识[M]．呼和浩特：远方出版社．

王姣．2008．呼和浩特市城市旅游形象研究[D]．呼和浩特：内蒙古师范大学硕士学位论文．

王珊．2007．内蒙古中部文化旅游资源开发研究[D]．呼和浩特：内蒙古师范大学硕士学位论文．

乌铁红，郝晓兰主编．2015．内蒙古旅游基础知识[M]．北京：中国旅游出版社．

姚瑶．2015．包头市旅游业发展战略研究[D]．杨凌：西北农林科技大学硕士学位论文．

尹泽生，陈田，牛亚菲，等．2006．旅游资源调查需要注意的若干问题[J]．旅游学刊．21(1)：14-18．

张国芬．2011．赤峰历史文化资源的旅游开发研究[D]．呼和浩特：内蒙古师范大学硕士学位论文．

张会会．2014．内蒙古旅游景区(点)区域空间结构分析[D]．呼和浩特：内蒙古师范大学硕士学位论文．

张艳玲．2012．赤峰市旅游资源评价及其开发策略研究[D]．大连：辽宁师范大学硕士学位论文．

张颖．2011．呼伦贝尔旅游资源区域整体开发思考[D]．呼和浩特：内蒙古师范大学硕士学位论文．

赵海燕．2012．通辽市旅游资源评价与开发[D]．大连：辽宁师范大学硕士学位论文．

郑宜平．2017-11-24(001)．对照我国社会主要矛盾变化 开创内蒙古旅游工作新局面[N]．中国旅游报．

中国旅游研究院．2014．中国旅游景区发展报告(2014)[M]．北京：旅游教育出版社．

周清澍．内蒙古历史地理[M]．呼和浩特：内蒙古大学出版社，1994．

周永振，姜海涛，王羽．2015．包头市旅游标准化建设指南[M]．北京：中国旅游出版社．

朱微微．2013．呼伦贝尔市旅游系统空间结构分析及优化研究[D]．青岛：中国海洋大学硕士学位论文．

Peter M，Mark P P，Brock S．2000．The destination product and its impact on traveler perceptions[J]．Tourism management．21(1)：43~521．

GB/T18972-2003．2003．旅游资源分类、调查与评价[S]．北京：中华人民共和国国家质量监督检验检疫总局．

阿拉善盟行政公署人民政府．2016-10-01．走进阿拉善[EB/OL]．http：//www．als．gov．cn/channels/11257．html．

北京石油化工学院旅游文化创意中心，上海邦越景观规划设计有限公司，乌兰察布市旅游局．2016-12-30．乌兰察布市旅游发展总体规划

(2013~2020)[EB/OL]．http：//www．docin．com/p-969126244．html．

巴彦淖尔市人民政府．2017-09-06．市情概况[EB/OL]．http：//www．bynr．gov．cn/．

包头市人民政府．2013-11-15．包头市人民政府关于公布第一批旅游资源名录的通知[EB/OL]．http：//www．baotou．gov．cn/info/egovinfo/01xxgk/xxgk_nry/BAO-001-00-0400000-2013-006．htm．

通辽市人民政府．2016-03-11．走进通辽[EB/OL]．http：//www．tongliao．gov．cn/zjtl/．

内蒙古自治区巴彦淖尔市旅游局，中国科学院地理科学与资源研究所．2013-12-30．巴彦淖尔市旅游发展总体规划(2005-2020)[EB/OL]．http：//www．doc88．com/p-7048079022719．html．

内蒙古自治区人民政府．2017-09-30．内蒙古自治区区情——行政区划[EB/OL]．http：//www．nmg．gov．cn/quq/xzqh/xzqhgk/201506/t20150615_398085．html．

内蒙古自治区人民政府．2017-09-30．内蒙古自治区区情——民族人口[EB/OL]．http://www.nmg．gov．cn/quq/mzrk/201506/t20150615_398102．html．

内蒙古自治区统计局．2016-06-28．积极参与"一带一路"发展战略不断扩大对俄蒙贸易[EB/OL]．http://www．nmgtj．gov．cn/nmgttj/tjbg/zzq/webinfo/2016/06/14660 5472040 9926．htm．

内蒙古新闻网．2017-08-04．内蒙古自治区成立70年来经济社会发展基本情况[EB/OL]．http://inews.nmgnews.com．cn/system/2017/08/04/012381483．shtml．

内蒙古自治区统计局．2017-07-06．民族团结铸辉煌 守望相助创未来[EB/OL]．http：//www．nmgtj．gov．cn/nmgttj/tjbg/zzq/webinfo/2017/07/1497500577803633．htm．

内蒙古自治区区情网．2017-7-17．内蒙古自治区自然资源[EB/OL]．http://www．nmqq．gov．cn/ququing/ShowClass．asp?ClassID=221．

内蒙古自治区旅游发展委员会．2016-12-28．内蒙古旅游信息[EB/OL]．http://www．nmgtour．gov．cn/zwgk/lvxx/201612/20161228_45232．html．

内蒙古自治区人民政府．2017-02-10．内蒙古自治区自治区"十三五"旅游业发展规划[EB/OL]．http://www．nmg．gov．cn/．

内蒙古自治区旅游局，中国城市规划设计研究院，中国科学院地理科学与资源研究所，呼和浩特市人民政府．2014-11-24．内蒙古自治区呼和浩特市旅游发展总体规划(2012~2020)[EB/OL]．http：//www．docin．com/p-969126244．html．

呼伦贝尔市人民政府．2015-12-30．魅力城市[EB/OL]．http：

//www．hlbe．gov．cn/about/．

兴安盟地情网．2017-07-17．兴安概览[EB/OL]．http：//xadq．nmqq．gov．cn/xagl/．

锡林郭勒盟旅游发展委员会．2017-12-06．锡林郭勒旅游概况[EB/OL]．http：//lyj．xlgl．gov．cn/ywxg_2/lygk/201603/t20160311_1581527．htm．

中华人民共和国环境保护部．2013-09-27．内蒙古自治区自然保护区名录(截至2012年底)[EB/OL]．http：//www．mep．gov．cn/stbh/zrbhq/qgzrbhqml/201605/t20160522_342707．shtml．

赤峰旅游政务网．2017-09-01．赤峰概况[EB/OL]．http：//www．cflyxx．com/html/cfgk．html．

乌海市人民政府．2017-01-17．走进乌海[EB/OL]．http：//www．wuhai．gov．cn/channel/wuhai/col11575f．html．

乌兰察布市人民政府．2017-09-26．走进乌兰察布[EB/OL]．http：//www．wulanchabu．gov．cn/channel/wlcbzfw/col9332f．html．

后 记

在本书出版之际，真诚地感谢集宁师范学院朱玉东院长、张利平副书记、温世明处长、贾福平教授、王培青教授、薛青河教授，呼伦贝尔学院尹立军教授、亚吉副教授、梅荣副教授、苏洪文副教授，赤峰学院周永振副教授，内蒙古大学杨存栋副教授，内蒙古师范大学秦兆祥副教授，包头职业技术学院庄元副教授，阿尔山市规划局许久儒工程师等对本书编撰工作的大力支持和帮助。

向所有对本书写作有过帮助和启发的文献作者们致敬，前辈们的学术成果为本书的完成提供了重要支撑。

还要特别感谢中国大地出版社的编辑老师和朋友们，他们为本书得以出版付出了辛勤劳动，给予了大力支持。

2016年10月进入集宁师范学院工作以来，学校领导、院领导和同事对我工作、学习、家庭等方面给予大力支持和帮助以及最大的宽容。在此，我要深深地说一声：感谢。

衷心感谢集宁师范学院博士科研启动基金项目和校级科学研究项目的资助！

最后我要表达对家人的感激之情，感谢你们的大力支持，你们付出了太多的辛劳和汗水。

在本书撰写过程中，参考和引用了大量的成果和文献资料，文中仅列出了一部分，在此对所有文献作者表示衷心感谢！

由于本人知识的有限性和研究能力的局限性，书中肯定存在诸多不足，敬请各位老师、专家批评指正！

暴向平

2018年3月